纳税筹划实务与案例

赵光宏 孔莉 王成敬 杨安富 ○ 编著

西南财经大学出版社
Southwestern University of Finance & Economics Press

图书在版编目(CIP)数据

纳税筹划实务与案例/赵光宏,孔莉,王成敬,杨安富编著.—成都:西南财经大学出版社,2014.11(2015.10 重印)
ISBN 978-7-5504-1652-9

Ⅰ.①纳… Ⅱ.①赵…②孔…③王…④杨… Ⅲ.①税收筹划—案例—高等学校—教材 Ⅳ.①F810.423

中国版本图书馆 CIP 数据核字(2014)第 258226 号

纳税筹划实务与案例

赵光宏 孔 莉 王成敬 杨安富 编著

责任编辑	王 利
封面设计	何东琳设计工作室
责任印制	封俊川
出版发行	西南财经大学出版社(四川省成都市光华村街55号)
网 址	http://www.bookcj.com
电子邮件	bookcj@foxmail.com
邮政编码	610074
电 话	028-87353785 87352368
照 排	四川胜翔数码印务设计有限公司
印 刷	四川森林印务有限责任公司
成品尺寸	185mm×260mm
印 张	13.5
字 数	280 千字
版 次	2014 年 11 月第 1 版
印 次	2015 年 10 月第 2 次印刷
书 号	ISBN 978-7-5504-1652-9
定 价	28.00 元

1. 版权所有,翻印必究。
2. 如有印刷、装订等差错,可向本社营销部调换。
3. 本书封底无本社数码防伪标志,不得销售。

前言 Foreword

目前，纳税筹划已成为一种国际惯例，纳税人可以在法律许可范围内利用专业咨询机构或专业人员进行纳税筹划，以达到降低税负和防范纳税风险的目的。在欧美等发达国家，纳税筹划在理论上已经形成较完整的研究成果，在实践中，纳税筹划几乎家喻户晓，已成为企业财务决策不可缺少的组成部分，纳税筹划活动呈现专业化、国际化的发展趋势。在我国税制不断完善、税收征管力度不断加强的背景下，纳税人依法纳税意识不断增强，纳税筹划也成为企业界、学术界等关注的热点话题，社会对税务咨询、纳税筹划方面人才的需求日益增多。

为满足社会对税务咨询、纳税筹划方面人才的需求，在我国高等财经院校中，财税专业已普遍开设了纳税筹划方面的课程。就纳税筹划活动本身而言，它具有很强的实践性、实用性、综合性和灵活性；作为一门课程，它集财政、税收、法律、会计、管理、金融等专业知识于一体，是一门新兴边缘性交叉学科。该课程知识点繁多、内容丰富，如果采用传统的讲授方式，不但学生难以接受，白白浪费课堂宝贵时间，而且也不利于学生实际操作能力的培养，于是案例教学便成为纳税筹划课程教学中不可或缺的组成部分。而实施案例教学的重要前提和基础是案例资料库。希望本书的出版，能够为纳税筹划课程的案例教学提供有益的帮助，同时也为广大的财经工作者提供有益的参考。

本书有以下突出特点：

（1）以案例为主线阐述主要税种的纳税筹划方法，使复杂的税收政策及纳税筹划方法更容易被理解和接受。书中案例来源于以下方面：①自编案例，以现行税收政策法律为依据，根据相关资源和作者的实际经验，以实际工作中获取的素材为基础编辑而成；②以公开出版的案例集或教材中案例为参考，进行修改编辑而成；③从报刊资料和网络中搜集整理而成。案例以税种为主线设计，以分析式案例、讨论式案例、操作性案例等类型为主。在案例阐述中，涉及案情说明、筹划操作方法、法规依据、筹划分析、筹划结果、特别提示等方面的内容，可以帮助读者理清案例的逻辑，使读者在最短时间内读懂案例，掌握有关的纳税筹划方法。

（2）内容新颖。本书在阐述纳税筹划方法、设计纳税筹划案例过程中，以最新税收法规和会计规范为依据，并融入了当前国家税制改革的热点问题，如：在"增值税纳税筹划"一章中单独阐述了营业税改征增值税试点改革的相关内容；在内容的安排上，考虑"营改增"试点改革全面实施后，"营业税"这个税种将退出我国的税收制度，所以，营业税纳税筹划未单独列出。

（3）以税法理念阐述纳税筹划方法，设计纳税筹划案例。本书开篇将纳税筹划行为界定为一种合法的经济行为，纳税筹划的首要目标是促使纳税人恰当履行纳税义务，实现涉税零风险。目的是为了引导纳税人形成依法办事意识，主动学习和钻研税收法律制度，在规范会计核算和纳税管理的基础上开展纳税筹划工作。

本书适合于会计、财务管理、财政、税务类本科教学，也可以作为研究生教育和继续教育阶段的参考读物，对于从事税务咨询、税务筹划和企业财务管理实践工作者也具有参考价值。本课程的前导课是财务会计、税务会计（或税法）、税收学、财务管理等。学习纳税筹划，关键是树立纳税筹划的基本理念，掌握纳税筹划的精髓和要领，不要生搬硬套。本书所依据的是我国现行税收法规，若税法有变，应以新法规为准。

本书由赵光宏、孔莉、王成敬、杨安富编著。各章编著人员安排如下：赵光宏（第一章、第三章），王成敬（第二章），杨安富（第四章），孔莉（第五章、第六章）。全书由赵光宏设计大纲，并对所有章节内容进行审订、修改、总纂。

最后，在本书付梓出版之际，我们要感谢重庆工商大学会计学院对本书的资助。本书是在学院的教学改革和会计学特色专业课程建设的推动下完成的，是我校会计学特色专业课程建设和教学改革的一个成果。感谢学院的领导，从出版社的确定到书稿完成的整个过程，他们都给予了极大的帮助、关心和指导。感谢所有参编人员的通力合作，感谢西南财经大学出版社鼎力帮助。在本书编著过程中，我们借鉴和参考了国内外出版的有关纳税筹划的重要文献，这些研究成果给了我们极大的启发和帮助，在此也一并向这些著述的原作者表示衷心的感谢。由于我们的水平有限，书中难免存在缺陷，竭诚欢迎广大读者不吝指正（通信邮箱：zghwyd@126.com）。

编著者

2014年11月

目录

第一章　纳税筹划的基本原理 　　　　　　　　　　　　　　1

第一节　纳税筹划的概念及意义　　　　　　　　　　　　　1
第二节　纳税筹划的目标体系　　　　　　　　　　　　　　10
第三节　纳税筹划的基本模式与方法　　　　　　　　　　　12
复习思考题　　　　　　　　　　　　　　　　　　　　　　16
案例分析题　　　　　　　　　　　　　　　　　　　　　　16

第二章　增值税纳税筹划 　　　　　　　　　　　　　　　　18

第一节　增值税法概述　　　　　　　　　　　　　　　　　19
第二节　营业税改征增值税试点改革的主要内容　　　　　　29
第三节　增值税应纳税额的计算　　　　　　　　　　　　　49
第四节　增值税纳税筹划　　　　　　　　　　　　　　　　59
复习思考题　　　　　　　　　　　　　　　　　　　　　　106
案例分析题　　　　　　　　　　　　　　　　　　　　　　107

第三章　消费税纳税筹划 　　　　　　　　　　　　　　　　108

第一节　消费税概述　　　　　　　　　　　　　　　　　　109
第二节　消费税纳税筹划　　　　　　　　　　　　　　　　121
复习思考题　　　　　　　　　　　　　　　　　　　　　　130

| 案例分析题 | 130 |

第四章　企业所得税纳税筹划　　132

第一节　企业所得税概述	132
第二节　企业所得税纳税筹划	139
复习思考题	158
案例分析题	158

第五章　个人所得税纳税筹划　　159

第一节　个人所得税概述	159
第二节　个人所得税纳税筹划	184
复习思考题	190
案例分析题	191

第六章　其他税种的纳税筹划　　192

第一节　财产税的纳税筹划	193
第二节　资源税的纳税筹划	198
第三节　特定目的及行为税的纳税筹划	200
复习思考题	206
案例分析题	206

参考文献　　208

第一章 纳税筹划的基本原理

学习目标

通过本章的学习，了解税收对企业的影响，正确认识纳税筹划的概念及意义，掌握纳税筹划的目标、基本流程及方法。

重点和难点

(1) 纳税筹划的目标体系；
(2) 纳税筹划的基本流程；
(3) 纳税筹划的基本方法。

本章内容

本章主要介绍纳税筹划的基础知识，包括：纳税筹划的概念、意义；纳税筹划的目标；纳税筹划的基本流程及方法。

● 第一节 纳税筹划的概念及意义

如今的企业家不仅要关心企业的收入，同时也要关注企业的税费支出。税收是国家参与企业分配的一种形式，它与企业利益之间保持着此消彼长的关系，即：缴税越多,企业获利越少;缴税越少,企业获利越多。税费支出是企业经营成本的重要组成部分,在法律许可的范围内降低税费成本,是纳税人追求利润及企业价值最大化的一种重要途径。

一、税收对企业的影响

(一)税收的严肃性

税收是国家财政收入的主要来源,也是国家进行宏观调控的一个重要的经济杠杆。在我国,政府一方面要履行公共职能,另一方面又要从事经济建设,即"一要吃饭,二要建设"。这两个方面决定了政府对财政资金具有一定数量的刚性需求。2013年我国公共财政收入数据显示,政府财政收入的85%以上来源于税收收入,所以如果将政府比喻成一个有机体的话,那么税收就是这个有机体得以生存的"血液"。税收的无偿性、强制性、固定性三个特点决定了依法纳税是每个纳税人应尽的义务,不缴税则要受到法律制裁。近几年来,随着我国税制的不断改革与完善,国家在规范税收征收管理的同时,强化了税务稽查执法力度。不断升级的"税务稽查风暴"使企业税务风险不断增加,涉税业务处理一旦不当,有可能遭受重罚。

【例1-1】2010年,辽宁省地税局稽查局与公安机关联合成立专案组,对辽宁某房屋开发有限公司2007—2009年期间的纳税情况进行检查,发现该公司存在利用假发票虚假列支广告费、施工费、劳务费、绿化费;重复列支门窗安装费用,加大工程成本;在售房过程中与购房人达成协议,开具发票金额比实际销售额低,以减少销售收入;部分销售收入未入账等。对此,税务机关对该公司查补税款3 629.51万元;加收滞纳金1 089.93万元;将其少缴营业税、企业所得税等税款的行为定性为偷税,处以罚款5 550.26万元。目前,查补的税款、滞纳金及罚款共计10 270万元已经全部解缴入库。

(二)税收负担分析

在政府对财政资金存在刚性需求的情况下,纳税人依法缴纳税款,税收负担因此而产生。税收负担具体体现国家的税收政策,是税制的核心问题,直接关系到国家、企业和个人之间的利益分配关系。合理确定一个国家的税负水平,对确保政府满足公共需求的财力,调节经济结构,促进经济发展,保证政治稳定,都有着重要的意义。

1. 税收负担的含义

税收负担(简称税负)是指纳税人因履行纳税义务而承受的一种经济负担。衡量税收负担轻重,从绝对额考察是指纳税人应支付给国家的税款额;从相对额考察是指税收负担率,即纳税人的应纳税额与其计税依据的比率。以不同主体为出发点,税收负担具有两个方面的含义:一方面,从国家的角度看,税收负担反映出国家在税收课征时的强度要求,形成宏观税收负担,即要征收多少税收;另一方面,从纳

第一章 纳税筹划的基本原理

税人的角度看，税收负担反映出纳税人在税收缴纳时的负担水平，形成微观税收负担，即纳税人承担了多少税款。从经济意义角度看，税收负担分为名义税收负担和实际税收负担。名义税收负担是指由名义税率（法定税率）决定的负担；实际税收负担则是指纳税人实际缴纳税款承担的经济负担。由于税收政策中减免税、税基扣除以及由于管理原因导致的征税不足等原因，会导致名义负担与实际负担存在背离的情况，一般是后者低于前者。

对于纳税人而言，需要重点关注微观税收负担，根据纳税情况测算实际税收负担，通过纳税筹划力争做到实际税收负担低于名义税收负担。

2. 税收负担的测算

宏观税收负担的计算公式：

宏观税收负担率＝税收总收入÷国内生产总值×100%

微观税收负担分为单项税种的税收负担及企业综合税收负担率。根据我国税制结构，单项税种的税收负担主要涉及增值税、消费税、所得税等税种的税收负担。其计算公式如下：

增值税负担率＝实际缴纳增值税税额÷销售额×100%

消费税负担率＝实际缴纳消费税税额÷销售额×100%

企业所得税负担率＝实际缴纳企业所得税额÷利润总额×100%

企业综合税收负担率＝实际缴纳各种税金÷销售额×100%

【例1-2】某企业（位于某市区）为一般纳税人，增值税预计抵扣率为60%，商品和原料增值税适用税率均为17%；预计收益率为20%，企业所得税率为25%。要求：根据上述数据测算该公司增值税负担率、企业所得税负担率和综合税收负担率。

解析：设该企业不含增值税销售额为X，则：

实际缴纳增值税税额＝X×17%－X×60%×17%

增值税负担率＝（X×17%－X×60%×17%）÷X×100%＝6.8%

实际缴纳所得税额＝X×20%×25%

企业所得税负担率＝（X×20%×25%）÷（X×20%）×100%＝25%

计算综合税收负担时应考虑增值税、城市维护建设税及教育费附加、企业所得税等税费。

综合税收负担率＝6.8%＋（1－60%）×17%×（7%＋3%）＋20%×25%＝12.48%

3. 税收负担的分析

税收负担率是目前税务机关和纳税人进行纳税评估的一个重要评价指标。在税务稽查中，税务部门通过分析税收负担率，判断企业纳税申报是否正常，从中寻找偷税的疑点，以提高税收征管质量和效率。在纳税评估实务中，对税收负担率的运用主要体现在两个方面：一是国家税务总局计划统计司将定期公布行业预警税负。预警税负反映某行业最低税负标准，当某行业税负低于预警税负时，则表明该行业存在较为严重的征收力度不足的问题。二是测算企业税负率,并与上年同期、同行业平均税负率相比,如税负率差异幅度低于-30%,则该企业申报异常。企业通过分析税收负担率测算税费支出,可以为企业的经营决策和投资方向等提供决策依据。

【例1-3】我国现行税法规定,新办企业采用不同的组织形式,适用不同的税收政策。如:不具有法人资格的合伙企业和个人独资企业,不属于企业所得税的纳税人,其生产经营所得和其他所得依照税法规定,由合伙人或者投资人分别缴纳个人所得税。如设立为公司制企业,其生产经营所得和其他所得依照税法规定首先要缴纳企业所得税,利润分配形成的股利还需要缴纳20%的个人所得税。某自然人甲拟投资设立企业,预计年利润100万元(不考虑纳税调整因素)。要求:分别测算设立公司制企业和个人独资企业的所得税税收负担率,并根据计算结果为自然人甲作出选择。

解析:设立公司制企业,企业所得税率25%,税后利润分配形成的股利再按20%缴纳个人所得税,所得税税收负担率=25%+(1-25%)×20%=40%。

设立个人独资企业,按五级超额累进税率计算个人所得税:

应纳个人所得税额=1 000 000×35%-14 750=335 250(元)

所得税税收负担率=335 250÷1 000 000×100%=33.53%

由于个人独资企业适用的五级超额累进税率表中最高一级税率为35%,所以设立个人独资企业的所得税税收负担率不会超过35%。

结果分析:公司制企业存在企业所得税和个人所得税的双重征税,个人独资企业只需要缴纳个人所得税,所得税税收负担率明显低于公司制企业。从税负角度看,自然人甲应当选择设立个人独资企业。综合考虑其他因素,如承担的法律责任,个人独资企业需要承担无限责任;从税收优惠政策角度看,公司制企业享有更多的税收优惠政策,如小微企业适用低税率20%;从规模化发展看,公司制企业更容易走上规模化发展道路。

(三)正确认识税收

1. 税收产生于企业的业务过程中

目前企业对税收的认识存在一个重大误区,认为税收就是企业纳税的过程和税务机关征收的过程;税收就像一杆秤,一边是企业,另一边是税务局,忽略了税收产生的真正过程。企业为什么要缴税?是因为有了经营行为。企业销售产品取得收入缴增值税,获得利润缴所得税;不同的经营行为产生了不同的税收,没有经营行为就没有税。企业的经营行为从哪儿体现?税务机关要查账,是通过账来查看企业的业务过程(经营行为),而业务过程是按合同发生的。因此,合同决定业务过程,业务过程产生税收。在实际工作中,公司的合同通常是公司业务部门签订的,如:采购部门签订采购合同,销售部门签订销售合同等。由此可以看出,公司的税收是由业务部门在做业务签合同的时候产生的。如:《增值税暂行条例实施细则》规定,关于纳税义务的产生,采取赊销和分期收款方式销售货物,为书面合同约定的收款日期的当天；无书面合同的或者书面合同没有约定收款日期的，为货物发出的当天。合同中约定的收款时间成为判断是否产生增值税纳税义务的直接依据。

2. 会计与税收之间的关系

在日常的工作中，会计经常与税务机关打交道。在每个申报期，无论企业是否有应纳税款，都必须按规定期限向税务机关进行纳税申报。会计在税收上究竟做了哪些工作？仔细分析就会发现：会计将业务部门产生的税收在账务上反映出来并把税款缴到税务机关。因此，会计只是一个缴税的过程。

但是，目前大多数企业领导认为公司的税收问题就应该会计部门去解决。业务部门可以随意做业务、签合同，税收有问题由公司会计处理。业务部门业务做完后，如果出现缴税问题，或者出现税收风险，再交由会计部门来解决。把税收放到会计来解决，是当前多数企业的纳税观念。也正是因为企业走入了这种税收误区，所以产生了不少税收风险。

由此可见，企业的税收应分为三大环节：一是税收的产生环节；二是税收的核算环节；三是税收的缴纳环节。企业要持续地发展，必须要正确地认识税收。要走出税收的重大误区，不要只看到税收的缴纳过程，更应该注重税收的产生过程，要懂得：合同决定业务过程，业务过程产生税收。业务部门产生税收，会计部门缴纳税收。只有加强业务过程的税收管理，才能真正规避税收风险。

【例1-4】合同签订形式决定税负高低（来源：http://ww.shui5.cn）

案情说明：江苏省南京市吉祥公司准备在四川省成都市办一家分公司，主业是经营商品零售。吉祥公司承租四川如意公司（一商业企业）的一幢商场，合同上签的租金为每年1 200万元，租期10年。该商场的产权为四川正大房地产公司所有。正大公司租给如意公司时租金为每年1 000万元。另外，吉祥公司委托四川光明装饰工程公司进行包工包料装修，总金额为4 120万元。装修材料费为3 000万元，人工费1 000万元，税款120万元。要求：

（1）分析上述业务中各企业的税收成本；

（2）三家公司应当怎样签订合同以降低税负？

分析一：吉祥公司与如意公司之间签订的租赁合同。

未筹划：如意公司应按收取的全部租金收入纳税，应纳营业税及附加为1 200×5%×（1+7%+3%）=66（万元）。《房产税暂行条例》（国发〔1986〕90号）第二条规定：房产税由产权所有人缴纳。如意公司不是产权所有人，不存在房产税的纳税义务。

筹划方案：改变吉祥公司与如意公司的承租合同，即分解如意公司的转租合同：一是如意公司作为中介身份进行介绍服务，如意公司收取介绍费每年200万元；二是发票由正大公司直接开给吉祥公司，每年1 000万元。

筹划结果分析：如意公司的税负变为年营业税及附加金额=200×5%×（1+7%+3%）=11（万元），如意公司年节税55万元，10年共节税550万元。如意公司的收入并未减少，吉祥公司的税前列支金额不变。

当然交易是双方行为，此方案应该由吉祥公司与如意公司之间共享节税金额。双方可达成协议：由如意公司享受节税金额的一半，另一半的节税金额由吉祥公司享受，如意公司可收入中介费 200-55÷2=172.50（万元）。

如果如意公司是一物业管理公司，就不存在上述纳税筹划空间了。如意公司亦不会作出 28 万元的中介费让步。

分析二：吉祥公司与光明公司之间签订的装修合同。

未筹划：吉祥公司与光明公司所签订的合同，光明公司应缴营业税为 4 120×3%×（1+7%+3%）=136（万元）。

筹划方案：光明公司采取清包工即代为吉祥公司采购材料并免收手续费的形式签订合同。于是光明公司装饰工程应缴的营业税为（1 000+30）×3%×（1+7%+3%）=34（万元）。其中 30 万元为 1 000 万元人工成本相应的营业税（1 000×3%）。装饰行业属于建筑安装业，合同总价要单列人工费和相应的营业税税款，故总收费金额为 1 030 万元。

筹划结果分析：光明公司节税=136-34=102（万元）。

同样道理，光明公司与吉祥公司可进行上述节税利益的共享。双方分别可得 51 万元的利益。光明公司可在工程的人工费中多收取 51 万元的金额以达到上述效果。

综上所述，如果改变合同的形式，上述纳税筹划方案可使合同当事方节税 550+102=652（万元）。

二、纳税筹划的概念及特点

纳税筹划作为一项经济活动最早出现在西方国家，"纳税筹划"一词是从英文 Tax Planning 翻译而来的。通过对国内外文献的考察我们发现，关于纳税筹划的称谓有不同的表述方式，如税收筹划、税务筹划、节税、避税等；对纳税筹划的概念也有不同的看法。通过比较分析发现，之所以在称谓上有不同的表述方式，主要是由于税收体现的是一种征纳税关系，涉及两方面的主体，即征税主体（国家）和纳税主体（企业或自然人）。从征税主体角度看，体现为税收筹划；从纳税主体角度看，体现为纳税筹划或税务筹划。关于纳税筹划的概念在观点上产生分歧的原因，主要是由于对纳税筹划的定位不同。众多观点都是从纳税人角度研究纳税筹划的相关问题，所以本书使用"纳税筹划"这一称谓。

（一）纳税筹划的概念

1. 关于纳税筹划概念的综述

关于纳税筹划概念的认识有下列不同的看法：

（1）权益观

权益观将纳税筹划界定为纳税人的一项权益。这种观点是从"税收法定主义"

第一章　纳税筹划的基本原理

的税收原则角度解释纳税筹划，认为任何人都有权安排自己的事业，包括依据法律可以减少缴纳税款的权利。"税收法定主义"作为现代法治的基本要义和税收制度的普遍原则，要求征税、纳税必须也只能基于法律的规定。这一主张可追溯到1215年英国大宪章所提出的"没有代表，就不能征税"的主张，它表明公民对客观上侵犯自身财产权的征税事项必须有发言权，这也是他们自觉纳税的基本心理支持。现代企业被赋予了生存权、发展权、自主权和自保权，其中自保权就包含了企业对自己经济利益的保护。纳税关系到企业的重大利益，享受法律的保护并进行合法的纳税筹划，是企业的正当权利。

（2）制度观

制度观认为纳税筹划是一种制度安排，强调的是纳税筹划的过程。持有此观点的主要代表：一是荷兰国际财政文献局编写的《国际税收辞典》中，将纳税筹划表述为"是使私人的经营或者私人事务缴纳尽可能少的纳税安排"。二是美国南加州大学 W. B. 梅格斯博士在其《会计学》一书中指出："人们合理而又合法地安排自己的经营活动，使之缴纳可能最低的税收。他们使用的方法可称之为纳税筹划……少缴和递延缴纳税收是纳税筹划的目标所在。……在纳税义务发生之前，有系统地对企业经营或者投资行为做出事前安排，以达到尽量少缴所得税，这个过程就是纳税筹划。"

（3）经济利益观

经济利益观认为纳税筹划是企业经营管理中的一种税收利益，强调的是纳税筹划的最终结果。如：印度税务专家 N. J. 雅萨斯威在《个人投资和纳税筹划》一书中指出，纳税筹划是"纳税人通过对财务活动的安排，以充分利用税收法规提供的包括减免税在内的一切优惠，从而获得最大的税收利益"。我国学者唐腾翔在《税收筹划》一书中，对税收筹划的解释是："在法律规定许可的范围内，通过对经营、投资、理财活动的事先筹划和安排，尽可能地取得节税的税收利益。"

（4）广义观

广义观主要从纳税筹划的组成内容角度对纳税筹划的概念进行解释，其主要代表是我国学者张中秀教授。他认为，纳税筹划应包括一切采用合法和非违法手段进行的纳税方面的策划和有利于纳税人的财务安排，主要包括节税筹划、避税筹划、转嫁筹划和实现涉税零风险。

2. 本书对纳税筹划概念的界定

前文所列举的关于纳税筹划概念的观点，并没有本质上的区别，只不过侧重点有所不同。综合各种纳税筹划的概念，我们认为，纳税筹划是指在纳税义务发生之前，纳税人或其代理机构在遵守国家税法及税收政策的前提下，通过对企业或个人涉税事项的预先安排，实现涉税零风险，达到最低税负或者延迟纳税的一种自主理财行为。

（二）纳税筹划的特点

1. 超前性

超前性表示事先规划、设计、安排的意思。纳税人在进行投资、经营活动之前，

7

通常会把税收作为影响最终成果的一个重要因素来考虑。这是因为税收产生于业务发生过程中，企业业务一旦发生，业务性质就不可改变，如果再想少缴税，那就会出现偷税。所以，纳税筹划具有超前性特点，要求纳税人在业务发生之前对自身业务作出事先筹划或合理安排。

2. 合法性

合法性是纳税筹划最本质的特点，也是纳税筹划区别于偷税等违法行为的一个标志。所谓合法性，是指纳税筹划应当在国家法律许可的范围内进行。纳税筹划不是筹划税收政策。税收政策是国家制定的，是不可以改变的。纳税筹划是根据税收政策来设计企业的业务发生过程。在税收工作开展过程中，税收法律是规范征纳关系的基本原则，依法纳税是纳税人应尽的义务，纳税人为少纳税或不纳税而置法律于不顾的行为是偷漏税行为，应受到法律的制裁。同时，纳税筹划不但不违法，而且符合国家的立法意图。当存在多种纳税方案时，纳税人可以合法合理地选择低税负方案，这也正是税收政策引导经济，调节纳税人经营行为的重要作用之一。

3. 风险性

纳税筹划的风险性是指由于纳税筹划活动中各种不确定因素或原因的存在，无法取得预期的筹划结果，使付出远大于收益的各种可能性。纳税筹划的风险具体包括：

（1）政策性风险。政策性风险主要是指纳税人进行纳税筹划时，由于筹划方案与现行的税法政策和规定冲突，导致纳税人的经济利益流出或承担法律责任，给纳税人带来负面影响的风险。具体可分为：①税收政策理解偏差引起的风险。由于筹划人员受专业的局限，对相关法律条款的理解可能相对不够准确，因而难免在具体操作上出现偏差，引发纳税筹划的政策风险。税收执法机关与纳税人对税收政策理解上的差异，也会带来纳税人纳税筹划的风险。②税收政策调整引起的风险。如果纳税筹划方案不能跟上国家最新的税收调整政策，那么可能由合法变为不合法。税收政策的时效性增加了纳税人纳税筹划的难度，甚至导致纳税筹划失败。因此，税收政策的时效性将会带来筹划风险。③政策模糊风险。我国现有的税收法律法规层次较多，大量的由有关税收管理职能部门制定的税收行政规章不够明晰，如果依据这些行政规章开展纳税筹划，就可能对税法精神理解错误而导致纳税筹划失败。

（2）经营性风险。在市场经济条件下，纳税人面临着各种经营性风险。具体表现为：①投资决策引起的风险。作为国家经济调控的杠杆，税收政策的制定必然存在导向性差异，这些差异成为纳税人进行纳税筹划的切入点。如果忽视对相关因素的分析，则可能给纳税人带来损失。②成本开支引起的风险。纳税筹划是在相应成本的基础上争取税收利益。很多纳税筹划方案在理论上具有可行性，但在实践中，会有许多影响因素，使得筹划成本明显增加。如果忽视了成本分析，结果则可能适得其反。③方案实施风险。科学的纳税筹划方案必须通过有效的实施来实现。科学的纳税筹划方案，在实施过程中如果没有严格的实施措施，或没有得力的实施人才，

第一章　纳税筹划的基本原理

或者没有完善的实施手段，都有可能导致整个筹划失败。

（3）执法风险。执法风险是由纳税筹划的被动判定性决定的。严格意义上的纳税筹划应当是合法的，这需要获得税务行政执法部门的确认。在确认过程中，客观上存在着税务行政执法偏差从而产生筹划失败的风险。

（三）纳税筹划的意义

纳税筹划是一种合法的财务管理活动。在我国开展纳税筹划具有以下意义：

1. 纳税筹划有利于强化纳税人的纳税意识

纳税筹划强调的是一种顺法意识，是纳税人纳税意识提高到一定程度的体现，所以纳税筹划与纳税人纳税意识的增强具有客观一致性。企业进行纳税筹划的初衷是为了降低税负，采用的是合法方式，通过研究税收法律制度，关注税收政策变化，充分利用税收优惠政策，进行纳税方案的优化选择，期望获得最大的税收利益。在实务中，纳税筹划工作开展得较好的往往是会计核算和管理水平较高、纳税管理比较规范的外资企业和大中型企业。由此可见，纳税筹划有利于促使纳税人在谋求合法税收利益的驱动下，主动学习和钻研税收法律制度，自觉主动地履行纳税义务。

2. 纳税筹划有助于提高企业财务管理水平，实现其经济利益最大化

首先，纳税筹划的有效性要靠规范的财务会计资料来反映，企业必须建立健全财务会计制度，规范财务核算资料与过程；其次，纳税筹划活动有利于促进企业精打细算、节约支出、减少浪费、提高经营管理及财务核算水平；再次，纳税筹划的实施可以促使企业管理人员学习和掌握纳税筹划的基本理论与方法，培养锻炼一支高素质的财务管理队伍；最后，纳税筹划有利于实现资金、成本、利润的最优组合，从而提高企业的经济利益。

3. 纳税筹划有利于提高征管水平，不断完善国家税制

纳税人进行纳税筹划，征税机关加强税收征管，在二者的博弈中，国家的税收征管水平会随着纳税筹划水平的提高而提高。从纳税人的筹划活动中，征税机关会发现现行税收规范中存在的缺陷与疏漏，然后按照法定程序进行更正、补充与修改，从而促使国家税制不断完善。

4. 有利于促进社会中介服务发展

近半个世纪以来，纳税筹划的专业化趋势越来越明显，特别是面对社会化大生产和日益扩大的世界市场，税法日益复杂严密，仅靠纳税人自身力量进行纳税筹划已显得不够。于是会计师事务所、律师事务所、税务师事务所等社会中介机构纷纷发展税务咨询业务。这些代理机构处于征纳双方之外，站在公正的立场上，按照国家的税收法律，为纳税人进行纳税筹划。

社会中介机构的纳税筹划是适应纳税人的需要而产生的，也是市场经济条件下，企业经营行为自主化，自身利益独立化，纳税人追求自身经济利益的必然结果。

第二节 纳税筹划的目标体系

一、纳税筹划的基本目标

纳税筹划作为企业理财活动的一个组成部分，其目标应服从整个企业财务管理活动的基本目标。企业财务管理的基本目标是价值最大化，所以企业价值最大化也应成为纳税筹划的基本目标。以增加企业价值为基本目标的纳税筹划要求以系统观念为指导，在整个企业理财活动中，将纳税筹划与其他理财活动进行统筹安排和协调，有时甚至要超出传统财务管理的范畴，比如从企业设立方式、组织形式等事务性活动中进行纳税筹划，或者利用会计政策选择和职业判断进行纳税筹划。为此，纳税筹划的方法手段和评价方式都需要革新，并且综合运用、全面权衡。总之，应当将纳税筹划作为整体理财的一个组成部分，而不是孤立的税收问题。

二、纳税筹划的具体目标

为实现纳税筹划的基本目标，需要将纳税筹划的基本目标进行细化，具体分为：

（一）恰当履行纳税义务，实现涉税零风险

涉税零风险是指纳税人账目清楚，纳税申报正确，缴纳税款及时、足额，不会遭到任何关于税收方面的处罚，即在税收方面没有任何风险，或风险极小可以忽略不计的一种状态。纳税人及相关单位和个人通过一定的筹划安排，使纳税人处于一种涉税零风险状态，是纳税筹划应达到的首要目标。

1. 实现涉税零风险可以避免发生不必要的经济损失

虽然这种筹划不会使纳税人直接获取税收上的好处，但由于纳税人经过必要的筹划之后，使自己企业账目清楚，纳税正确，不会导致税务机关的经济处罚，这实际上就相当于获取了一定的经济收益。如果纳税人不进行必要的策划安排，就有可能出现账目不清、纳税不正确的情况，从而很容易被税务机关认定为偷漏税行为。偷漏税行为的认定不仅会给纳税人带来一定的经济损失（加收滞纳金及罚款），情节严重者还会被认定为犯罪，主要负责人还会因此而遭受刑事处罚。

2. 实现涉税零风险可以避免发生不必要的名誉损失和经济损失

一旦企业或个人被税务机关认定为偷漏税甚至是犯罪，那么该企业或个人的声誉将会因此而遭受严重的损失。在商品经济高速发展的今天，人们的品牌意识越来越强，好的品牌便意味着好的经济效益和社会地位，企业的品牌越好则产品越容易被消费者接受，个人的品牌越好则个人越容易被社会接受。恩威集团以假合资形式偷漏税的行为被查处之后，其市场声誉严重受损，其产品的销售形势也发生了急剧的变化，这直接影响了企业的经济效益。当然，有时候纳税人的账目不清楚或纳税不正确，可能是因为纳税人根本就没有意识到或是对税法的了解不够，但无论怎样，都会导致纳税人名誉上的损失,从而引致经济损失。除此之外,偷漏税行为还可能会导致税务机关更加严格的稽查、更加苛刻的纳税申报条件及程序,从而增加了企业及个人的纳税申报时间及经济上的成本。某些国家对不同信誉的纳税人采用不同的纳税申报条件,比如,对从来没有发生过偷漏税行为的纳税人实行蓝色申报(申报单为蓝色),而对曾经发生过偷漏税行为的纳税人实行黄色申报;有的国家则在纳税人使用的发票上做文章,这样,别人仅通过发票便能一目了然地知道该企业的信誉如何。这种条件上的限制使得纳税人偷漏税的名誉成本非常之大,因而实现涉税零风险就显得极其重要。

(二) 纳税成本最低化与企业整体利益最大化

1. 纳税成本的组成

纳税成本(Tax Compliance Cost)通常是指企业在履行其纳税义务时所支付的和潜在支付的各种资源的价值,一般包括三个部分:缴纳税款、纳税费用和风险成本。

(1) 缴纳税款是直接的现金支出,即税收缴款书上所列的金额,属于"外显成本",是纳税成本中最主要的部分。

(2) 纳税费用又叫纳税的奉行费用,是企业履行纳税义务时所支付的除税款之外的其他费用,是间接支出,属于"内含成本"。

(3) 风险成本一般指因纳税给企业带来或加重的风险程度,如投资扭曲风险、经营损失风险和纳税支付有效现金不足风险等潜在的损失。

2. 纳税成本最低化应服从于企业整体利益最大化

纳税筹划的目标应当与企业的整体目标保持一致。当实施某项纳税筹划方案使纳税成本最低化与企业整体利益最大化正相关时,纳税成本最低化就是纳税筹划的最高目标。这是纳税筹划的最理想境界,即"节税增收",企业获得绝对纳税筹划利益。但是并非所有纳税筹划方案都会使纳税成本最低化与企业整体利益最大化正相关,有时纳税成本的降低并不一定等于企业总体收益的增加。若一味追求纳税成本的降低,反过来可能导致企业总体利益的下降。这时,就只能选择总体收益最多但纳税成本并不一定最低的方案。如果把通常采纳的纳税成本最低的决策称为"最优选择",那么这种决策就是"次优选择",即"逆向纳税筹划"。所以,从企业整体利益的角度看,纳税成本最低化是手段,不是目的。

(三) 获取资金时间价值最大化

资金的时间价值是指资金在经历一定时间的投资和再投资后所增加的价值,也称为货币的时间价值。纳税人在税法允许的范围内将当期税款延迟到以后期间缴纳,以获取资金的时间价值,也是纳税筹划目标体系的有机组成部分之一。通过纳税筹划实现延期纳税,相当于从政府取得了一笔无息贷款,企业获得相对纳税筹划利益,其金额越大、时间越长,对企业的发展越有利。

第三节 纳税筹划的基本模式与方法

一、纳税筹划的基本模式

如前文所述,税收产生于企业的业务过程,会计部门依法计税、纳税,对涉税业务进行会计核算。一项能够达到预定目标的纳税筹划方案必须做到业务流程、税收政策、筹划方法与会计处理之间紧密结合,等式表述为:纳税筹划模式=业务流程+税收政策+筹划方法+会计处理。实施这一模式需要抓住三个结合点:

（一）业务流程要和现行有关税收政策结合

业务离不开流程,税收产生于业务流程,业务流程决定着税收的性质和流量。因此,在设计纳税筹划方案时,充分利用业务流程及流程再造的优势改变税收。在发生业务的全过程中,纳税人必须要了解自身从事的业务涉及哪些税种,与之相适应的税收政策、法律和法规是怎样规定的,税率各是多少,采取何种征收方式,业务发生的每个环节都有哪些税收优惠政策,业务发生的每个环节可能存在哪些税收法律或法规上的漏洞。在了解上述情况后,纳税人就要考虑如何准确、有效地利用这些因素来开展纳税筹划,以达到预期的目的。

【例1-5】粮油公司仓库出租的案例分析

1. 案情说明

河北某粮油公司拥有仓库12幢,面积3 000多平方米,原值200万元,由于经营不善,准备将现有的仓库对外出租。经过公司业务人员的努力,以每年60万元的价格将仓库租给当地的运输公司做货物中转,并与运输公司签订了租赁合同。

2. 纳税成本分析

根据营业税的规定,企业房屋对外出租收取的租赁费,应缴纳5%的营业税以及营业税额7%的城市维护建设税、3%的教育费附加。根据房产税的规定,对企业出租房屋收取的租金,应缴12%的房产税。还有合同的印花税等。

粮油公司应缴纳营业税60万×5%=3万元,城市维护建设税3万×7%=0.21万元,教育费附加3万×3%=0.09万元,房产税60万×12%=7.2万元,合计应缴税款10.5万元。

按照仓库租赁的合同及业务性质,粮油公司合计应纳税额10.5万元。

3. 纳税筹划设计

税收政策依据:《中华人民共和国房产税暂行条例》第四条规定,房产税的税率;依照房产余值计算缴纳的,税率为1.2%;依照房产租金收入计算缴纳的,税率为12%。

设计思路:房屋自用,按房产的余值计算缴纳1.2%的房产税;房屋对外出租收取租金,按租金缴纳12%的房产税。房产税如何计算?主要问题在于业务发生过程。通过寻找客户可以发现，运输公司用于货物周转，如果签订的合同不是"租赁合同"，而是"仓储合同"，企业收取的就不是租赁费，而是仓储费，收费标准不变，但业务过程及业务性质就因此而发生了变化。仓储说明：仓库使用权没有转移，是针对货物来收费，而不是房屋，因此，缴税方式也发生了变化。房产税只按原值扣除30%的余额缴纳1.2%，房产税＝200万×70%×1.2%＝1.68万元，可以比租赁少缴7.2万－1.68万＝5.52万元的房产税。

（二）纳税筹划方法要与其相适应的税收政策结合

纳税人在准确掌握与自身经营相关的现行税收法律、法规的基础上，需要利用一些恰当的纳税筹划方法对现行税收政策进行分析，从而找到与经营行为相适应的纳税筹划的突破口。比如：个人所得税工薪所得适用超额累进税率，超额累进税率的特点是税率会随着计税依据的增大而提高，税额也会相应增加。针对超额累进税率的上述特点，通过寻找税负临界点，可以采用分散税基的方法防止税率攀升，从而降低个人所得税工薪所得的税负。

（三）纳税筹划方法要与相应的会计处理技巧结合

纳税筹划需要严谨的会计处理支持，正确的会计核算和高质量的涉税会计信息对纳税筹划非常关键，只有会计核算准确，纳税筹划才能进行。会计处理的方式不同，其税收结果也不同。比如：采用加速折旧法，固定资产使用初期折旧多提可使企业前几年少缴纳所得税，享受到延期纳税的利益，暂时保留下来的现金可用于其他急需发展的方面；前期多提折旧，还能使固定资产投资尽早收回，降低投资风险。再如《消费税暂行条例》规定：纳税人兼营不同税率的应税消费品，应当分别核算不同税率应税消费品的销售额、销售数量；未分别核算销售额、销售数量，或者将不同税率的应税消费品组成成套消费品销售的，从高适用税率。当消费税纳税人发生兼营不同税率消费品的行为时，选择合并核算方式产生的消费税负明显高于分别核算方式。

二、纳税筹划的基本方法

在我国当前的纳税政策环境下，纳税筹划存在一定的空间，企业通过一系列有效的纳税筹划活动，可以为企业节约纳税款额，实现经济效益最大化，壮大企业经济实力。但也存在筹划不当违法偷税的风险，有时违法与不违法仅隔一步之遥。因此，纳税人只有正确掌握和熟练运用纳税筹划的方法，遵循科学的纳税筹划原则，才能真正使得纳税筹划成功，为企业创造出经济效益。通过对相关文献的考察我们可以发现，纳税筹划的具体方法可谓繁多。在纳税实务中涉及两方面的筹划方法：一是与税种有关的纳税筹划方法；二是与经营过程及经营方式有关的纳税筹划方法。为实现企业整体经济效益最大化，企业在进行具体筹划时应结合自身的实际状况，综合权衡，可将以上两方面的方法结合起来，将会取得更理想的效果。我们在参考相关学者和文献对纳税筹划方法论述的基础上,总结出以下纳税筹划的基本方法。

(一) 利用税收优惠政策进行纳税筹划

税收优惠政策是国家税制的一个重要组成部分,是政府为了达到一定的政治、社会和经济目的而对纳税人实行的税收鼓励。税收优惠政策也是国家利用税收调节经济的重要手段,通过政策导向来引导投资方向、调整产业结构、扩大就业机会、刺激国民经济增长,从而从宏观上调节国民经济的总量与结构。根据税收优惠的形式,在纳税筹划中纳税人可以采用以下具体方法:

1. 减免税方法

减免税是税收优惠中最常见的形式,是国家针对特定的地区、行业、企业、项目或情况给予纳税人完全免征税款或者减征部分的照顾或奖励措施。减免税纳税筹划方法是指在法律允许的范围内,使纳税人成为减免纳税人,或使纳税人从事减免税活动,或使征税对象成为减免税对象而减免纳税款额的一种方法。减免税方法的要点主要有:在充分了解与企业有关的各种税收优惠政策的基础上,纳税人尽量创造条件使其符合优惠政策,争取更多的减免税待遇,使减免税期最长化。减免税方法具有绝对节税、技术简单、适用范围有限等特点。比如:甲、乙、丙三个国家,公司所得税的普通税率基本相同,其他条件基本相似或利弊基本相抵。一个企业生产的商品90%以上出口到世界各国,甲国对该企业所得按普通税率征税;乙国为鼓励外向型企业发展,对此类企业减征30%所得税,减税期为5年;丙国对此类企业减征40%所得税,而且没有减税期限的规定。打算长期经营此项业务的企业,完全可以考虑把公司或其子公司办到丙国去,从而在合法的情况下,使节约的税款最大化。

2. 退税方法

退税税收优惠是指政府将已经缴纳或者实际承担的税款退还给规定的受益人。我国现行税法中涉及的退税政策主要有:出口货物退免增值税或消费税、企业所得税后再投资退税等。由于国家对退税往往有一定限制条件,纳税人必须满足相关条件才能真正享受退税优惠,所以企业采用出口退税方法进行纳税筹划时,一定要熟悉税法对有关退税条件、范围及退税计算方法的规定,努力使本企业的经济活动符合退税政策的要求。利用退税获得税收利益最大化的关键在于:争取退税项目最多和退税额最大。比如:A国规定企业用税后所得进行再投资可以退还已纳公司所得税税额的50%。某企业准备扩大经营规模,增加资本,在其他条件基本相似或利弊相抵的条件下,选择用税后所得进行再投资就是一个可以节税的选择方案。

3. 税前扣除方法

税法中的"扣除"是指从计税金额中减去一部分以计算出应税金额,对扣除部分金额不予征税。比如,在所得税政策中就涉及税前扣除规定。税前扣除方法是指在合法和合理的情况下,使扣除额增加而直接节税,或调整各个计税期的扣除额而相对节税的纳税筹划方法。在同样多收入的情况下,各项扣除额、宽免额、冲抵额

第一章　纳税筹划的基本原理

等越大，计税基数就会越小，应纳税额也越小，所节约的税款就越多。使用这种方法可以达到绝对节税或相对节税的效果。由于税法关于扣除的规定适用于所有纳税人，所以税前扣除方法的适用范围较大，几乎每个纳税人都能采用此法节税。税前扣除方法在使用中应做到：一是扣除项目最多化和金额最大化，在合法和合理情况下，使尽量多的项目或者金额能够得到扣除。在其他条件相同的情况下，扣除的项目和金额越多，计税基数越小，应纳税额就越小，因而节约的税收就越多。二是扣除最早化，在合法和合理的情况下，尽量使各个允许扣除的项目在最早的计税期间得到扣除。在其他条件相同的情况下，扣除越早，早期缴纳的税收就越少，早期的现金净流量就越大，可用于扩大流动资本和进行投资的资金也越多，将来的收益也越多，因而相对节约的税收越多。

（二）利用分散税基进行纳税筹划

"税基"是指在税制设计中确定的据以计算应纳税额的依据，也称为"计税依据"或"课税基础"。在适用税率一定的条件下，税额的大小与税基的大小成正比，税基越小，纳税人的负担越轻。分散税基是指将所得、财产在两个或两个以上纳税人之间进行分割，减少税基，从而获得税收利益。这种方法尤其适用于在累进税率形式下，通过分散税基，降低最高边际适用税率，节减税款。

【例1-6】某工程设计人员利用业余时间为某项工程设计图纸，同时担任该项工程的顾问。设计图纸花费时间1个月，获得报酬30 000元。该设计人员要求建筑单位在其任顾问期间分10个月支付，每月支付3 000元。试分析其税负变化。

解析：方案1：一次性支付30 000元。

应纳个人所得税30 000×（1-20%）-2 000＝5 200（元）

方案2：分月支付，每月3 000元。

每次应纳个人所得税（3 000-800）×20%＝440（元）

10个月应纳税额合计：440×10＝4 400（元）

方案2比方案1节税5 200-4 400＝800（元）

（三）利用税负平衡点进行纳税筹划

税负平衡点，又称税负临界点，是指两种纳税方案税收负担相等时的点。我们可以根据税负平衡点，寻求两种纳税方案中的最佳节税方案。税负平衡法的步骤：

（1）设置衡量税负平衡点的变量X；

（2）设置两套纳税方案；

（3）令两套纳税方案的税负相等；

（4）解出变量X；

（5）依据实际值与X值的比较，判定两种纳税方案的优劣。

（四）利用税负转嫁进行纳税筹划

税负转嫁是指在市场经济条件下，纳税人通过经济交易中的价格变动将所缴纳税款的部分或全部转移给他人负担的经济行为。在税负转嫁的情况下，纳税人与真正的负税人是分离的。通常情况下，流转税具有税负的转嫁性。税款的直接纳税人通过转嫁税负给他人而自己并不承担纳税义务，仅仅是充当了税务部门与实际纳税人之间的中介桥梁。由于税负转嫁没有损害国家利益，也不违法，因此，税负转嫁筹划受到了纳税人的普遍青睐，利用税负转嫁筹划减轻纳税人税收负担，已成为普遍的经济现象。通过税负转嫁实现纳税筹划有以下方式：

1. 顺转方式

纳税人将其所负担的税款，通过提高商品或生产要素价格的方式，转移给购买者或最终消费者承担，这是最为典型、最具普遍意义的税负转嫁形式。比如，在生产环节课征的税收，生产企业就可以通过提高商品出厂价格而把税负转嫁给批发商，批发商再以类似的方式转嫁给零售商，零售商将税负转嫁给最终消费者。顺转方式一般适用于市场紧俏的生产要素或知名品牌商品。

2. 逆转方式

逆转方式多与商品流转有关，纳税人通过降低生产要素购进价格、压低工资或其他转嫁方式，将其负担的税收转移给提供生产要素的企业。纳税人已纳税款因种种原因不能转嫁给购买者和消费者，而是转嫁给货物的供给者和生产者。比如，一个批发商纳税后，因为商品价格下降，已纳税款难以加在商品价格之上转移给零售商，于是批发商就要求厂家退货或要求厂家承担全部或部分已纳税款，这时就会发生税负逆转。逆转方式一般适用于生产要素或商品积压时的买方市场。

复习思考题

1. 结合某一纳税筹划案例谈谈你对纳税筹划及其目标的理解。
2. 如何计算纳税人的税收负担率？
3. 纳税筹划的基本模式是什么？
4. 纳税筹划有哪些方法？

案例分析题

1. 某企业现在有以下三种纳税筹划方案：

方案1：第一年所得税税前利润100万元，第二年所得税税前利润100万元，第三年所得税税前利润100万元。

方案2：第一年所得税税前利润50万元，第二年所得税税前利润100万元，第三年所得税税前利润150万元。

方案3：第一年所得税税前利润50万元，第二年所得税税前利润50万元，第三年所得税税前利润200万元。

该企业的所得税率为25%，目标投资收益率为10%。

第一章 纳税筹划的基本原理

问：

（1）该企业采用哪种纳税筹划方案最优？

（2）如果该企业前两年享受所得税免税税收优惠，那么该企业应该采用哪种纳税筹划方案？

2. 假设一个公司的年度目标投资收益率为10%，在一定时期内所取得的税前所得相同。如果税法允许计提固定资产折旧的方法有平均年限法、加速折旧法、一次计入费用法。其结果假定是：

方案1：采用年限平均法，T1-1 = T1-2 = T1-3 = 200万元，即每年缴纳的所得税相同。

方案2：采用加速折旧法，T2-1 = 150万元，T2-2 = 200万元，T2-3 = 250万元。

方案3：采用一次计入费用法，T3-1 = 0万元，T3-2 = 300万元，T3-3 = 300万元。

问：该企业采用哪种方法更符合纳税筹划的要求？

第二章　增值税纳税筹划

学习目标

通过本章的学习，了解增值税纳税筹划的意义；熟悉增值税税法的内容及应纳税额的计算方法；掌握增值税纳税筹划的方法。

重点和难点

（1）学会运用纳税筹划的原理提出增值税纳税筹划的思路；
（2）能运用纳税筹划的方法进行增值税实际经济业务的具体筹划。

本章内容

本章主要介绍增值税法以及"营改增"改革的主要内容、增值税纳税筹划的具体方法及案例。

课前案例

促销方式的选择

新世纪商场为增值税一般纳税人，销售利润率为30%，现在销售300元商品，其成本为210元，"五一"节期间为了促销准备采用以下三种方案：

第二章 增值税纳税筹划

方案一：商品八折销售。

方案二：购买商品满 300 元返还现金 60 元。

方案三：购买商品满 300 元赠送价值 60 元的小商品，小商品成本 42 元。

以上价格均为含税价格。

请思考：假设以上各种方案对消费者的吸引力是相同的，请问应该选择哪个方案？

第一节 增值税法概述

一、增值税的特点及类型

（一）增值税和增值额的概念

现代意义的增值税是 1954 年在法国首先实行的，之后在西欧和北欧各国迅速推广，现在已经成为许多国家广泛采用的一个国际性税种。我国从 1994 年开始全面实施增值税。增值税是对商业生产、商品流通、劳务服务中多个环节的新增价值或商品的附加值征收的一种流转税。根据我国增值税法的规定，增值税是对在我国境内销售货物、进口货物、提供加工修理修配劳务和应税服务的单位和个人，就其取得货物的销售额、进口货物金额、应税劳务和服务的销售额计算税款，并实行税款抵扣制度的一种流转税。

增值额，从理论上讲是企业在生产经营过程中新创造的价值，即货物或者劳务价值 $C+V+M$ 中的 $V+M$ 部分。现实经济生活中，可以从两个方面来理解增值额的概念：第一，从某一个生产经营单位的角度来看，增值额就是该单位销售货物或提供劳务的收入额扣除为生产经营该种货物或劳务而外购的货物或劳务的价款后的余额；第二，从某一项货物的角度来看，增值额是该货物经历的生产和流通的各个环节所创造的增值额之和，也就是该项货物的最终售价。实行增值税的国家，据以征税的增值额通常都不是理论增值额，而是一种法定增值额。法定增值额是各国政府根据各自的国情和政策要求，在增值税制度中人为确定的增值额。法定增值额可以等于理论增值额，也可以大于或者小于理论增值额。造成法定增值额和理论增值额不一致的重要原因之一，是各国在规定增值税准予抵扣范围时，对外购固定资产的处理办法的不同。

（二）增值税的类型

按照对外购固定资产处理方式的不同，可以把增值税划分为生产型增值税、收入型增值税和消费型增值税（见下表 2-1）。我国 1994 年全面开征增值税时采用的是生产型增值税，2009 年已经全面转型为消费型增值税。三种类型增值税之间的主要区别如下表 2-1 所示。

表 2-1　　　　　　　　　　　不同类型增值税的比较

类型	扣除范围	主要特点
生产型	所耗用的外购原材料、燃料、动力等物质资料价值（流动资产）	税基较宽，存在重复征税
收入型	外购物质资料价值+外购固定资产折旧	法定增值额=理论增值额；固定资产折旧部分所含增值税不易采用凭发票扣税的办法
消费型	外购物质资料价值+当期外购固定资产全部价值	税基较窄；最适宜采用规范化的发票扣税法；具有刺激投资，加速设备更新，提高资本有机构成的作用

（三）增值税的特点和优点

1. 增值税的特点

（1）不重复征税，保持税收中性。由于增值税只对货物或劳务销售额中没有征过税的那部分增值额征税，对销售额中属于转移过来的、以前环节已征过税的那部分销售额则不再征税，从而有效地排除了重复征税因素。此外，由于增值税税率档次少，也就使得绝大多数货物的税负是一样的；而且对于同一货物，无论流转环节多与少，只要增值额相同，税负就相同，不会影响货物的生产结构、组织结构和产品结构，从而使增值税具有了中性税收的特征。

（2）税负的转嫁性。增值税作为一种流转税，在逐环节征税的同时，还实行逐环节扣税。各环节的经营者作为纳税人，只是把从买方收取的税款抵扣自己支付给卖方的税款后的余额缴给税务机关，而经营者本身并未承担增值税税款。随着经营环节的逐步后移，经营者在出售货物的同时也出售了货物所承担的增值税款。当货物销售给最终消费者时，货物的全部税款也就一并转嫁给了最终的消费者。

（3）征税范围的普遍性。从增值税的征税范围来看，对从事货物生产经营和劳务及服务提供的所有单位和个人，在货物和劳务及服务各个流通环节向纳税人普遍征收。

2. 增值税的优点

（1）对经济活动有较强的适应性。由于增值税应用了税款抵扣制，对纳税人征税时，允许纳税人抵扣购买货物和劳务时已支付的增值税税款，避免了阶梯式征税可能造成重复征税的弊端，使同一商品或劳务的税收负担具有一致性。这种一致性，首先表现为对于同一商品或劳务，不论纳税人的生产、经营方式或组织方式有何差异，其最终的税收负担是一致的。其次，对于同一商品和劳务，不论纳税人经营活动的投入物或劳务的构成状况如何，其最终的税收负担也是一致的。也就是说，增值税的征税结果不会对纳税人的生产、经营活动和消费者的消费选择产生影响，具有中性特征。也正是这种中性特征，使增值税对经济活动有了较强的适应性。

（2）有较好的收入弹性。税收的收入弹性，是指税收收入的增减与经济发展状况的内在联系。一个税种的税收弹性好坏，取决于税收对经济的适应程度和它所产生的收入规模与国民收入的联系程度。增值税不仅对经济活动有较强的适应性,而且它所产生的收入规模与同期的国民收入规模有一个相对稳定的比例关系。由于增值税实行了税款抵扣制,就一个商品或一项劳务而言,各环节征收的增值税之和,等于它进入消费领域的价格乘以它所适用的增值税税率;就全社会而言,某一时期的所有社会商品或劳务的最终价格之和,接近同期全社会的国民收入。这就说明,增值税的税率一经确定,就相应地确定了增值税的收入规模与国民收入的比例。国民收入增加,增值税的收入规模也自然扩大;反之,国民收入下降,增值税的税收规模也随之下降。增值税这种良好的收入弹性,在国民收入增长时,能为政府取得更多的财政收入;在国民收入下降时,有利于经济的恢复和发展。

(3)有利于本国商品和劳务公平地参与国际竞争。由于增值税的税率反映的是某一商品或劳务的最终税收负担水平,所以,对出口商品和劳务适用零税率,就可以使出口商品或劳务完全以不含税的价格进入国际市场。这样,即使进口国按本国的税收规定对进口商品或劳务征税,征税后的税收负担也不会高于进口国的同类商品或劳务的税收负担;同样,对进口商品或劳务按本国的同类商品或劳务的税率征税后,进口商品或劳务与本国的商品或劳务的税收负担是一致的,这就有利于本国的商品和劳务在税收待遇一致的前提下公平竞争。

(4)有内在的自我控制机制。由于增值税实行的是税款抵扣制,一般情况下,纳税人能否取得购买货物或劳务已付税款的抵扣权,取决于他能否提供购买货物或劳务时已付增值税的有效凭证(通常是指注明增值税税额的专用发票)。如果供应商销售货物或劳务没有按规定开具增值税发票,他就可能有偷税的动机。但只要这种情况不是发生在商品或劳务供应的最终环节,对政府而言就不会造成税收损失。因为在此情况下,对购买者来说,因没有购买时已付增值税的凭证,就自然失去了购买货物或劳务的税款抵扣权。如果供应商开具发票,而他自己又不缴纳增值税,在这种情况下,可以通过对购买方进货凭证的交叉审计发现供应商的偷税行为。实行增值税后,通过加强对纳税人的扣税凭证的管理,就可以建立起纳税人之间的利益制约机制,使增值税具有自我控制机制。

二、增值税纳税人和扣缴义务人

(一)关于增值税纳税人和扣缴义务人的基本规定

根据《中华人民共和国增值税暂行条例》的规定,增值税纳税人为在中华人民共和国境内销售货物或者提供加工、修理修配劳务、"营改增"应税服务以及进口货物的单位和个人。单位,是指企业、行政单位、事业单位、军事单位、社会团体及其他单位;个人,是指个体工商户和其他个人。单位租赁或者承包给其他单位或者个人经营的,以承租人或者承包人为纳税人。报关进口的货物,以进口货物的收货人或办理报关手续的单位和个人为进口货物的纳税人。对代理进口货物,以海关开具的完税凭证上的纳税人为增值税纳税人。凡是海关的完税凭证开具给委托方的，对代理方不征增值税；凡是海关的完税凭证开具给代理方的，对代理方应按规定征收增值税。

境外的单位和个人在中华人民共和国境内提供应税劳务而在境内未设有经营机构，其应纳税款以境内代理人为扣缴义务人；在境内没有代理人的，以购买者为扣缴义务人。

（二）增值税纳税人的分类管理

为了适应纳税人经营管理规模差异大、会计核算水平参差不齐的实际情况，根据《增值税暂行条例》及其实施细则的规定，对增值税纳税人实行分类管理。现行增值税法是以纳税人年应税销售额的大小、会计核算水平和能否提供准确税务资料等标准为依据，把增值税纳税人划分为一般纳税人和小规模纳税人。如下表 2-2 所示。

表 2-2　　　　　　　　　一般纳税人和小规模纳税人的划分

类型	认定标准（年销售额、会计核算）	征管办法
小规模纳税人	生产性企业或提供应税劳务：50 万元（含）以下，商业性企业：80 万元（含）以下且会计核算不健全	实行简易办法；增值税普通发票
	年应税销售额超过小规模纳税人界定标准的其他个人	
	非企业性单位、不经常发生应税行为的企业可选择按小规模纳税人纳税	
一般纳税人	年销售超过小规模纳税人标准的单位或个体工商户	实行税款抵扣制度；增值税专用发票
	小规模纳税人会计核算健全，能够提供准确税务资料的，可申请认定为一般纳税人	
	销售成品油的所有加油站	

三、增值税征税范围

（一）关于增值税征税范围的一般规定

根据《增值税暂行条例》的规定，在中华人民共和国境内销售货物或者提供加工、修理修配劳务（以下简称应税劳务）、"营改增"应税服务以及进口货物的单位和个人，为增值税的纳税人。增值税征税范围的具体内容如下：

1. 销售货物

货物，是指有形动产，包括电力、热力、气体在内。销售货物，是指有偿转让货物的所有权。有偿，是指从购买方取得货币、货物或者其他经济利益。

2. 提供加工和修理修配劳务

加工，是指受托加工货物，即委托方提供原料及主要材料，受托方按照委托方的要求，制造货物并收取加工费的业务。修理修配，是指受托对损伤和丧失功能的货物进行修复，使其恢复原状和功能的业务。这里的"提供加工和修理修配劳务"（以下称应税劳务）是指有偿提供加工和修理修配劳务，但单位或个体工商户聘用的员工为本单位或者雇主提供加工、修理修配劳务则不包括在内。

3. "营改增"应税服务

它包括交通运输服务、邮政服务、电信服务和部分现代服务业（将在第二节中详细介绍）。

4. 进口货物

进口货物是指申报进入我国海关境内的货物。确定一项货物是否属于进口货物，必须看其是否办理了报关进口手续。只要是报关进口的应税货物，均属于增值税征税范围，在进口环节由海关代征增值税（享受免税的货物除外）。

（二）增值税征税范围的特殊行为

1. 视同销售行为

单位或者个体工商户的下列行为，视同销售货物：

（1）将货物交付其他单位或者个人代销；

（2）销售代销货物；

（3）设有两个以上机构并实行统一核算的纳税人，将货物从一个机构移送至其他机构用于销售，但相关机构设在同一县（市）的除外；

（4）将自产或者委托加工的货物用于非增值税应税项目；

（5）将自产、委托加工的货物用于集体福利或者个人消费；

（6）将自产、委托加工或者购进的货物作为投资，提供给其他单位或者个体工商户；

（7）将自产、委托加工或者购进的货物分配给股东或者投资者；

（8）将自产、委托加工或者购进的货物无偿赠送其他单位或者个人。

上述8种行为应该确定为视同销售货物行为，均要征收增值税。其确定的目的主要有三个：一是保证增值税税款抵扣制度的实施，不致因发生上述行为而造成各相关环节税款抵扣链条中断；二是避免因发生上述行为而造成货物销售税收负担不平衡的矛盾，防止以上述行为逃避纳税的现象。三是体现增值税计算的配比原则，即购进货物已经在购进环节实施了进项税额抵扣，这些购进货物应该产生相应的销售额，同时就应该产生相应的销项税额。

2. 混合销售行为

混合销售行为是指一项销售行为既涉及货物又涉及非增值税应税劳务。同时现行增值税法规定：除销售自产货物并同时提供建筑业劳务的行为及国家规定的其他情形外，从事货物生产、批发、零售的企业、企业性单位和个体工商户的混合销售行为视同销售货物，应当缴纳增值税；其他单位和个人的混合销售行为，视同销售非增值税应税劳务，不缴增值税。

把握混合销售行为时应注意三个"一"：①同一项销售行为中既包括销售货物又包括提供非应税劳务，强调同一项销售行为；②销售货物和提供非应税劳务的价款是同时从一个购买方取得的；③混合销售只征收一种税，即或征增值税或征营业税。

纳税人的下列混合销售行为，应当分别核算应税劳务的营业额和货物的销售额，其应税劳务的营业额缴纳营业税，货物销售额不缴纳营业税；未分别核算的，由主管税务机关核定其应税劳务的营业额：①提供建筑业劳务的同时销售自产货物的行为；②财政部、国家税务总局规定的其他情形。

3. 兼营行为

兼营行为是指纳税人在生产经营活动中，既存在属于增值税征收范围的销售货物或提供应税劳务的行为，又存在不属于增值税征收范围的非应税劳务的行为。现行增值税法规定，纳税人兼营不同税率的货物或者应税劳务，应当分别核算不同税率货物或者应税劳务的销售额；未分别核算销售额的，从高适用税率；纳税人兼营免税、减税项目的，应当分别核算免税、减税项目的销售额；未分别核算销售额的，不得免税、减税；纳税人兼营非增值税应税项目的，应分别核算货物或者应税劳务和非增值税应税项目的营业额。未分别核算的，由主管税务机关核定货物或者应税劳务的销售额。

把握兼营非应税劳务时注意二个"两"：①指纳税人的经营范围包含两种业务，既包括销售货物或应税劳务，又包括提供非应税劳务；②销售货物或应税劳务和提供非应税劳务不是同时发生在同一购买者身上，即不是发生在同一销售行为中，也就是货款向两个以上消费者收取。

4. 代购行为

代购货物行为，凡同时具备以下条件的，不征收增值税；不同时具备以下条件的，无论会计制度规定如何核算，均征收增值税：①受托方不垫付资金；②销货方将发票开具给委托方，并由受托方将该项发票转交给委托方；③受托方按销货方实际收取的销售额和增值税额（如系代理进口货物则为海关代征的增值税额）与委托方结算货款，并另外收取手续费。

四、增值税税率和征收率

我国增值税采用比例税率形式，按照一定的比例征税。针对两类不同的纳税人，采用不同的税率和征收率。如下表2-3所示。

（一）增值税税率

根据确定增值税税率的基本原则，我国增值税设置了一档基本税率和一档低税率，此外还有对出口货物实施的零税率。

表 2-3　　　　　　　　　　　　增值税税率及征收率

按纳税人划分	税率或征收率	适用范围
一般纳税人	基本税率为17%	销售或进口货物、提供应税劳务
	低税率为13%	销售或进口税法列举的五类货物
	零税率	纳税人出口货物
	征收率3%	销售自来水、沙、混凝土、寄售物品、典当物品等
小规模纳税人	征收率3%	所有货物或应税劳务及服务

1. 基本税率

增值税一般纳税人销售或者进口货物，提供应税劳务，除低税率适用范围外，税率一律为17%，这就是通常所说的基本税率。

2. 低税率

一般纳税人销售或者进口下列货物，税率为13%：①粮食、食用植物油；②自来水、暖气、冷气、热水、煤气、石油液化气、天然气、沼气、居民用煤炭制品；③图书、报纸、杂志；④饲料、化肥、农药、农机、农膜；⑤国务院规定的其他货物。

3. 零税率

纳税人出口货物，税率为零；但是国务院另有规定的除外。

（二）征收率

根据我国现行增值税法规定，小规模纳税人和特定的一般纳税人销售货物或提供劳务采取简易计税办法，按照销售额和征收率计算缴纳增值税，并且不能抵扣增值税进项税。我国小规模纳税人适用的征收率，经过多次调整后已统一为3%。但与小规模纳税人征收率多次调整的情况不同，特定的一般纳税人适用的征收率多年未作调整，且未与小规模纳税人征收率调整保持一致，造成多档征收率并存的状况。2014年7月1日，为进一步规范税制、公平税负，经国务院批准，决定简并和统一增值税征收率，将6%和4%的增值税征收率统一调整为3%。

五、增值税的计税方法

增值税的计税方法包括一般计税方法、简易计税方法和扣缴计税方法。

（一）一般纳税人适用的计税方法

一般纳税人销售货物或者提供应税劳务适用一般计税方法计税。其计税公式是：

当期应纳增值税税额＝当期销项税额－当期进项税额

但是一般纳税人提供财政部和国家税务总局规定的特定的销售货物、应税劳务，也可以选择适用简易计税方法计税，一经选择，36个月内不得变更。

（二）小规模纳税人适用的计税方法

小规模纳税人销售货物、提供应税劳务适用简易计税方法。但是上述一般纳税人提供财政部和国家税务总局规定的特定的销售货物、应税劳务，也可以选择适用简易计税方法计税。简易计税方法的公式：

当期应纳增值税额＝当期销售额×征收率

（三）扣缴义务人适用的计税方法

境外单位和个人在境内提供应税劳务，在境内没有设立经营机构的，扣缴义务人为其代理人或接受方，按照下列公式计算应扣缴税额：

应扣缴税额＝接受方支付的价款÷（1+税率）×税率

六、增值税免税项目

增值税暂行条例规定下列项目免征增值税：①农业生产者销售的自产农业产品，即从事农业生产的单位和个人出售的初级农业产品，包括种植业、养殖业、林业、牧业、水产业的初级产品；②避孕药品和用具；③古旧图书，指向社会收购的古书和旧书；④直接用于科学研究、科学试验和教学的进口仪器、设备；⑤外国政府、国际组织无偿援助的进口物资和设备；⑥来料加工、来件装配和补偿贸易所需的进口设备；⑦由残疾人组织直接进口供残疾人专用的物品；⑧销售的自己使用过的物品即个人自己使用过的游艇、摩托车、应征消费税的汽车以外的货物。

七、增值税征收管理

（一）纳税义务发生时间

通常情况下，增值税纳税义务的发生时间是销售货物或者应税劳务，为收讫销售款项或者取得索取销售款项凭据的当天；先开具发票的，为开具发票的当天。进口货物，为报关进口的当天。增值税扣缴义务发生时间为纳税人增值税纳税义务发生的当天。收讫销售款项或者取得索取销售款项凭据的当天，按销售结算方式的不同，具体为：

（1）采取直接收款方式销售货物，不论货物是否发出，均为收到销售款或者取得索取销售款凭据的当天；

（2）采取托收承付和委托银行收款方式销售货物，为发出货物并办妥托收手续的当天；

（3）采取赊销和分期收款方式销售货物，为书面合同约定的收款日期的当天；无书面合同的或者书面合同没有约定收款日期的，为货物发出的当天；

（4）采取预收货款方式销售货物的，为货物发出的当天；但生产销售生产工期超过12个月的大型机械设备、船舶、飞机等货物，为收到预收款或者书面合同约定的收款日期的当天；

(5)委托其他纳税人代销货物,为收到代销单位的代销清单或者收到全部或者部分货款的当天;未收到代销清单及货款的,为发出代销货物满180天的当天;

(6)销售应税劳务,为提供劳务同时收讫销售款或者取得索取销售款的凭据的当天;

(7)纳税人发生视同销售货物行为的,为货物移送的当天。

(二)纳税期限

增值税的纳税期限分别为1日、3日、5日、10日、15日、1个月或者1个季度。纳税人的具体纳税期限,由主管税务机关根据纳税人应纳税额的大小分别核定;不能按照固定期限纳税的,可以按次纳税。纳税人以1个月或者1个季度为1个纳税期的,自期满之日起15日内申报纳税;以1日、3日、5日、10日或者15日为1个纳税期的,自期满之日起5日内预缴税款,于次月1日起15日内申报纳税并结清上月应纳税款。扣缴义务人解缴税款的期限,依照上述规定执行。纳税人进口货物,应当自海关填发海关进口增值税专用缴款书之日起15日内缴纳税款。

(三)增值税专用发票的使用和管理

为加强增值税征收管理,规范增值税专用发票(以下简称专用发票)使用行为,根据《中华人民共和国增值税暂行条例》及其实施细则和《中华人民共和国税收征收管理法》及其实施细则,国家税务总局于2006年10月17日发布了修订后的《增值税专用发票使用规定》(国税发〔2006〕156号),并自2007年1月1日开始施行。

1. 专用发票的构成

专用发票是增值税一般纳税人(以下简称一般纳税人)销售货物或者提供应税劳务开具的发票,是购买方支付增值税额并可按照增值税有关规定据以抵扣增值税进项税额的凭证。一般纳税人应通过增值税防伪税控系统(以下简称防伪税控系统)使用专用发票。使用,包括领购、开具、缴销、认证纸质专用发票及其相应的数据电文。防伪税控系统,是指经国务院同意推行的,使用专用设备和通用设备,运用数字密码和电子存储技术管理专用发票的计算机管理系统。专用设备,是指金税卡、IC卡、读卡器、金税盘、报税盘和其他设备。通用设备,是指计算机、打印机、扫描器具和其他设备。

专用发票由基本联次或者基本联次附加其他联次构成,基本联次为三联:发票联、抵扣联和记账联。发票联,作为购买方核算采购成本和增值税进项税额的记账凭证;抵扣联,作为购买方报送主管税务机关认证和留存备查的凭证;记账联,作为销售方核算销售收入和增值税销项税额的记账凭证。其他联次用途,由一般纳税人自行确定。

2. 专用发票的开票限额

专用发票实行最高开票限额管理。最高开票限额,是指单份专用发票开具的销售额合计数不得达到的上限额度。最高开票限额由一般纳税人申请,税务机关依法审批。最高开票限额为10万元及以下的，由区县级税务机关审批；最高开票限额为100万元的，由地市级税务机关审批；最高开票限额为1 000万元及以上的，由省级税务机关审批。防伪税控系统的具体发行工作由区县级税务机关负责。税务机关审批最高开票限额应进行实地核查。批准使用最高开票限额为10万元及以下的，由区县级税务机关派人实地核查；批准使用最高开票限额为100万元的，由地市级税务机关派人实地核查；批准使用最高开票限额为1 000万元及以上的，由地市级税务机关派人实地核查后，将核查资料报省级税务机关审核。

3. 专用发票的领购

一般纳税人凭发票领购簿、IC卡和经办人身份证明领购专用发票。一般纳税人有下列情形之一的，不得领购和开具专用发票：

（1）会计核算不健全，不能向税务机关准确提供增值税销项税额、进项税额、应纳税额数据及其他有关增值税税务资料的。上列其他有关增值税税务资料的内容，由省、自治区、直辖市和计划单列市国家税务局确定。

（2）有税收征管法规定的税收违法行为，拒不接受税务机关处理的。

有下列行为之一，经税务机关责令限期改正而仍未改正的：

①虚开增值税专用发票；

②私自印制专用发票；

③向税务机关以外的单位和个人买取专用发票；

④借用他人专用发票；

⑤未按规定开具专用发票；

⑥未按规定保管专用发票和专用设备（这是指未设专人保管专用发票和专用设备；未按税务机关要求存放专用发票和专用设备；未将认证相符的专用发票抵扣联、认证结果通知书和认证结果清单装订成册；未经税务机关查验，擅自销毁专用发票基本联次）；

⑦未按规定申请办理防伪税控系统变更手续；

⑧未按规定接受税务机关检查。

有上列情形的，如已领购专用发票，主管税务机关应暂扣其结存的专用发票和IC卡。

4. 专用发票的开具范围

一般纳税人销售货物或者提供应税劳务，应向购买方开具专用发票。商业企业一般纳税人零售的烟、酒、食品、服装、鞋帽（不包括劳保专用部分）、化妆品等消费品不得开具专用发票。增值税小规模纳税人（以下简称小规模纳税人）需要开具专用发票的，可向主管税务机关申请代开。销售免税货物不得开具专用发票，法律、法规及国家税务总局另有规定的除外。

5. 税务机关代开专用发票的规定

代开专用发票是指主管税务机关为所辖范围内已办理税务登记的小规模纳税人

（包括个体工商户）以及国家税务总局确定的其他可由税务机关代开增值税专用发票的纳税人，在发生增值税应税行为，需要开具专用发票时，代开专用发票。除税务机关外，其他单位和个人不得代开专用发票。

（1）代开专用发票统一使用增值税防伪税控代开票系统。非防伪税控代开票系统开具的代开专用发票不得作为增值税进项税额抵扣凭证。增值税防伪税控代开票系统由防伪税控企业发行岗位按规定发行。

（2）增值税纳税人申请代开专用发票时，应填写"代开增值税专用发票缴纳税款申报单"（以下简称"申报单"），连同税务登记证副本，到主管税务机关税款征收岗位按专用发票上注明的税额全额申报缴纳税款，同时缴纳专用发票工本费。

自2014年8月1日起启用新版专用发票、货运专票和普通发票，老版专用发票、货运专票和普通发票暂继续使用。

第二节 营业税改征增值税试点改革的主要内容

一、营业税改征增值税试点改革总述

（一）营业税改征增值税试点的进程

为了促进第三产业发展，2011年，经国务院批准，财政部、国家税务总局联合下发营业税改征增值税（以下简称"营改增"）试点方案。从2012年1月1日起，在上海开展营业税改征增值税试点。试点行业范围具体为"1+6"："1"即交通运输业，包括陆路运输服务、水路运输服务、航空运输服务、管道运输服务；"6"即现代服务业的六个行业，包括研发和技术服务、信息技术服务、文化创意服务、物流辅助服务、有形动产租赁服务、鉴证咨询服务。在主要税制安排的税率方面，将在现行增值税17%标准税率和13%低税率基础上，新增11%和6%两档低税率；有形动产租赁服务适用17%税率，交通运输业服务适用11%税率，其他部分现代服务业服务适用6%税率；小规模纳税人提供应税服务，增值税征收率为3%。

自2012年9月1日起至2012年年底，国务院将"营改增"试点地区扩大到北京市、天津市、江苏省、安徽省、浙江省（含宁波市）、福建省（含厦门市）、湖北省和广东省8省市。截至2013年8月1日，"营改增"范围已推广到全国试行，并将广播影视服务纳入试点范围。2013年12月4日，国务院总理李克强主持召开国务院常务会议，决定从2014年1月1日起，将铁路运输和邮政服务业纳入营业税改征增值税试点，至此交通运输业已全部纳入"营改增"范围。经国务院批准，电信业纳入营业税改征增值税试点。2014年4月30日，经国务院批准，国家税务总局下发通知，2014年6月1日起，将电信业纳入营业税改征增值税试点范围。2014年4月25日，国家税务总局有人表示，金融业"营改增"试点方案草稿将于年内完成。

2014年3月13日，财政部税政司发布"营改增"试点运行的基本情况报告，报告显示2013年减税规模超过1 400亿元。

（二）营业税改征增值税的指导思想

建立健全有利于科学发展的税收制度，促进经济结构调整，支持现代服务业发展。"营改增"是在我国经济社会转型发展的攻坚时间，国家制定的一项重要的结构性减税措施。试点"营改增"，对推动我国第三产业尤其是现代服务业的发展，对优化产业结构调整、加快转变经济发展方式和提供国家综合实力，具有十分重要的意义。按照建立健全有利于科学发展的财税制度要求，将营业税改征增值税，有利于减少营业税重复征税，使市场细化和分工协作不受税制影响；有利于完善和延伸二、三产业增值税抵扣链条，促进二、三产业融合发展；有利于建立货物和劳务领域的增值税出口退税制度，全面改善我国的出口税收环境；有利于降低企业税收成本，增强企业发展能力；有利于优化投资、消费和出口结构，促进国民经济健康有序协调发展。

（三）营业税改征增值税的基本原则

1. 统筹设计，分步实施

正确处理改革、发展、稳定的关系，统筹兼顾经济社会发展要求，结合全面推行改革需要和当前实际，科学设计，稳步推进。

2. 规范税制，合理负担

在保证增值税规范运行的前提下，根据财政承受能力和不同行业发展特点，合理设置税制要素，改革试点行业总体税负不增加或略有下降，基本消除重复征税。

3. 全面协调，平稳过渡

妥善处理试点前后增值税与营业税政策的衔接、试点纳税人与非试点纳税人税制的协调，建立健全适应第三产业发展的增值税管理体系，确保改革试点有序运行。

二、营业税改征增值税试点纳税人和扣缴义务人

（一）试点纳税人的一般规定

根据试点实施办法的规定，在中华人民共和国境内（以下称"境内"）提供交通运输业、邮政业、电信业和部分现代服务业服务（以下称"应税服务"）的单位和个人，为增值税纳税人。纳税人提供应税服务，应当按照本办法缴纳增值税，不再缴纳营业税。单位，是指企业、行政单位、事业单位、军事单位、社会团体及其他单位。个人，是指个体工商户和其他个人。

单位以承包、承租、挂靠方式经营的，承包人、承租人、挂靠人（以下统称承包人）以发包人、出租人、被挂靠人（以下统称发包人）名义对外经营并由发包人承担相关法律责任的，以该发包人为纳税人。否则，以承包人为纳税人。

根据试点实施办法的规定，试点纳税人分为一般纳税人和小规模纳税人。应税服务的年应征增值税销售额（以下称"应税服务年销售额"）超过财政部和国家税

务总局规定标准的纳税人为一般纳税人，未超过规定标准的纳税人为小规模纳税人。

（二）扣缴义务人

中华人民共和国境外（以下称"境外"）的单位或者个人在境内提供应税服务，在境内未设有经营机构的，以其代理人为增值税扣缴义务人；在境内没有代理人的，以接受方为增值税扣缴义务人。

（三）合并纳税

两个或者两个以上的纳税人，经财政部和国家税务总局批准，可以视为一个纳税人合并纳税。具体办法由财政部和国家税务总局另行制定。

三、营业税改征增值税试点征税范围

（一）营改增征税范围的一般规定

营改增的征税范围为试点纳税人在中华人民共和国境内提供的应税服务。根据应税服务范围注释的规定，应税服务，是指交通运输业（陆路运输服务、水路运输服务、航空运输服务、管道运输服务）、邮政业（邮政普通服务、邮政特殊服务、其他邮政服务）、电信业（基础电信服务、增值电信服务）、部分现代服务业（研发和技术服务、信息技术服务、文化创意服务、物流辅助服务、有形动产租赁服务、鉴证咨询服务、广播影视服务）。

1. 对"提供应税服务"的界定

提供应税服务，是指有偿提供应税服务，但不包括非营业活动中提供的应税服务。有偿，是指取得货币、货物或者其他经济利益。非营业活动是指：①非企业性单位按照法律和行政法规的规定，为履行国家行政管理和公共服务职能收取政府性基金或者行政事业性收费的活动；②单位或者个体工商户聘用的员工为本单位或者雇主提供应税服务；③单位或者个体工商户为员工提供应税服务；④财政部和国家税务总局规定的其他情形。

2. 对"境内"的界定

在境内提供应税服务，是指应税服务提供方或者接受方在境内。下列情形不属于在境内提供应税服务：①境外单位或者个人向境内单位或者个人提供完全在境外消费的应税服务；②境外单位或者个人向境内单位或者个人出租完全在境外使用的有形动产；③财政部和国家税务总局规定的其他情形。

3. 对"视同提供应税服务"的界定

单位和个体工商户有下列情形的，视同提供应税服务：

（1）向其他单位或者个人无偿提供交通运输业、邮政业和部分现代服务业服务，但以公益活动为目的或者以社会公众为对象的除外。

（2）财政部和国家税务总局规定的其他情形。

(二)"营改增"征税范围的具体内容

1. 交通运输业

交通运输业,是指使用运输工具将货物或者旅客送达目的地,使其空间位置得到转移的业务活动。它包括陆路运输服务、水路运输服务、航空运输服务和管道运输服务。

(1) 陆路运输服务

陆路运输服务,是指通过陆路(地上或者地下)运送货物或者旅客的运输业务活动,包括铁路运输和其他陆路运输。

①铁路运输服务,是指通过铁路运送货物或者旅客的运输业务活动。

②其他陆路运输服务,是指铁路运输以外的陆路运输业务活动,包括公路运输、缆车运输、索道运输、地铁运输、城市轻轨运输等。出租车公司向使用本公司自有出租车的出租车司机收取的管理费用,按陆路运输服务征收增值税。

(2) 水路运输服务

水路运输服务,是指通过江、河、湖、川等天然、人工水道或者海洋航道运送货物或者旅客的运输业务活动。远洋运输的程租、期租业务,属于水路运输服务。程租业务,是指远洋运输企业为租船人完成某一特定航次的运输任务并收取租赁费的业务。期租业务,是指远洋运输企业将配备有操作人员的船舶承租给他人使用一定期限,承租期内听候承租方调遣,不论是否经营,均按天向承租方收取租赁费,所发生的固定费用均由船东负担的业务。

(3) 航空运输服务

航空运输服务,是指通过空中航线运送货物或者旅客的运输业务活动。航空运输的湿租业务,属于航空运输服务。湿租业务,是指航空运输企业将配备有机组人员的飞机承租给他人使用一定期限,承租期内听候承租方调遣,不论是否经营,均按一定标准向承租方收取租赁费,所发生的固定费用均由承租方承担的业务。航天运输服务,按照航空运输服务征收增值税。航天运输服务,是指利用火箭等载体将卫星、空间探测器等空间飞行器发射到空间轨道的业务活动。

(4) 管道运输服务

管道运输服务,是指通过管道设施输送气体、液体、固体物质的运输业务活动。

2. 邮政业

邮政业,是指中国邮政集团公司及其所属邮政企业提供邮件寄递、邮政汇兑、机要通信和邮政代理等邮政基本服务的业务活动。它包括邮政普通服务、邮政特殊服务和其他邮政服务。

(1) 邮政普通服务

邮政普通服务,是指函件、包裹等邮件寄递以及邮票发行、报刊发行和邮政汇兑等业务活动。函件,是指信函、印刷品、邮资封片卡、无名址函件和邮政小包等。包裹,是指按照封装上的名址递送给特定个人或者单位的独立封装的物品,其重量不超过50千克，任何一边的尺寸不超过150厘米，长、宽、高合计不超过300厘米。

（2）邮政特殊服务

邮政特殊服务，是指义务兵平常信函、机要通信、盲人读物和革命烈士遗物的寄递等业务活动。

（3）其他邮政服务

其他邮政服务，是指邮册等邮品销售、邮政代理等业务活动。

3. 电信业

电信业，是指利用有线、无线的电磁系统或者光电系统等各种通信网络资源，提供语音通话服务，传送、发射、接收或者应用图像、短信等电子数据和信息的业务活动，包括基础电信服务和增值电信服务。

（1）基础电信服务

基础电信服务，是指利用固网、移动网、卫星、互联网，提供语音通话服务的业务活动以及出租或者出售带宽、波长等网络元素的业务活动。

（2）增值电信服务

增值电信服务，是指利用固定网络、移动网、卫星、互联网、有线电视网络，提供短信和彩信服务、电子数据和信息的传输及应用服务、互联网接入服务等业务活动。卫星电视信号落地转接服务，按照增值电信服务计算缴纳增值税。

4. 部分现代服务业

部分现代服务业，是指围绕制造业、文化产业、现代物流产业等提供技术性、知识性服务的业务活动。它包括研发和技术服务、信息技术服务、文化创意服务、物流辅助服务、有形动产租赁服务、鉴证咨询服务、广播影视服务等。

（1）研发和技术服务

研发和技术服务，包括研发服务、技术转让服务、技术咨询服务、合同能源管理服务、工程勘察勘探服务等。

①研发服务，是指就新技术、新产品、新工艺或者新材料及其系统进行研究与试验开发的业务活动。

②技术转让服务，是指转让专利或者非专利技术的所有权或者使用权的业务活动。

③技术咨询服务，是指对特定技术项目提供可行性论证、技术预测、技术测试、技术培训、专题技术调查、分析评价报告和专业知识咨询等业务活动。

④合同能源管理服务，是指节能服务公司与用能单位以契约形式约定节能目标，节能服务公司提供必要的服务，用能单位以节能效果支付节能服务公司投入及其合理报酬的业务活动。

⑤工程勘察勘探服务，是指在采矿、工程施工前后，对地形、地质构造、地下资源蕴藏情况进行实地调查的业务活动。

(2) 信息技术服务

信息技术服务，是指利用计算机、通信网络等技术对信息进行生产、收集、处理、加工、存储、运输、检索和利用，并提供信息服务的业务活动。它包括软件服务、电路设计及测试服务、信息系统服务和业务流程管理服务等。

①软件服务，是指提供软件开发服务、软件咨询服务、软件维护服务、软件测试服务的业务行为。

②电路设计及测试服务，是指提供集成电路和电子电路产品设计、测试及相关技术支持服务的业务行为。

③信息系统服务，是指提供信息系统集成、网络管理、桌面管理与维护、信息系统应用、基础信息技术管理平台整合、信息技术基础设施管理、数据中心、托管中心、安全服务的业务行为，包括网站对非自有的网络游戏提供的网络运营服务。

④业务流程管理服务，是指依托计算机信息技术提供的人力资源管理、财务经济管理、审计管理、税务管理、金融支付服务、内部数据分析、内部数据挖掘、内部数据管理、内部数据使用、呼叫中心和电子商务平台等服务的业务活动。

(3) 文化创意服务

文化创意服务，包括设计服务、商标和著作权转让服务、知识产权服务、广告服务和会议展览服务。

①设计服务，是指把计划、规划、设想通过视觉、文字等形式传递出来的业务活动，包括工业设计、造型设计、服装设计、环境设计、平面设计、包装设计、动漫设计、网游设计、展示设计、网站设计、机械设计、工程设计、广告设计、创意策划、文印晒图等。

②商标和著作权转让服务，是指转让商标、商誉和著作权的业务活动。

③知识产权服务，是指处理知识产权事务的业务活动，包括对专利、商标、著作权、软件、集成电路图设计的代理、登记、鉴定、评估、认证、咨询、检索服务。

④广告服务，是指利用图书、报纸、杂志、广播、电视、电影、幻灯、路牌、招贴、橱窗、霓虹灯、灯箱、互联网等各种形式为客户的商品、经营服务项目、文体节目或者通告、声明等委托事项进行宣传和提供相关服务的业务活动。它包括广告代理和广告的发布、播映、宣传、展示等。

⑤会议展览服务，是指为商品流通、促销、展示、经贸洽谈、民间交流、企业沟通、国际往来等举办或者组织安排的各类展览和会议的业务活动。

(4) 物流辅助服务

物流辅助服务，包括航空服务、港口码头服务、货运客运场站服务、打捞救助服务、货物运输代理服务、代理报关服务、仓储服务、装卸搬运服务和收派服务。

①航空服务，包括航空地面服务和通用航空服务。航空地面服务，是指航空公司、飞机场、民航管理局、航站等向在境内航行或者在境内机场停留的境内外飞机或者其他飞行器提供的导航等劳务性地面服务的业务活动。它包括旅客安全检查服

务、停机坪管理服务、机场候机厅管理服务、飞机清洗消毒服务、空中飞行管理服务、飞机起降服务、飞行通信服务、地面信号服务、飞机安全服务、飞机跑道管理服务、空中交通管理服务等。通用航空服务，是指为专业工作提供飞行服务的业务活动，包括航空摄影、航空培训、航空测量、航空勘探、航空护林、航空吊挂播撒、航空降雨等。

②港口码头服务，是指港务船舶调度服务、船舶通信服务、航道管理服务、航道疏浚服务、灯塔管理服务、航标管理服务、船舶引航服务、理货服务、系解缆服务、停泊和移泊服务、海上船舶溢油清除服务、水上交通管理服务、船只专业清洗消毒检测服务和防止船只漏油服务等为船只提供服务的业务活动。港口设施经营人收取的港口设施保安费按照"港口码头服务"征收增值税。

③货运客运场站服务，是指货运客运场站提供的货物配载服务、运输组织服务、中转换乘服务、车辆调度服务、票务服务、货物打包整理、铁路线路使用服务、加挂铁路客车服务、铁路行包专列发送服务、铁路到达和中转服务、铁路车辆编组服务、车辆挂运服务、铁路接触网服务、铁路机车牵引服务、车辆停放服务等业务活动。

④打捞救助服务，是指提供船舶人员救助、船舶财产救助、水上救助和沉船沉物打捞服务的业务活动。

⑤货物运输代理服务，是指接受货物收货人、发货人、船舶所有人、船舶承租人或船舶经营人的委托，以委托人的名义或者以自己的名义，在不直接提供货物运输服务的情况下，为委托人办理货物运输、船舶进出港口，联系安排引航、靠泊、装卸等货物和船舶代理相关业务手续的业务活动。

⑥代理报关服务，是指接受进出口货物的收、发货人委托，代为办理报关手续的业务活动。

⑦仓储服务，是指利用仓库、货场或者其他场所代客贮放、保管货物的业务活动。

⑧装卸搬运服务，是指使用装卸搬运工具或人力、畜力将货物在运输工具之间、装卸现场之间或者运输工具与装卸现场之间进行装卸和搬运的业务活动。

⑨收派服务，是指接受寄件人委托，在承诺的时限内完成函件和包裹的收件、分拣、派送服务的业务活动。收件服务，是指从寄件人收取函件和包裹，并运送到服务提供方同城的集散中心的业务活动；分拣服务，是指服务提供方在其集散中心对函件和包裹进行归类、分发的业务活动；派送服务，是指服务提供方从其集散中心将函件和包裹送达同城的收件人的业务活动。

（5）有形动产租赁服务

有形动产租赁，包括有形动产融资租赁和有形动产经营性租赁。

①有形动产融资租赁，是指具有融资性质和所有权转移特点的有形动产租赁业务活动。即出租人根据承租人所要求的规格、型号、性能等条件购入有形动产租赁

给承租人，合同期内设备所有权属于出租人，承租人只拥有使用权；合同期满付清租金后，承租人有权按照残值购入有形动产，并拥有其所有权。不论出租人是否将有形动产残值销售给承租人，均属于融资租赁。

②有形动产经营性租赁，是指在约定时间内将物品、设备等有形动产转让他人使用且租赁物所有权不变更的业务活动。远洋运输的光租业务、航空运输的干租业务，均属于有形动产经营性租赁。光租业务，是指远洋运输企业将船舶在约定的时间内出租给他人使用，不配备操作人员，不承担运输过程中发生的各项费用，只收取固定租赁费的业务活动。干租业务，是指航空运输企业将飞机在约定的时间内出租给他人使用，不配备机组人员，不承担运输过程中发生的各项费用，只收取固定租赁费的业务活动。

（6）鉴证咨询服务

鉴证咨询服务，包括认证服务、鉴证服务和咨询服务。

①认证服务，是指具有专业资质的单位利用检测、检验、计量等技术，证明产品、服务、管理体系符合相关技术规范、相关技术规范的强制性要求或者标准的业务活动。

②鉴证服务，是指具有专业资质的单位，为委托方的经济活动及有关资料进行鉴证，发表具有证明力的意见的业务活动。它包括会计鉴证、税务鉴证、法律鉴证、工程造价鉴证、资产评估、环境评估、房地产土地评估、建筑图纸审核、医疗事故鉴定等。

③咨询服务，是指提供和策划财务、税收、法律、内部管理、业务运作和流程管理等信息或者建议的业务活动。代理记账、翻译服务按照"咨询服务"征收增值税。

（7）广播影视服务

广播影视服务，包括广播影视节目（作品）的制作服务、发行服务和播映（含放映，下同）服务。

①广播影视节目（作品）制作服务，是指进行专题（特别节目）、专栏、综艺、体育、动画片、广播剧、电视剧、电影等广播影视节目和作品制作的服务。它具体包括与广播影视节目和作品相关的策划、采编、拍摄、录音、音视频文字图片素材制作、场景布置、后期的剪辑、翻译（编译）、字幕制作、片头、片尾、片花制作、特效制作、影片修复、编目和确权等业务活动。

②广播影视节目（作品）发行服务，是指以分账、买断、委托、代理等方式，向影院、电台、电视台、网站等单位和个人发行广播影视节目（作品）以及转让体育赛事等活动的报道及播映权的业务活动。

③广播影视节目（作品）播映服务，是指在影院、剧院、录像厅及其他场所播映广播影视节目（作品）以及通过电台、电视台、卫星通信、互联网、有线电视等无线或有线装置播映广播影视节目（作品）的业务活动。

四、营业税改征增值税试点增值税率和征收率

（一）增值税税率

（1）提供有形动产租赁服务，税率为17%。

（2）提供交通运输业服务、邮政业服务、基本电信服务，税率为11%。

（3）提供增值电信服务、提供现代服务业服务（有形动产租赁服务除外），税率为6%。

（4）财政部和国家税务总局规定的应税服务，税率为零。

（二）征收率为3%（略）

五、营业税改征增值税试点应纳税额计算

营业税改征增值税试点增值税的计税方法，包括一般计税方法和简易计税方法。一般纳税人提供应税服务适用一般计税方法计税。一般纳税人提供财政部和国家税务总局规定的特定应税服务，可以选择适用简易计税方法计税，但一经选择，36个月内不得变更。小规模纳税人提供应税服务适用简易计税方法计税。境外单位或者个人在境内提供应税服务，在境内未设有经营机构的，扣缴义务人按照下列公式计算应扣缴税额：

应扣缴税额=接受方支付的价款÷（1+税率）×税率

（一）一般计税方法

一般计税方法的应纳税额，是指当期销项税额抵扣当期进项税额后的余额。应纳税额计算公式：

应纳税额=当期销项税额−当期进项税额

当期销项税额小于当期进项税额不足抵扣时，其不足部分可以结转下期继续抵扣。

（二）简易计税方法

简易计税方法的应纳税额，是指按照销售额和增值税征收率计算的增值税额，不得抵扣进项税额。应纳税额计算公式：

应纳税额=销售额×征收率

简易计税方法的销售额不包括其应纳税额，纳税人采用销售额和应纳税额合并定价方法的，按照下列公式计算销售额：

销售额=含税销售额÷（1+征收率）

纳税人提供的适用简易计税方法计税的应税服务，因服务中止或者折让而退还给接受方的销售额，应当从当期销售额中扣减。扣减当期销售额后仍有余额造成多缴的税款，可以从以后的应纳税额中扣减。

（三）计税方法的特殊规定

（1）试点纳税人中的一般纳税人提供的公共交通运输服务，可以选择按照简易

计税方法计算缴纳增值税。公共交通运输服务，包括轮客渡、公交客运、轨道交通（含地铁、城市轻轨）、出租车、长途客运、班车。其中，班车是指按固定路线、固定时间运营并在固定站点停靠的运送旅客的陆路运输。

（2）试点纳税人中的一般纳税人，以该地区试点实施日之前购进或者自制的有形动产为标的物提供的经营租赁服务，试点期间可以选择适用简易计税方法计算缴纳增值税。

（3）试点纳税人中的一般纳税人兼有销售货物、提供加工修理修配劳务的，凡未规定可以选择按照简易计税方法计算缴纳增值税的，其全部销售额应一并按照一般计税方法计算缴纳增值税。

（4）试点前发生的业务的计税方法：

①试点纳税人在本地区试点实施日之前签订的尚未执行完毕的租赁合同，在合同到期日之前继续按照现行营业税政策规定缴纳营业税。

②试点纳税人提供应税服务，按照国家有关营业税政策规定差额征收营业税的，因取得的全部价款和价外费用不足以抵减允许扣除项目金额，截至本地区试点实施日尚未扣除的部分，不得在计算试点纳税人本地区试点实施日之后的销售额时予以抵减，应当向原主管地税机关申请退还营业税。试点纳税人按照有关规定继续缴纳营业税的有形动产租赁服务，不适用本项规定。

③试点纳税人提供应税服务在本地区试点实施日之前已缴纳营业税，本地区试点实施日（含）之后因发生退款减除营业额的，应当向主管税务机关申请退还已缴纳的营业税。

④试点纳税人本地区试点实施日之前提供的应税服务，因税收检查等原因需要补缴税款的，应按照现行营业税政策规定补缴营业税。

（5）销售使用过的固定资产的计税方法：

按照试点实施办法和有关规定认定的一般纳税人，销售自己使用过的本地区试点实施日（含）以后购进或自制的固定资产，按照适用税率征收增值税；销售自己使用过的本地区试点实施日以前购进或者自制的固定资产，按照3%征收率减半后按2%征收增值税。使用过的固定资产，是指纳税人根据财务会计制度已经计提折旧的固定资产。

（6）扣缴增值税适用税率：境内的代理人和接受方为境外单位和个人扣缴增值税的，按照适用税率扣缴增值税。

（7）混业经营的计税方法：

试点纳税人兼有不同税率或者征收率的销售货物、提供加工修理修配劳务或者应税服务的，应当分别核算适用不同税率或者征收率的销售额；未分别核算的，按照以下方法核算适用税率和征收率：

①兼有不同税率的销售货物、提供加工修理修配劳务或者应税服务的，从高适用税率；

②兼有不同税率和征收率的销售货物、提供加工修理修配劳务或者应税服务的，从高适用税率。

（8）油气田企业的计税方法：

油气田企业提供的应税服务，适用《试点实施办法》规定的增值税税率，不再适用《财政部、国家税务总局关于印发〈油气田企业增值税管理办法〉的通知》（财税〔2009〕8号）规定的增值税税率。

（9）有形动产融资租赁服务的计税方法：

经中国人民银行、商务部、银监会批准从事融资租赁业务的试点纳税人提供有形动产融资租赁服务，以取得的全部价款和价外费用（包括残值）扣除由出租方承担的有形动产的贷款利息（包括外汇借款和人民币借款利息）、关税、进口环节消费税、安装费、保险费的余额为销售额。试点纳税人从全部价款和价外费用中扣除价款，应当取得符合法律、行政法规和国家税务总局有关规定的有效凭证。否则，不得扣除。上述有效凭证是指：

①支付给境内单位或者个人的款项，以发票为合法有效凭证。

②缴纳的税款，以完税凭证为合法有效凭证。

③支付给境外单位或者个人的款项，以该单位或者个人的签收单据为合法有效凭证。税务机关对签收单据有疑问的，可以要求其提供境外公证机构的确认证明。

④国家税务总局规定的其他凭证。

经中国人民银行、银监会或者商务部批准从事融资租赁业务的试点纳税人，在财税〔2013〕106号文件发布前已签订的有形动产融资性售后回租合同，在合同到期日之前，可以选择按照财税〔2013〕106号文件有关规定或者以下规定确定销售额：

试点纳税人提供有形动产融资性售后回租服务，以向承租方收取的全部价款和价外费用扣除支付的借款利息（包括外汇借款和人民币借款利息）、发行债券利息后的余额为销售额。

（10）总机构汇总纳税的计税方法：

为规范营业税改征增值税后电信企业增值税征收管理，根据《中华人民共和国增值税暂行条例》（以下简称《增值税条例》）、《营业税改征增值税试点实施办法》（以下简称《试点实施办法》）及现行增值税有关规定，制定了《总分机构试点纳税人增值税计算缴纳暂行办法》（财税〔2013〕74号）。

①经财政部和国家税务总局批准的总机构试点纳税人及其分支机构，按照本办法的规定计算缴纳增值税。

②总机构应当汇总计算总机构及其分支机构发生《应税服务范围注释》所列业务的应缴增值税，抵减分支机构发生《应税服务范围注释》所列业务已缴纳的增值税税款（包括预缴和补缴的增值税税款）后，在总机构所在地解缴入库。总机构销售货物、提供加工修理修配劳务，按照增值税暂行条例及相关规定就地申报缴纳增值税。

③总机构汇总的应征增值税销售额，为总机构及其分支机构发生《应税服务范

围注释》所列业务的应征增值税销售额。

④总机构汇总的销项税额,按照本办法第三条规定的应征增值税销售额和增值税适用税率计算。

⑤总机构汇总的进项税额,是指总机构及其分支机构因发生《应税服务范围注释》所列业务而购进货物,或者接受加工修理修配劳务和应税服务,所支付或者负担的增值税税额。总机构及其分支机构用于发生《应税服务范围注释》所列业务之外的进项税额不得汇总。

⑥分支机构发生《应税服务范围注释》所列业务,按照应征增值税销售额和预征率计算缴纳增值税。计算公式如下:

应预缴的增值税=应征增值税销售额×预征率

预征率由财政部和国家税务总局规定,并适时予以调整。

分支机构销售货物、提供加工修理修配劳务,按照增值税暂行条例及相关规定就地申报缴纳增值税。

⑦分支机构发生《应税服务范围注释》所列业务当期已预缴的增值税税款,在总机构当期增值税应纳税额中抵减不完的,可以结转下期继续抵减。

⑧每年的第一个纳税申报期结束后,对上一年度总分机构汇总纳税情况进行清算。总机构和分支机构年度清算应缴增值税,按照各自销售收入占比和总机构汇总的上一年度应缴增值税税额计算。分支机构预缴的增值税超过其年度清算应缴增值税的,通过暂停以后纳税申报期预缴增值税的方式予以解决。分支机构预缴的增值税小于其年度清算应缴增值税的,差额部分在以后纳税申报期由分支机构在预缴增值税时一并就地补缴入库。

⑨总机构及其分支机构的其他增值税涉税事项,按照营业税改征增值税试点政策及其他增值税有关政策执行。

⑩总分机构试点纳税人增值税具体管理办法由国家税务总局另行制定。

目前国家税务总局根据《增值税条例》、《试点实施办法》、《总分机构试点纳税人增值税计算缴纳暂行办法》及现行增值税有关规定,制定了《航空运输企业增值税征收管理暂行办法》(国家税务总局公告2013年第68号)、《邮政企业增值税征收管理暂行办法》(国家税务总局公告2014年第5号)、《铁路运输企业增值税征收管理暂行办法》(国家税务总局公告2014年第6号)、《电信企业增值税征收管理暂行办法》(国家税务总局公告2014年第26号)。

六、营业税改征增值税试点的政策衔接

(一)营业税改征增值税试点相关业务衔接

1. 征税范围

(1)航空运输企业提供的旅客利用里程积分兑换的航空运输服务,不征收增

值税。

(2) 试点纳税人根据国家指令无偿提供的铁路运输服务、航空运输服务,属于《试点实施办法》第十一条规定的以公益活动为目的的服务,不征收增值税。

2. 销售额

(1) 融资租赁企业

①经中国人民银行、银监会或者商务部批准从事融资租赁业务的试点纳税人,提供有形动产融资性售后回租服务,以收取的全部价款和价外费用扣除向承租方收取的有形动产价款本金以及对外支付的借款利息(包括外汇借款和人民币借款利息)、发行债券利息后的余额为销售额。融资性售后回租,是指承租方以融资为目的,将资产出售给从事融资租赁业务的企业后,又将该资产租回的业务活动。试点纳税人提供融资性售后回租服务,向承租方收取的有形动产价款本金,不得开具增值税专用发票,可以开具普通发票。

②经中国人民银行、银监会或者商务部批准从事融资租赁业务的纳税人,提供除融资性售后回租以外的有形动产融资租赁服务,以收取的全部价款和价外费用扣除支付的借款利息(包括外汇借款和人民币借款利息)、发行债券利息、保险费、安装费和车辆购置税后的余额为销售额。

③本规定自 2013 年 8 月 1 日起执行。商务部授权的省级商务主管部门和国家经济技术开发区批准的从事融资租赁业务的试点纳税人,2013 年 12 月 31 日前注册资本达到 1.7 亿元的,自 2013 年 8 月 1 日起,按照上述规定执行;2014 年 1 月 1 日以后注册资本达到 1.7 亿元的,从达到该标准的次月起,按照上述规定执行。

(2) 注册在北京市、天津市、上海市、江苏省、浙江省(含宁波市)、安徽省、福建省(含厦门市)、湖北省、广东省(含深圳市)9 省市的试点纳税人提供应税服务(不含有形动产融资租赁服务),在 2013 年 8 月 1 日前按有关规定以扣除支付价款后的余额为销售额的,此前尚未抵减的部分,允许在 2014 年 6 月 30 日前继续抵减销售额,到期抵减不完的不得继续抵减。上述尚未抵减的价款,仅限于凭 2013 年 8 月 1 日前开具的符合规定的凭证计算的部分。

(3) 航空运输企业的销售额,不包括代收的机场建设费和代售其他航空运输企业客票而代收转付的价款。

(4) 自本地区试点实施之日起,试点纳税人中的一般纳税人提供的客运场站服务,以其取得的全部价款和价外费用扣除支付给承运方运费后的余额为销售额,其从承运方取得的增值税专用发票注明的增值税,不得抵扣。

(5) 试点纳税人提供知识产权代理服务、货物运输代理服务和代理报关服务,以其取得的全部价款和价外费用扣除向委托方收取并代为支付的政府性基金或者行政事业性收费后的余额为销售额。向委托方收取的政府性基金或者行政事业性收费,不得开具增值税专用发票。

(6) 试点纳税人中的一般纳税人提供国际货物运输代理服务,以其取得的全部价款和价外费用，扣除支付给国际运输企业的国际运输费用后的余额为销售额。国际货物运输代理服务，是指接受货物收货人或其代理人、发货人或其代理人、运输工具所有人、运输工具承租人或运输工具经营人的委托，以委托人的名义或者以自己的名义，在不直接提供货物运输服务的情况下，直接为委托人办理货物的国际运输、从事国际运输的运输工具进出港口，联系安排引航、靠泊、装卸等货物和船舶代理相关业务手续的业务活动。

（7）试点纳税人从全部价款和价外费用中扣除价款，应当取得符合法律、行政法规和国家税务总局规定的有效凭证。否则，不得扣除。上述有效凭证是指：

①支付给境内单位或者个人的款项，以发票为合法有效凭证。

②支付给境外单位或者个人的款项，以该单位或者个人的签收单据为合法有效凭证。税务机关对签收单据有疑问的，可以要求其提供境外公证机构的确认证明。

③缴纳的税款，以完税凭证为合法有效凭证。

④融资性售后回租服务中向承租方收取的有形动产价款本金，以承租方开具的发票为合法有效凭证。

⑤扣除政府性基金或者行政事业性收费，以省级以上财政部门印制的财政票据为合法有效凭证。

⑥国家税务总局规定的其他凭证。

3. 一般纳税人资格认定

《试点实施办法》第三条规定的应税服务年销售额标准为 500 万元（含本数）。财政部和国家税务总局可以根据试点情况对应税服务年销售额标准进行调整。

4. 计税方法

（1）试点纳税人中的一般纳税人提供的公共交通运输服务，可以选择按照简易计税方法计算缴纳增值税。公共交通运输服务，包括轮客渡、公交客运、地铁、城市轻轨、出租车、长途客运、班车。其中，班车是指按固定路线、固定时间运营并在固定站点停靠的运送旅客的陆路运输。

（2）试点纳税人中的一般纳税人，以该地区试点实施日之前购进或者自制的有形动产为标的物提供的经营租赁服务，试点期间可以选择按照简易计税方法计算缴纳增值税。

（3）自本地区试点实施之日起至 2017 年 12 月 31 日，被认定为动漫企业的试点纳税人中的一般纳税人，为开发动漫产品提供的动漫脚本编撰、形象设计、背景设计、动画设计、分镜、动画制作、摄制、描线、上色、画面合成、配音、配乐、音效合成、剪辑、字幕制作、压缩转码（面向网络动漫、手机动漫格式适配）服务，以及在境内转让动漫版权（包括动漫品牌、形象或者内容的授权及再授权），可以选择按照简易计税方法计算缴纳增值税。动漫企业和自主开发、生产动漫产品的认定标准和认定程序，按照《文化部、财政部、国家税务总局关于印发〈动漫企业认定管理办法（试行）〉的通知》（文市发〔2008〕51 号）的规定执行。

（4）试点纳税人中的一般纳税人提供的电影放映服务、仓储服务、装卸搬运服务和收派服务，可以选择按照简易计税办法计算缴纳增值税。

（5）试点纳税人中的一般纳税人兼有销售货物、提供加工修理修配劳务的，凡未规定可以选择按照简易计税方法计算缴纳增值税的，其全部销售额应一并按照一般计税方法计算缴纳增值税。

5. 试点前发生的业务

（1）试点纳税人在本地区试点实施日之前签订的尚未执行完毕的租赁合同，在合同到期日之前继续按照现行营业税政策规定缴纳营业税。

（2）试点纳税人提供应税服务，按照国家有关营业税政策规定差额征收营业税的，因取得的全部价款和价外费用不足以抵减允许扣除项目金额，截至本地区试点实施日尚未扣除的部分，不得在计算试点纳税人本地区试点实施日之后的销售额时予以抵减，应当向原主管地税机关申请退还营业税。试点纳税人按照本条第（七）项中第一点规定继续缴纳营业税的有形动产租赁服务，不适用本规定。

（3）试点纳税人提供应税服务在本地区试点实施日之前已缴纳营业税，本地区试点实施日（含）之后因发生退款减除营业额的，应当向原主管地税机关申请退还已缴纳的营业税。

（4）试点纳税人本地区试点实施日之前提供的应税服务，因税收检查等原因需要补缴税款的，应按照现行营业税政策规定补缴营业税。

（二）原增值税纳税人（指按照《增值税暂行条例》缴纳增值税的纳税人）有关政策

1. 进项税额

（1）原增值税一般纳税人接受试点纳税人提供的应税服务，取得的增值税专用发票上注明的增值税额为进项税额，准予从销项税额中抵扣。

（2）原增值税一般纳税人自用的应征消费税的摩托车、汽车、游艇，其进项税额准予从销项税额中抵扣。

（3）原增值税一般纳税人接受境外单位或者个人提供的应税服务，按照规定应当扣缴增值税的，准予从销项税额中抵扣的进项税额为从税务机关或者代理人取得的解缴税款的税收缴款凭证上注明的增值税额。

纳税人凭税收缴款凭证抵扣进项税额的，应当具备书面合同、付款证明和境外单位的对账单或者发票。资料不全的，其进项税额不得从销项税额中抵扣。

（4）原增值税一般纳税人购进货物或者接受加工修理修配劳务，用于《应税服务范围注释》所列项目的，不属于《增值税暂行条例》第十条所称的用于非增值税应税项目，其进项税额准予从销项税额中抵扣。

（5）原增值税一般纳税人接受试点纳税人提供的应税服务，下列项目的进项税额不得从销项税额中抵扣：

①用于简易计税方法计税项目、非增值税应税项目、免征增值税项目、集体福

利或者个人消费,其中涉及的专利技术、非专利技术、商誉、商标、著作权、有形动产租赁,仅指专用于上述项目的专利技术、非专利技术、商誉、商标、著作权、有形动产租赁。

②接受的旅客运输服务。

③与非正常损失的购进货物相关的交通运输业服务。

④与非正常损失的在产品、产成品所耗用购进货物相关的交通运输业服务。

上述非增值税应税项目,是指《增值税暂行条例》第十条所称的非增值税应税项目,但不包括《应税服务范围注释》所列项目。

2. 一般纳税人认定

原增值税一般纳税人兼有应税服务,按照《试点实施办法》和本规定第一条第(五)项的规定应当申请认定一般纳税人的,不需要重新办理一般纳税人认定手续。

3. 增值税期末留抵税额

原增值税一般纳税人兼有应税服务的,截至本地区试点实施日之前的增值税期末留抵税额,不得从应税服务的销项税额中抵扣。

(三)营业税税目中的特殊政策

《国家税务总局关于印发〈营业税税目注释(试行稿)〉的通知》(国税发〔1993〕149号)中,交通运输业税目,邮电通信业税目中的邮政业、电信业,服务业税目中的仓储业和广告业,转让无形资产税目中的转让商标权、转让著作权、转让专利权、转让非专利技术,停止执行。未停止执行的营业税税目,其中如果有属于《应税服务范围注释》的应税服务,应按本通知规定征收增值税。

邮政储蓄业务按照金融保险业税目征收营业税。

七、税收减免

(一)增值税起征点

个人提供应税服务的销售额未达到增值税起征点的,免征增值税;达到起征点的,全额计算缴纳增值税。增值税起征点不适用于认定为一般纳税人的个体工商户。增值税起征点幅度如下:

(1)按期纳税的,为月销售额5 000~20 000元(含本数)。

(2)按次纳税的,为每次(日)销售额300~500元(含本数)。

关于起征点的调整由财政部和国家税务总局规定。省、自治区、直辖市财政厅(局)和国家税务局应当在规定的幅度内,根据实际情况确定本地区适用的起征点,并报财政部和国家税务总局备案。

(二)增值税零税率和免税政策

根据《应税服务适用增值税零税率和免税政策的规定》(财税〔2013〕37号附件4,以下简称"本规定"),下列业务适用零税率:

其一,中华人民共和国境内(以下称"境内")的单位和个人提供的国际运输服务、向境外单位提供的研发服务和设计服务,适用增值税零税率。

(1)国际运输服务,是指:

①在境内载运旅客或者货物出境;

②在境外载运旅客或者货物入境;

③在境外载运旅客或者货物。

(2)境内的单位和个人适用增值税零税率,以水路运输方式提供国际运输服务的,应当取得《国际船舶运输经营许可证》;以公路运输方式提供国际运输服务的,应当取得《道路运输经营许可证》和《国际汽车运输行车许可证》,且《道路运输经营许可证》的经营范围应当包括"国际运输";以航空运输方式提供国际运输服务的,应当取得《公共航空运输企业经营许可证》且其经营范围应当包括"国际航空客货邮运输业务",或者持有《通用航空经营许可证》且其经营范围应当包括"公务飞行"。

(3)航天运输服务参照国际运输服务,适用增值税零税率。

(4)向境外单位提供的设计服务,不包括对境内不动产提供的设计服务。

其二,境内的单位和个人提供的往返香港、澳门、台湾的交通运输服务以及在香港、澳门、台湾提供的交通运输服务(以下称"港澳台运输服务"),适用增值税零税率。

境内的单位和个人适用增值税零税率,以公路运输方式提供至香港、澳门的交通运输服务的,应当取得道路运输经营许可证并具有持道路运输证的直通港澳运输车辆;以水路运输方式提供至台湾的交通运输服务的,应当取得台湾海峡两岸间水路运输许可证并具有持台湾海峡两岸间船舶营运证的船舶;以水路运输方式提供至香港、澳门的交通运输服务的,应当具有获得港澳线路运营许可的船舶;以航空运输方式提供上述交通运输服务的,应当取得公共航空运输企业经营许可证且其经营范围应当包括"国际、国内(含港澳)航空客货邮运输业务",或者持有通用航空经营许可证且其经营范围应当包括"公务飞行"。

其三,自2013年8月1日起,境内的单位或个人提供程租服务,如果租赁的交通工具用于国际运输服务和港澳台运输服务,由出租方按规定申请适用增值税零税率。自2013年8月1日起,境内的单位或个人向境内单位或个人提供期租、湿租服务,如果承租方利用租赁的交通工具向其他单位或个人提供国际运输服务和港澳台运输服务,由承租方按规定申请适用增值税零税率。境内的单位或个人向境外单位或个人提供期租、湿租服务,由出租方按规定申请适用增值税零税率。

其四,境内的单位和个人提供适用增值税零税率的应税服务,如果属于适用简易计税方法的,实行免征增值税办法。如果属于适用增值税一般计税方法的,生产企业实行免抵退税办法,外贸企业外购研发服务和设计服务出口实行免退税办法,外贸企业自己开发的研发服务和设计服务出口,视同生产企业连同其出口货物统一实行免抵退税办法。应税服务退税率为其按照《试点实施办法》第十二条第（一）至（三）项规定适用的增值税税率。实行退（免）税办法的研发服务和设计服务，如果主管税务机关认定出口价格偏高的，有权按照核定的出口价格计算退（免）税，核定的出口价格低于外贸企业购进价格的，低于部分对应的进项税额不予退税，转入成本。

其五，境内的单位和个人提供适用增值税零税率应税服务的，可以放弃适用增值税零税率，选择免税或按规定缴纳增值税。放弃适用增值税零税率后，36个月内不得再申请适用增值税零税率。

其六，境内的单位和个人提供适用增值税零税率的应税服务，按月向主管退税的税务机关申报办理增值税免抵退税或免税手续。具体管理办法由国家税务总局商财政部另行制定。

其七，境内的单位和个人提供的下列应税服务免征增值税，但财政部和国家税务总局规定适用增值税零税率的除外：

（1）工程、矿产资源在境外的工程勘察勘探服务。

（2）会议展览地点在境外的会议展览服务。

（3）存储地点在境外的仓储服务。

（4）标的物在境外使用的有形动产租赁服务。

（5）为出口货物提供的邮政业服务和收派服务。

（6）在境外提供的广播影视节目（作品）的发行、播映服务。

（7）符合本规定第一条第（一）项规定但不符合第一条第（二）项规定条件的国际运输服务。

（8）符合本规定第二条第一款规定但不符合第二条第二款规定条件的港澳台运输服务。

（9）向境外单位提供的下列应税服务：

①技术转让服务、技术咨询服务、合同能源管理服务、软件服务、电路设计及测试服务、信息系统服务、业务流程管理服务、商标著作权转让服务、知识产权服务、物流辅助服务（仓储服务、收派服务除外）、认证服务、鉴证服务、咨询服务、广播影视节目（作品）制作服务、期租服务、程租服务、湿租服务。但不包括：合同标的物在境内的合同能源管理服务，对境内货物或不动产的认证服务、鉴证服务和咨询服务。

②广告投放地在境外的广告服务。

（三）营业税改征增值税试点过渡性优惠政策

《营业税改征增值税试点实施办法》（财税〔2013〕37号）的附件3《营业税改征增值税试点过渡政策的规定》对营业税改征增值税试点过渡性优惠政策进行了明确规范。

第二章　增值税纳税筹划

1. 免征增值税项目

（1）个人转让著作权。

（2）残疾人个人提供应税服务。

（3）航空公司提供飞机播撒农药服务。

（4）试点纳税人提供技术转让、技术开发和与之相关的技术咨询、技术服务。

技术转让，是指转让者将其拥有的专利和非专利技术的所有权或者使用权有偿转让给他人的行为；技术开发，是指开发者接受他人委托，就新技术、新产品、新工艺或者新材料及其系统进行研究开发的行为；技术咨询，是指受托方就特定技术项目提供可行性论证、技术预测、专题技术调查、分析评价报告等。与技术转让、技术开发相关的技术咨询、技术服务，是指转让方（或受托方）根据技术转让或开发合同的规定，为帮助受让方（或委托方）掌握所转让（或委托开发）的技术而提供的技术咨询、技术服务业务，且这部分技术咨询、服务的价款与技术转让（或开发）的价款应当开在同一张发票上。试点纳税人申请技术转让免征增值税时，须持技术转让、开发的书面合同，到试点纳税人所在地省级科技主管部门进行认定，并持有关的书面合同和科技主管部门审核意见证明文件报主管国家税务局备查。

（5）符合条件的节能服务公司实施合同能源管理项目中提供的应税服务。

上述"符合条件"是指同时满足下列条件：

①节能服务公司实施合同能源管理项目相关技术，应当符合国家质量监督检验检疫总局和国家标准化管理委员会发布的《合同能源管理技术通则》（GB/T24915-2010）规定的技术要求。

②节能服务公司与用能企业签订节能效益分享型合同，其合同格式和内容，符合《中华人民共和国合同法》和国家质量监督检验检疫总局和国家标准化管理委员会发布的《合同能源管理技术通则》（GB/T24915-2010）等规定。

（6）自2014年1月1日至2018年12月31日，试点纳税人提供的离岸服务外包业务。

上述离岸服务外包业务，是指试点纳税人根据境外单位与其签订的委托合同，由本企业或其直接转包的企业为境外提供信息技术外包服务（ITO）、技术性业务流程外包服务（BPO）或技术性知识流程外包服务（KPO）。

（7）台湾航运公司从事海峡两岸海上直航业务在大陆取得的运输收入。

台湾航运公司，是指取得交通运输部颁发的台湾海峡两岸间水路运输许可证且该许可证上注明的公司登记地址在台湾的航运公司。

（8）台湾航空公司从事海峡两岸空中直航业务在大陆取得的运输收入。

台湾航空公司，是指取得中国民用航空局颁发的经营许可证或依据《海峡两岸空运协议》和《海峡两岸空运补充协议》规定，批准经营两岸旅客、货物和邮件不定期（包机）运输业务，且公司登记地址在台湾的航空公司。

（9）美国ABS船级社在非营利宗旨不变、中国船级社在美国享受同等免税待遇的前提下，在中国境内提供的船检服务。

（10）试点纳税人提供的国际货物运输代理服务。

①试点纳税人提供国际货物运输代理服务，向委托方收取的全部国际货物运输代理服务收入以及向国际运输承运人支付的国际运输费用，必须通过金融机构进行结算。

②试点纳税人为大陆与香港、澳门、台湾地区之间的货物运输提供的货物运输代理服务，参照国际货物运输代理服务有关规定执行。

③委托方索取发票的，试点纳税人应当就国际货物运输代理服务收入向委托方全额开具增值税普通发票。

④本规定自2013年8月1日起执行。2013年8月1日至本规定发布日之前，已开具增值税专用发票的，应将专用发票追回后方可适用本规定。

（11）世界银行贷款粮食流通项目投产后的应税服务。

世界银行贷款粮食流通项目，是指《财政部、国家税务总局关于世行贷款粮食流通项目建筑安装工程和服务收入免征营业税的通知》（财税字〔1998〕87号）所附《世行贷款粮食流通项目一览表》所列明的项目。

本规定自2014年1月1日至2015年12月31日执行。

（12）中国邮政集团公司及其所属邮政企业提供的邮政普通服务和邮政特殊服务。

（13）自2014年1月1日至2015年12月31日，中国邮政集团公司及其所属邮政企业为中国邮政速递物流股份有限公司及其子公司（含各级分支机构）代办速递、物流、国际包裹、快递包裹以及礼仪业务等速递物流类业务取得的代理收入，以及为金融机构代办金融保险业务取得的代理收入。

（14）青藏铁路公司提供的铁路运输服务。

2. 增值税即征即退项目

（1）2015年12月31日前，注册在洋山保税港区和东疆保税港区内的试点纳税人，提供的国内货物运输服务、仓储服务和装卸搬运服务。

（2）安置残疾人的单位，实行由税务机关按照单位实际安置残疾人的人数，限额即征即退增值税的办法。

上述政策仅适用于从事原营业税"服务业"税目（广告服务除外）范围内业务取得的收入占其增值税和营业税业务合计收入的比例达到50%的单位。

有关享受增值税优惠政策单位的条件、定义、管理要求等，按照《财政部、国家税务总局关于促进残疾人就业税收优惠政策的通知》（财税〔2007〕92号）中有关规定执行。

（3）2015年12月31日前，试点纳税人中的一般纳税人提供管道运输服务，对其增值税实际税负超过3%的部分实行增值税即征即退政策。

（4）经中国人民银行、银监会或者商务部批准从事融资租赁业务的试点纳税人中的一般纳税人，提供有形动产融资租赁服务的，在2015年12月31日前，对其增值税实际税负超过3%的部分实行增值税即征即退政策。商务部授权的省级商务主管部门和国家经济技术开发区批准的从事融资租赁业务的试点纳税人中的一般纳税人，2013年12月31日前注册资本达到1.7亿元的，自2013年8月1日起，按照上述规定执行；2014年1月1日以后注册资本达到1.7亿元的，从达到该标准的次月起，按照上述规定执行。

所称增值税实际税负，是指纳税人当期提供应税服务实际缴纳的增值税额占纳税人当期提供应税服务取得的全部价款和价外费用的比例。

在本地区试点实施日之前，如果试点纳税人已经按照有关政策规定享受了营业税税收优惠，在剩余税收优惠政策期限内，按照规定享受有关增值税优惠。

第三节 增值税应纳税额的计算

一、一般计税方法应纳税额的计算

目前一般纳税人采用的一般计税方法是国际上通行的购进扣税法，即先按当期销售额和适用税率计算出销项税额，然后对当期购进项目向对方支付的税款进行抵扣，从而间接计算出对当期增值额部分的应纳税额。其计算公式是：

当期应纳增值税税额＝当期销项税额－当期进项税额

（一）销项税额的计算

销项税额，是纳税人销售货物或提供应税劳务，按照销售额或应税劳务收入和规定的税率计算并向购买方收取的增值税额。其具体公式如下：

销项税额＝销售额×税率

从销项税额的计算公式可以看出，销项税额的大小取决于销售额和适用税率两个因素。在适用税率既定的前提下，销项税额的大小主要取决于销售额的大小。

1. 一般销售方式下的销售额

销售额为纳税人销售货物或者应税劳务而向购买方收取的全部价款和价外费用，但是不包括收取的销项税额。价外费用，包括价外向购买方收取的手续费、补贴、基金、集资费、返还利润、奖励费、违约金、滞纳金、延期付款利息、赔偿金、代收款项、代垫款项、包装费、包装物租金、储备费、优质费、运输装卸费以及其他各种性质的价外收费。但下列项目不包括在内：①受托加工应征消费税的消费品所代收代缴的消费税。②同时符合以下条件的代垫运输费用：承运部门的运输费用发票开具给购买方的；纳税人将该项发票转交给购买方的。③同时符合以下条件代为收取的政府性基金或者行政事业性收费：由国务院或者财政部批准设立的政府性基金，由国务院或者省级人民政府及其财政、价格主管部门批准设立的行政事业性收费；收取时开具省级以上财政部门印制的财政票据；所收款项全额上缴财政。④销售货物的同时代办保险等而向购买方收取的保险费以及向购买方收取的代购买方缴纳的车辆购置税、车辆牌照费。价外收入视为含增值税的收入，必须换算为不含税收入再并入销售额。凡征收消费税的货物在计征增值税时，其应税销售额应包括消费税税金。

销售额以人民币计算。纳税人以人民币以外的货币结算销售额的，应当折合成人民币计算。折合率可以选择销售额发生的当天或者当月1日的人民币汇率中间价。纳税人应当在事先确定采用何种折合率，一经确定，12个月内不得变更。

【例2-1】销售农用机械一批，取得不含税销售额430 000元，另收取包装费15 000元。计算该事项销项税额。

销项税额 = 430 000×13% + 15 000÷（1+13%）×13% = 57 625.66（元）

2. 特殊销售方式下的销售额

（1）折扣折让方式销售，如下表2-4所示。

表2-4　　　　　　　　折扣折让增值税税务处理

三种折扣折让	税务处理	说明
折扣销售（商业折扣）	折扣额可以从销售额中扣减（在同一张发票上注明）	目的：促销 实物折扣：按视同销售中"无偿赠送"处理，实物款额不能从原销售额中减除
销售折扣（现金折扣）	折扣额不得从销售额中减除	目的：发生在销货之后，属于一种融资行为
销售折让	折让额可以从销售额中减除	目的：保证商业信誉，对已售产品出现品种、质量问题而给予购买方的补偿

【例2-2】某单位销售货物取得不含税价款300万元，购货方及时付款，给予5%的折扣，实收285万元。计算该事项销项税额。

销项税额 = 300×17% = 51（万元）

【例2-3】某新华书店批发图书一批，每册标价20元，共计1 000册，由于购买方购买数量多，按七折优惠价格成交，并将折扣部分与销售额同开在一张发票上。10日内付款给予2%折扣，购买方如期付款。计算该事项销项税额。

计税销售额 = 20×70%×1 000÷（1+13%）= 12 389.38（元）

销项税额 = 12 389.38×13% = 1 610.62（元）

（2）以旧换新销售：按新货同期销售价格确定销售额，不得扣减旧货收购价格（金银首饰除外）。

【例2-4】位于某市区的一家百货商场为增值税一般纳税人，2014年3月份零售金银首饰取得含税销售额10.53万元，其中包括以旧换新首饰的含税销售额5.85万元。在以旧换新业务中，旧首饰作价的含税金额为3.51万元，百货商场实际收取的含税金额为2.34万元。计算该事项销项税额。

百货商场3月份零售金银首饰的增值税销项税额=（10.53-5.85）÷（1+17%）×17%+2.34÷（1+17%）×17%=1.02（万元）

【例2-5】某企业为增值税一般纳税人，生产某种电机产品，本月采用以旧换新方式促销，销售该电机产品618台，每台旧电机产品不含税作价260元，按照出厂价扣除旧货收购价，实际取得不含税销售收入791 040元，计算销项税额。

销项税额=（791 040+618×260）×17%=161 792.40（元）

（3）还本销售：销售额就是货物销售价格，不得扣减还本支出。

（4）以物易物销售：双方均作购销处理，以各自发出的货物核算销售额并计算销项税额，以各自收到的货物核算购货额并计算进项税额。

【例2-6】某电机厂用15台电机与原材料供应商换取等值生产用原材料，双方均开具增值税专用发票，销售额为23 100元，原材料已入库，计算此业务应纳增值税额。

销项税额=23 100×17%=3 927（元）

进项税额=23 100×17%=3 927（元）

应纳增值税=3 927-3 927=0（元）

【注意】如果双方均未开具增值税专用发票，此业务就只有销项税额。

（5）包装物押金处理：销售货物收取的包装物押金，如果单独记账核算，时间在1年以内又未过期的，不并入销售额征税。因逾期（1年为限）未收回包装物不再退还的押金，应并入销售额征税。征税时注意两点：一是逾期包装物押金为含税收入，需换算成不含税价再并入销售额；二是征税税率为所包装货物适用税率。但啤酒、黄酒以外的其他酒类产品收取的押金，无论是否逾期，一律并入销售额征税。啤酒、黄酒押金按是否逾期处理。

【例2-7】某酒厂为一般纳税人。本月向一小规模纳税人销售白酒，并开具普通发票，注明金额93 600元；同时收取单独核算的包装物押金2 000元（尚未逾期），计算此业务酒厂应确认的销项税额。

销项税额=（93 600+2 000）÷（1+17%）×17%=13 890.60（元）

（6）一般纳税人销售已使用过的固定资产的税务处理，如下表2-5、表2-6所示。

表2-5　　　　　　　一般纳税人销售已使用过的固定资产的税务处理

销售情形	税务处理	计税公式
2008年12月31日以前购进或者自制的固定资产（未抵扣进项税额）	按简易办法：依3%征收率减半2%征收增值税	增值税=售价÷（1+3%）×2%

表2-5(续)

销售情形	税务处理	计税公式
销售自己使用过的2009年以后购进或者自制的固定资产	按正常销售货物适用税率征收增值税【提示】该固定资产的进项税额在购进当期已抵扣	增值税=售价÷(1+17%)×17%
销售自己使用过的除固定资产以外的物品		
发生固定资产视同销售行为	无法确定销售额的,以固定资产净值为销售额	增值税=净值×17%

表2-6　　　　　一般纳税人和小规模纳税人相同行为辨析

	处理自用过的旧固定资产	处理自用过的旧物	经营旧货
一般纳税人	自用的小轿车以及转型前购入的设备: 应纳税额=含税销售额÷(1+3%)×2% 转型后购入设备: 应纳税额=含税销售额÷(1+税率)×税率 税率为17%、13%	应纳税额=含税销售额÷(1+税率)×税率 税率为17%、13%	应纳税额=含税销售额÷(1+3%)×2%
小规模纳税人	应纳税额=含税销售额÷(1+3%)×2%	应纳税额=含税销售额÷(1+3%)×3%	应纳税额=含税销售额÷(1+3%)×2%

【例2-8】某生产企业为增值税一般纳税人,2012年12月对资产盘点过程中不需要用的部分资产进行处理:销售已经使用5年的机器设备,取得收入9 200元;销售2010年2月购入的设备一台(已抵扣进项税额),开具普通发票并注明价款为90 000元;将2012年2月份购入并投入使用的设备一台对外投资,购入时取得专用发票并注明价款200 000元、税款34 000元,10年使用期,投资时无法确定销售额。计算该事项应纳增值税税额。

应纳增值税=9 200÷(1+4%)×4%÷2+90 000÷(1+17%)×17%+(200 000-200 000÷10÷12×10)×17%=44 420.52(元)

3. 视同销售行为销售额

视同销售行为销售额的确定,必须遵从下列顺序:①按纳税人最近时期同类货物平均售价;②按其他纳税人最近时期同类货物平均售价;③按组成计税价格。

公式一:组成计税价格=成本×(1+成本利润率)(适用于非消费税应税货物)

公式中的成本是指销售自产货物的为实际生产成本,销售外购货物的为实际采购成本。

公式中的成本利润率全国统一为10%。

公式二:组成计税价格=成本×(1+成本利润率)+消费税(适用于应征消费税的货物)

公式中的消费税额包括从价计算、从量计算、复合计算的全部消费税额。公式中的成本利润率按照消费税一章中国家税务总局规定的成本利润率确定。

【例2-9】某企业为增值税一般纳税人，5月生产加工一批新产品450件，每件成本价380元（无同类产品市场价格），全部售给本企业职工，取得不含税销售额171 000元。计算该事项产生的销项税额。

销项税额=450×380×（1+10%）×17%=31 977（元）

4. 含税销售额的换算

（不含税）销售额=含税销售额÷（1+13%或17%）

含税价格（含税收入）的判断：①通过看发票来判断（普通发票要换算）；②分析行业（零售行业要换算）；③分析业务（价外费用、建筑业总承包额中的自产货物要换算）；④包装物的押金一般为含税收入；⑤价税合计金额要换算。

（二）进项税额的计算

进项税额是纳税人购进货物或接受应税劳务所支付或负担的增值税额，它与销售方收取的销项税额相对应。进项税额的大小，直接影响纳税人应纳税额的多少，而进项税额抵扣时间则影响纳税人不同纳税期应纳税额。

1. 准予从销项税额中抵扣的进项税额

准予从销项税额中抵扣的进项税额，分两类：一类是以票抵扣，即取得法定扣税凭证，并符合税法抵扣规定的进项税额；另一类是计算抵扣，即没有取得法定扣税凭证，但符合税法抵扣政策，准予计算抵扣的进项税额。如下表2-7所示。

表2-7　　　　　　　　准予从销项税额中抵扣的进项税额

以票抵税	①从销售方取得的增值税专用发票或货物运输增值税专用发票上注明的增值税额 ②从海关取得的专用缴款书上注明的增值税额
计算抵税	外购免税农产品：进项税额=买价×13%
增值税扣税凭证	增值税专用发票、海关进口增值税专用缴款书、农产品收购发票和农产品销售发票

增值税一般纳税人取得2010年1月1日以后开具的增值税专用发票、货物运输增值税专用发票、机动车销售统一发票，应自发票开具之日起180日内到税务机关办理认证，并在认证通过的次月申报期内，向主管税务机关申报抵扣进项税额。自2013年7月1日起，增值税一般纳税人进口货物取得的属于增值税扣税范围的海关缴款书，应自缴款书开具之日起180天内向主管税务机关报送海关完税凭证抵扣清单，申请稽核比对相符后，其增值税额方可作为进项税额抵扣。

（1）购进免税农产品的计算扣税如下表2-8所示。

表 2-8　　购进免税农产品计税扣税

项目	内容
税法规定	购进农产品,除取得增值税专用发票或者海关进口增值税专用缴款书外,按照农产品收购发票或者销售发票上注明的农产品买价和13%的扣除率计算的进项税
计算公式	一般情况:进项税额=买价×13% 特殊情况: 烟叶收购金额=收购价款×(1+10%),10%为价外补贴 应纳烟叶税税额=收购金额×20% 烟叶进项税额=(收购金额+烟叶税)×13%

【例 2-10】某一般纳税人购进某国营农场自产玉米,收购凭证注明价款为 56 830 元。计算该纳税人收购玉米的进项税额和采购成本。

进项税额=56 830×13%=7 387.90(元)

采购成本=56 830×(1-13%)=49 442.10(元)

(2) 对烟叶税的有关规定:对纳税人收购烟叶时按规定缴纳的烟叶税,准予并入烟叶产品的买价计算增值税的进项税额,并在计算缴纳增值税时予以抵扣。即购进烟叶准予抵扣的增值税进项税额,按照《中华人民共和国烟叶税暂行条例》及《财政部、国家税务总局印发〈关于烟叶税若干具体问题的规定〉的通知》(财税〔2006〕64 号)规定的烟叶收购金额和烟叶税及法定扣除率计算。烟叶收购金额包括纳税人支付给烟叶销售者的烟叶收购价款和价外补贴,价外补贴统一暂按烟叶收购价款的 10%计算。其计算公式如下:

烟叶收购金额=烟叶收购价款×(1+10%)。

烟叶税应纳税额=烟叶收购金额×烟叶税税率 20%

准予抵扣的进项税额=(烟叶收购金额+烟叶税应纳税额)×扣除率

【例 2-11】某卷烟厂 2012 年 6 月收购烟叶生产卷烟,收购凭证上注明价款 50 万元,并向烟叶生产者支付了价外补贴。计算该卷烟厂 6 月份收购烟叶可抵扣的进项税额。

烟叶进项税额=(收购金额+烟叶税)×13%=50×1.1×1.2×13%=8.58(万元)

【例 2-12】某小型商贸企业为辅导期增值税一般纳税人,2014 年 4 月发生如下业务:购进商品取得增值税专用发票,注明价款 87 000 元、增值税额 14 790 元;购进农民自产的农产品,开具农产品收购发票,注明价款 30 000 元;销售商品一批,开具增值税专用发票,注明价款 170 000 元、增值税额 28 900 元;销售农产品取得含税销售额 40 000 元;购进和销售货物支付运费取得运输企业货物运输增值税发票 5 份,总金额 7 000 元(不含税)。取得的增值税专用发票均在当月通过认证并在当月抵扣。计算 2014 年 4 月该企业应纳增值税。

进项税额=14 790+30 000×13%+7 000×11%=19 460(元)

销项税额=28 900+40 000÷(1+13%)×13%=33 501.77(元)

应纳增值税=33 501.77-19 460=14 041.77（元）。

2. 不得从销项税额中抵扣的进项税额

纳税人购进货物或者接受应税劳务，所取得的增值税扣税凭证不符合法律、行政法规或者国务院税务主管部门有关规定的，其进项税额不得从销项税额中抵扣。如下表2-9所示。

表2-9　　　　　　　　　不得从销项税额中抵扣的进项税额

不得抵扣项目	解析
①用于非增值税应税项目、免征增值税项目、集体福利或者个人消费的购进货物或者应税劳务（个人消费包括纳税人的交际应酬消费）	【解析1】设备在建工程（可抵扣）与不动产在建工程（不可抵扣） 【解析2】一般纳税人兼营免税项目或者非增值税应税劳务而无法划分不得抵扣的进项税额的，按下列公式计算： 不得抵扣的进项税额=当月无法划分的全部进项税额×当月免税项目销售额、非增值税应税劳务营业额合计÷当月全部销售额、营业额合计
②非正常损失的购进货物及相关的应税劳务	【解析1】所称非正常损失，是指因管理不善造成被盗、丢失、霉烂变质的损失 【解析2】非正常损失货物不得抵扣的进项税额，在增值税中不得抵扣（需做进项税额转出处理）；在企业所得税中，可以将转出的进项税额计入企业的损失（"营业外支出"），在企业所得税前扣除
③非正常损失的在产品、产成品所耗用的购进货物或者应税劳务	
④上述第1项至第3项规定的货物的运输费用和销售免税货物的运输费用	运输费用的抵扣应伴随货物

【例2-13】某制药厂为增值税一般纳税人，2013年9月销售免税药品取得价款20 000元，销售非免税药品取得含税价款93 600元。当月购进原材料、水、电等取得的增值税专用发票（已通过税务机关认证）上的税款合计为10 000元，其中有2 000元进项税额对应的原材料用于免税药品的生产；5 000元进项税额对应的原材料用于非免税药品的生产；对于其他的进项税额对应的购进部分，企业无法划分清楚其用途。计算该企业本月应缴纳增值税。

销项税额=93 600÷（1+17%）×17%=80 000×17%=13 600（元）；

进项税额=5 000+（10 000-5 000-2 000）×80 000÷（20 000+80 000）
　　　　=5 000+2 400=7 400（元）；

应纳增值税=13 600-7 400=6 200（元）。

（三）进项税额的转出

上述表2-9中①~③的购进货物中途改变生产经营用途的，不得抵扣进项税额。如果在购进时已抵扣了进项税额，需要在改变用途当期作进项税额转出处理。进项税额转出的方法有四种：

1. 还原抵扣进项税额转出额（适用于免税农产品的非正常损失）

【例2-14】某企业2011年12月末盘点时发现，上月从农民手中购进的玉米

（库存账面成本为 117 500 元，已申报抵扣进项税额）发生霉烂，使账面成本减少 38 140 元（包括运费成本 520 元）。计算进项税额转出额。

进项税额转出额 =（38 140-520）÷（1-13%）×13%+520÷（1-7%）×7% = 5 660.52（元）

2. 直接计算进项税额转出额的方法（适用于材料的非正常损失）

【例 2-15】某综合性公司的饮食中心本月取得销货以外的餐饮服务收入 10.8 万元，领用已抵扣了进项税额的餐具，成本 2 万元。计算进项税额转出额。

进项税额转出额 = 2×17% = 0.34（万元）

3. 比例计算进项税额转出额的方法（适用于半成品、产成品的非正常损失和兼营免税项目）

【例 2-16】某服装厂（增值税一般纳税人）外购比例 60%，某月因管理不善毁损一批账面成本 20 000 元的成衣，计算进项税额转出额。

进项税额转出额 = 20 000×60%×17% = 2 024（元）。

不得抵扣的进项税额 = 无法划分的全部进项税额×免税或非应税收入÷全部收入

【例 2-17】某企业为增值税一般纳税人，兼营增值税应税项目和免税项目。2014 年 5 月应税项目取得不含税销售额 1 200 万元，适用税率 17%；免税项目取得销售额 1 000 万元；当月购进用于应税项目的材料支付价款 700 万元，适用税率 17%；购进用于免税项目的材料支付价款 400 万元；当月购进应税项目和免税项目共用的自来水支付价款 10 万元、进项税额 0.6 万元；购进共用的电力支付价款 8 万元。进项税额无法在应税项目和免税项目之间准确划分，当月购进项目均取得增值税专用发票，并在当月通过认证并抵扣。计算该企业 2014 年应纳增值税。

不予抵扣的进项税额 =（0.6+8×17%）×1 000÷（1 000+1 200）= 0.89（万元）

应纳增值税税额 = 1 200×17%-700×17%-（0.6+8×17%-0.89）= 83.93（万元）

4. 平销返利的返还收入追加冲减进项税处理

商业企业取得的凡与商品销售量、销售额挂钩（如以一定比例、金额、数量计算）的各种返还收入，均应按照平销返利行为的有关规定冲减当期增值税进项税金，不征收营业税。商业企业向供货方收取的各种收入，即便缴纳增值税，也一律不得开具增值税专用发票。

当期应冲减进项税额 = 当期取得的返还资金÷（1+所购货物适用的增值税税率）×所购货物适用的增值税税率

【例 2-18】某商场（增值税一般纳税人）受托代销某服装厂服装，当月销售服装取得零售额 100 000 元，平价与服装厂结算，并按合同收取服装厂销售额 20% 的返还收入 20 000 元；当月该商场允许某电压力锅厂进店销售电压力锅新产品，一次收取进店费 30 000 元。计算该商场当期应冲减增值税进项税。

当期应冲减进项税额 = 20 000÷（1+17%）×17% = 2 905.98（元）

（四）一般计税方法应纳税额计算综合实例

【例2-19】某纺织厂（一般纳税人）主要生产棉纱、棉型涤纶布、棉坯布、棉型涤纶纱、印染布。

2013年4月份外购项目如下：外购染料价款30 000元，取得增值税专用发票，注明税额5 100元；外购低值易耗品15 000元，取得增值税专用发票，注明税额2 550元；从供销社棉麻公司购进棉花一批，取得增值税专用发票，注明税额27 200元；从农业生产者手中购进棉花价款40 000元，无进项税额；从小规模纳税人企业购进修理用配件6 000元，发票未注明税额；购进煤炭100吨，价款9 000元，取得增值税专用发票，注明税额1 170元；生产用外购电力若干千瓦时，取得增值税专用发票，注明税额5 270元；生产用外购水若干吨，取得增值税专用发票，注明税额715元；购梳纱机一台，价款50 000元，取得增值税专用发票，注明税额8 500元。

2013年4月份销售项目如下：销售棉坯布120 000米，销售收入240 000元；销售棉型涤纶布100 000米，销售收入310 000元；销售印染布90 000米，其中销售给一般纳税人80 000米，销售收入280 000元，销售给小规模纳税人10 000米，销售收入价税合计40 000元；销售各类棉纱给一般纳税人，价款220 000元，销售各类棉纱给小规模纳税人，价税合计60 000元。

根据上述资料，计算该厂本月份应纳增值税额。

①销项税额的计算：

销项税额＝（240 000＋310 000＋280 000＋220 000）×17%＋（40 000＋60 000）÷（1＋17%）×17%＝178 500＋14 529.91＝193 029.91（元）

②进项税额的计算：

进项税额＝5 100＋2 550＋27 200＋1 170＋5 270＋715＋40 000×13%＋8 500
＝55 705（元）

③应纳税额的计算：

应纳税额＝193 029.91－55 705＝137 324.91（元）

二、简易计税方法应纳税额的计算

简易计税方法的应纳税额，是指按照销售额和增值税征收率计算的增值税额，不得抵扣进项税额。销售额为不含税销售额，征收率为3%。小规模纳税人一律采用简易计税方法计税，一般纳税人销售特定货物和提供特定应税劳务可以选择适用简易计税方法。采取简易计税方法计算应纳税额时，不得抵扣进项税额。应纳税额计算公式：

应纳税额＝销售额×征收率

增值税小规模纳税人购置税控收款机，经主管税务机关审核批准后，可凭购进税控收款机取得的增值税专用发票，按照发票上注明的增值税额，抵免当期应纳增值税，或者按照购进税控收款机取得的普通发票上注明的价款，依下列公式计算可抵免的税额：

可抵免的税额=价款÷（1+17%）×17%

当期应纳税额不足抵免的，未抵免的部分可在下期继续抵免。

【例2-20】某企业为增值税小规模纳税人，主要从事汽车修理和装潢业务。2013年9月提供汽车修理业务取得收入21万元，销售汽车装饰用品取得收入15万元；购进的修理用配件被盗，账面成本0.60万元。计算该企业应纳增值税。

应纳增值税=（21+15）÷（1+3%）×3%=1.05（万元）

【例2-21】某商业零售企业为增值税小规模纳税人，2014年8月购进货物（商品）取得普通发票，共计支付金额120 000元；经主管税务机关核准购进税控收款机一台取得普通发票，支付金额5 850元；本月内销售货物取得零售收入共计158 080元。计算该企业8月份应缴纳的增值税。

该企业8月份应缴纳的增值税=158 080÷（1+3%）×3%-5 850÷（1+17%）×17%=3 754.27（元）

三、进口货物应纳税额的计算

进口货物的纳税人，无论是一般纳税人还是小规模纳税人，均应按照组成计税价格和规定的税率计算应纳税额，不得抵扣进项税额。其计算公式为：

应纳税额=组成计税价格×税率

组成计税价格=关税完税价格+关税+消费税

【例2-22】某企业是增值税一般纳税人。2014年3月从国外进口一批原材料，海关审定的完税价格为100万元，该批原材料分别按10%和17%的税率向海关缴纳了关税和进口环节增值税，并取得了相关完税凭证。该批原材料当月加工成产品后全部在国内销售，取得销售收入200万元（不含增值税），同时支付运输费8万元（取得运费发票）。已知该企业适用的增值税税率为17%。计算该企业当月应缴纳的增值税税额。

（1）进口原材料的应纳增值税税额=（100+100×10%）×17%=18.70（万元）

（2）允许抵扣的增值税进项税额=18.70+8×7%=19.26（万元）

（3）应纳增值税税额=200×17%-19.26=14.74（万元）

【例2-23】某商场是增值税一般纳税人，2014年6月，该企业进口生产办公家具用的木材一批，该批木材在国外的买价20万元（人民币，下同），运抵我国海关前发生的包装费、运输费、保险费等共计10万元。货物报关后，商场按规定缴纳了进口环节的增值税并取得了海关开具的完税凭证。假定该批进口货物在国内全部销售，取得不含税销售额50万元。计算该批货物进口环节、国内销售环节分别应缴纳的增值税税额（货物进口关税税率12%，增值税税率17%）。

(1) 关税的完税价格=20+10=30（万元）
(2) 应缴纳进口关税税额=30×12%=3.60（万元）
(3) 进口环节应纳增值税的组成计税价格=30+3.60=33.60（万元）
(4) 进口环节应纳增值税税额=33.60×17%=5.712（万元）
(5) 国内销售环节的销项税额=50×17%=8.50（万元）
(6) 国内销售环节应纳增值税税额=8.50-5.712=2.788（万元）

第四节　增值税纳税筹划

一、增值税纳税人身份选择的纳税筹划

（一）一般纳税人与小规模纳税人身份选择的纳税筹划

增值税纳税人分为一般纳税人和小规模纳税人，因两种纳税人的计税方法和征收标准不同，会产生税负上的差异。这就为小规模纳税人和一般纳税人进行纳税筹划提供了空间。

在一般情况下，增值税小规模纳税人的税负略重于一般纳税人，但也不是在任何情况下都如此。企业为了减轻增值税税负，可以事先从不同的角度计算两类纳税人的税负平衡点，通过税负平衡点，就可以合理合法地选择税负较轻的增值税纳税人身份。

1. 增值率筹划法

增值额是指纳税人在生产经营过程中新创造的价值，是商品价值扣除生产经营过程中消耗的生产资料的转移价值之后的余额，即销售商品价款与购进货物价款之间的差额。

增值率＝（销售商品价款-购进商品价款）÷销售商品价款×100%

　　　＝（销项税额-进项税额）÷销项税额×100%

假定销售收入为不含税收入，则无差别平衡点增值率（假定为R）的计算过程如下：

一般纳税人应纳税额=不含税销售收入×增值率×17%

小规模纳税人应纳税额=不含税销售收入×3%

因此，应纳税无差别平衡点的计算如下：

不含税销售收入×增值率×17%=不含税销售收入×3%

增值率=3%÷17%=17.65%

假定销售收入为不含税收入，则无差别平衡点增值率的计算过程如下：

一般纳税人应纳税额=含税销售收入÷（1+17%）×增值率×17%

小规模纳税人应纳税额=含税销售收入÷（1+3%）×3%

因此，应纳税无差别平衡点的计算如下：

含税销售收入×增值率÷（1+17%）×17%=含税销售收入÷（1+3%）×3%

增值率=［（1+17%）×3%］÷［（1+3%）×17%］=20.05%

采用同样的方法，还可以计算出增值税税率为13%、11%或6%，征收率为3%的情况下，无差别平衡点的增值率（R）。具体情况如下表2-10所示。

表2-10　　　　　两类纳税人税负无差别平衡点的增值率

一般纳税人	小规模纳税人	不含税平衡点增值率	含税平衡点增值率
17%	3%	17.65%	20.65%
13%	3%	23.08%	25.32%
11%	3%	27.27%	29.39%
6%	3%	50%	51.46%

两类纳税人增值税税负的平衡点为增值率R，当实际增值率等于R时，小规模纳税人与一般纳税人的税负相同；当实际增值率小于R时，小规模纳税人税负重于一般纳税人；当实际增值率大于R时，一般纳税人税负重于小规模纳税人。

当企业销售粮食、食用植物油、自来水、暖气、冷气、热水、煤气、液化气、天然气、沼气、图书、报纸、杂志、饲料、化肥、农药、农机、农膜、农产品等（以下简称"特殊产品"）时，若其产品的增值率为23.08%，则无论是作为一般纳税人还是作为小规模纳税人，应纳增值税额都是相同的；若其增值率大于23.08%，则小规模纳税人的税负低于一般纳税人；反之，则一般纳税人的税负较轻。由于小规模纳税人税率降低，无差别平衡点增值率也随之下降，即小规模纳税人的产品增值率一旦高于平衡点，其增值率越大，则相对于一般纳税人而言在税收方面享受的节税利益也就越多，从而从另一个方面体现了税收政策对小规模纳税人的优惠与支持。

【例2-24】某企业（小规模纳税人）购进商品一批，不含税价为10 000元，对外销售不含税价为11 000元，增值税率为3%，则应纳增值税额为3 300元。请对其纳税人身份进行纳税筹划分析。

【分析】增值率=（10 000÷11 000）×100%=9.09%，9.09%<17.65%，应该选择一般纳税人身份。

【结论】上述企业对外销售不含税价为11 000元，若为一般纳税人，增值税税率为17%，则应纳税额为：11 000×17%-10 000×17%=1 700（元）。若为小规模纳税人，则应纳税额为：11 000×3%=330（元）。小规模纳税人比一般纳税人多缴增值税330-170=160（元）。应该创造条件申请认定为一般纳税人身份。

上述企业对外销售不含税价若为13 000元，则小规模纳税人应纳增值税额为：13 000×3%=3 900（元），而一般纳税人应纳税额为：13 000×17%-10 000×17%=

510（元）。两相比较，小规模纳税人比一般纳税人少纳税 510-390=120（元）。应该选择继续保留小规模纳税人身份。

2. 抵扣率筹划法

抵扣额是指纳税人在生产经营过程中消耗的生产资料的转移价值，即符合增值税抵扣条件的购进货物价款。抵扣率即购进货物价款与销售商品价款之比。

抵扣率＝购进货物价款÷销售商品价款×100%

　　　＝进项税额÷销项税额×100%

　　　＝1-增值率

假定销售额为不含税金额，则无差别平衡点抵扣率（假定为D）的计算过程如下：

一般纳税人应纳税额＝销项税额-进项税额

　　　　　　　　＝销售额×增值税税率-销售额×增值税税率×（1-增值率）

　　　　　　　　＝销售额×增值税税率×增值率

　　　　　　　　＝销售额×增值税税率×（1-抵扣率）

小规模纳税人应纳税额＝销售额×征收率

因此，应纳税无差别平衡点的计算如下：

销售额×增值税税率×（1-抵扣率）＝销售额×征收率

抵扣率＝1-征收率÷增值税税率＝1-3%÷17%＝82.35%

假定销售额为含税金额，则无差别平衡点抵扣率的计算过程如下：

一般纳税人应纳税额＝含税销售收入÷（1+17%）×（1-抵扣率）×17%

小规模纳税人应纳税额＝含税销售收入÷（1+3%）×3%

因此，应纳税无差别平衡点的计算如下：

含税销售收入÷（1+17%）×（1-抵扣率）×17%＝含税销售收入÷（1+3%）×3%

抵扣率＝1-［3%（1+17%）÷（1+3%）17%］＝79.95%

采用同样的方法，还可以计算出增值税税率为13%、11%或6%，征收率为3%的情况下，无差别平衡点抵扣率（D）。具体情况如下表2-11所示。

表2-11　　　　两类纳税人税负无差别平衡点的抵扣率

一般纳税人	小规模纳税人	不含税平衡点抵扣率	含税平衡点抵扣率
17%	3%	82.35%	79.95%
13%	3%	76.92%	74.68%
11%	3%	72.73%	70.61%
6%	3%	50%	48.54%

两类纳税人税负无差别平衡点为抵扣率D，当实际抵扣率等于D时，小规模纳税人与一般纳税人的税负相同；当实际抵扣率小于D时，一般纳税人税负重于小规

模纳税人；当实际抵扣率大于 D 时，小规模纳税人税负重于一般纳税人。在抵扣率较高的情况下，可抵扣的进项税额越高，一般纳税人比小规模纳税人税负更轻。

企业经营税率为 17% 的普通产品，若其不含税增值税的抵扣率为 82.35%，则无论是作为一般纳税人还是作为小规模纳税人，应纳增值税额是相同的；若本期的不含税抵扣率低于 82.35%，则小规模纳税人的税负低于一般纳税人；若本期的不含税抵扣率高于 82.35%，则小规模纳税人的税负高于一般纳税人。

同理，经过计算，对于经营税率为 13% 的特殊产品的企业，不含税增值税无差别平衡点抵扣率为 76.92%，相应含义在此不作赘述。这便意味着从抵扣率的角度看，一般纳税人要想获得更多的节税利益，需提高自身的抵扣率。所以，在一般纳税人与小规模纳税人的选择上，企业应综合考虑自身经营的特点，针对销售产品的增值率、购进资产的可抵扣税额数量等情况，在遵循法律规定的前提下，对经营业务进行适当的合并或分立，选择相应的纳税人身份。

【例 2-25】某科研所为非企业性单位，所研制的产品科技含量较高，当年预计不含税销售额 2 000 万元，购进不含增值税的原材料价款为 800 万元，该科研所如何进行纳税人类别的纳税筹划？

【分析】税法规定年应税销售额超过小规模纳税人标准的个人、非企业性单位、不经常发生应税行为的企业，视同小规模纳税人，即该科研所作为非企业性单位，只能被认定为小规模纳税人（适用征收率 3%）。但该科研所可以将该部分独立出去，通过注册成立一个企业，即可申请为一般纳税人（适用税率 17%）。

该科研所预计抵扣率 = 800÷2 000 = 40%

若为一般纳税人，应纳增值税额 = 2 000×17% − 800×17% = 204（万元）

若为小规模纳税人，应纳增值税额 = 2 000×3% = 60（万元）

选择小规模纳税人的增值税税负降低额 = 204 − 60 = 144（万元）

【结论】预计抵扣率为 40%，小于两类纳税人不含税平衡点的抵扣率 82.35%，注册企业并申请为一般纳税人后的增值税税负将重于小规模纳税人，因此，该科研所选择小规模纳税人身份更为有利。

3. 成本利润率筹划法

在税法对视同销售货物的销售额的确认方法中，组成计税价格 = 成本×（1+成本利润率），因此，成本利润率成为两类纳税人纳税筹划的又一依据。成本利润率是指纳税人在生产经营过程中实现的利润与销售成本的比值，即：

成本利润率 = 利润÷成本×100%

假定购进货物价款为不含税金额，则无差别平衡点抵扣率（假定为 P）的计算过程如下：

一般纳税人应纳税额 = 购进货物价款×（1+成本利润率）×17% − 购进货物价款×17%

小规模纳税人应纳增值税额 = 购进货物价款×（1+成本利润率）×3%

成本利润率=3%÷（17%-3%）×100%=21.43%

假定购进货物价款为含税金额，则无差别平衡点抵扣率（假定为P）的计算过程如下：

一般纳税人应纳税额=购进货物价款×（1+成本利润率）÷（1+17%）×17%-购进货物价款÷（1+17%）×17%

小规模纳税人应纳增值税额=购进货物价款÷（1+3%）×（1+成本利润率）×3%

成本利润率=3%（1+17%）÷（17%-3%）×100%=25.07%

采用同样的方法，还可以计算出增值税税率为13%、11%或6%，征收率为3%的情况下，无差别平衡点成本利润率（P）。具体情况如下表2-12所示。

表2-12　　　　　　两类纳税人税负无差别平衡点的成本利润率

一般纳税人	小规模纳税人	不含税平衡点成本利润率	含税平衡点成本利润率
17%	3%	21.43%	25.07%
13%	3%	30%	33.90%
11%	3%	37.50%	47.57%
6%	3%	100%	106%

两类纳税人无差别平衡点成本利润率P，当实际成本利润率等于P时，小规模纳税人与一般纳税人的税负相同；当实际成本利润率大于P时，一般纳税人税负重于小规模纳税人；当实际成本利润率小于P时，小规模纳税人税负重于一般纳税人。在成本利润率较高的情况下，可抵扣的进项税额越低，一般纳税人比小规模纳税人税负更重。

【例2-26】某企业为商业企业，下设A、B两个批发部，预计当年A批发部不含税销售收入为50万元，销售成本为37.50万元；B批发部不含税销售收入为55万元，销售成本为40万元。如果将两个批发部由企业统一核算，符合一般纳税人的条件，适用税率17%；如果将两个批发部分别注册为企业，实行独立核算，则A、B分别为小规模纳税人，征收率为3%。该企业应如何进行选择？

【分析】该企业预计成本利润率=[（50+55）-（37.50+40）]÷（37.50+40）
　　　　　　=35.48%

企业预计成本利润率为35.48%，大于两类纳税人税负平衡点的成本利润率21.43%，A、B分别注册为企业独立核算小规模纳税人后的增值税税负将轻于统一作为一般纳税人核算的税负，因此，该企业选择将A、B两个批发部独立为两个小规模纳税人企业较为合适。

统一核算的应纳增值税额=（50+55）×17%-（37.5+40）×17%
　　　　　　=4.675（万元）

分别独立核算的应纳增值税额=50×3% + 55×3%=3.15（万元）

选择独立核算的增值税税负降低额=4.675-3.15=1.525（万元）

【结论】应该选择独立核算。

【例2-27】宏达公司是新办的小微企业，根据该企业负责人测算，如果公司从事摩托车配件加工业务，在正常情况下一年的营业额在45万元左右，抵扣率估计为20%，该企业认定为一般纳税人是否可行？若公司从事商贸业务，销售额仍然为45万元，抵扣率为85%，又该如何选择？

【分析】

（1）在从事加工业务、抵扣率20%的情况下，公司纳税人身份的选择

根据现行政策的规定，从事生产的增值税纳税人，年应税销售额超过50万元的，应当向主管税务机关申请认定为一般纳税人。而对于销售额在规定标准以下的企业而言，就存在一个身份的选择问题。

一般纳税人身份应纳增值税额=45×17%-45×20%×17%=6.12（万元）

税负率=6.12÷45×100%=13.6%

小规模纳税人身份应纳增值税额=45×3%=1.35（万元）

税负率=1.35÷45×100%=3%

据以上分析，在公司从事加工业务、抵扣率20%的情况下，纳税人的身份不同，税收负担水平差异较大，一般纳税人的税收负担要比小规模纳税人高出10.6%（13.6%-3%），应该选择小规模纳税人身份。

（2）在从事商贸业务、抵扣率85%的情况下，公司纳税人身份的选择

一般纳税人身份应纳增值税额=45×17%-45×85%×17%=1.1475（万元）

税负率=1.1475÷45×100%=2.55%

小规模纳税人身份应纳增值税额=45×3%=1.35（万元）

税负率=1.35÷45×100%=3%

据以上分析，在公司从事商贸业务、抵扣率85%的情况下，纳税人的身份不同，税收负担水平差异较大，一般纳税人的税收负担要比小规模纳税人低0.45%（2.55%-3%），应该选择一般纳税人身份。

【结论】因此，由于纳税人的经营项目、经营方式和经营环境不同，对于纳税人最终运用什么身份从事生产和经营，需要作综合分析。

4. 选择一般纳税人与小规模纳税人应注意的问题

（1）对于年应税销售额超过小规模纳税人标准的个人、非企业性单位、不经常发生应税行为的企业，可通过税负比较等方法进行纳税筹划，以便确定是否让个人组建成为一个企业，或非企业性单位组建成为一个企业性单位，以争取一般纳税人身份。

（2）现行小规模纳税人要想转为一般纳税人，还必须考虑：一般纳税人要有健全的会计核算制度，要有健全的账簿，培养或聘用会计人员将增加会计成本；一般

第二章　增值税纳税筹划

纳税人的增值税征收管理制度比较复杂，需要投入的人力、物力、财力也多，会增加纳税人的纳税成本等。如果小规模纳税人由于税负减轻而带来的收益尚不足以抵扣这些成本的支出，则宁可保持小规模纳税人的身份。

（3）在选择纳税人身份时，除了要比较税收负担外，还要注意以下几方面的比较：一是经营规模。一般纳税人的经营规模往往要比小规模纳税人的经营规模大。二是信誉度。要求一般纳税人的信誉比小规模纳税人的信誉高一些。三是赢得顾客的数量。从一般纳税人那里购进货物往往比从小规模纳税人那里购进货物所获得的抵扣进项税额多，因此一般纳税人会赢得更多的顾客。

（二）增值税纳税人与营业税纳税人身份选择的纳税筹划

1. 增值税纳税人与营业税纳税人身份选择的基本规定

纳税人在生产经营中难免会出现混合销售行为和兼营行为。对于混合销售行为，按照现行增值税政策的规定，除销售自产货物并同时提供建筑业劳务的行为及国家的其他情形外，从事货物生产、批发、零售的企业、企业性单位、个体工商户的混合销售行为，视同销售货物，应当缴纳增值税；其他单位和个人的混合销售行为、视同销售非增值税应税劳务，不缴增值税。对于兼营行为，现行增值税政策规定，纳税人兼营不同税率的货物或者应税劳务，应当分别核算不同税率货物或者应税劳务的销售额；未分别核算销售额的，从高适用税率；纳税人兼营免税、减税项目的，应当分别核算免税、减税项目的销售额；未分别核算销售额的，不得免税、减税；纳税人兼营非增值税应税项目的，应分别核算货物或者应税劳务和非增值税应税项目的营业额。未分别核算的，由主管税务机关核定货物或者应税劳务的销售额。因此，纳税人的混合销售行为和兼营行为就存在增值税纳税人和营业税纳税人身份选择的空间。

2. 增值税纳税人与营业税纳税人身份的选择方法

（1）兼营行为下，增值税纳税人与营业税纳税人身份的选择

兼营行为的产生有两种可能：一是增值税的纳税人为加强售后服务或扩大经营范围，涉足营业税的征税范围，提供营业税应税劳务；二是营业税的纳税人为增强获利能力转而销售增值税应税商品或提供增值税应税劳务。

①一般纳税人兼营适用不同增值税税率和征收率项目的纳税筹划

现行增值税税法规定，增值税纳税人生产销售适应不同税率或征收率的货物，或者既生产销售货物，又提供应税劳务的，应分别核算销售额，并按其各自所适用的不同税率计算缴纳增值税；未分别核算的，从高适用税率。纳税人可以选择是否分开核算来筹划缴纳增值税还是缴纳营业税。

②兼营应税项目与免税项目的纳税筹划

当纳税人同时经营应税项目与免税项目时，按照税法规定，应当单独核算免税项目的销售额，未单独核算销售额的，不得免税。所以，当一个企业兼营免税项目时，通过单独核算不同项目销售额可以减少不必要的税收负担，从而获得税收收益。

【例2-28】某工业企业为增值税一般纳税人,主要以聚氯乙烯为原材料加工生产塑料盆和农用塑料薄膜。该企业当月的塑料盆含税销售额为100万元,塑料薄膜的含税销售额为60万元。当月购进聚氯乙烯取得增值税专用发票,注明价款50万元、税款8.50万元,要求按税负不能通过提价转嫁进行纳税筹划。

【分析】方案一,未分别核算

应纳增值税=100+60÷(1+17%)×17%-8.5=23.25-8.50=14.75(万元)

方案二:分别核算

应纳增值税额=100÷1+17%×17%-8.50÷(100+160)×100%
= 14.53-5.31=9.22(万元)

【结论】由于分别核算可以为企业降低增值税税负5.53万元(即14.75-9.22)。因此,应该选择方案二。

③兼营非增值税应税项目的纳税筹划

纳税人兼营非增值税应税项目的,应分别核算货物或者应税劳务的销售额和非增值税应税项目的营业额;未分别核算的,由主管税务机关核定货物或者应税劳务的销售额。对于该种兼营行为,纳税人可以通过获取税务机关核定货物销售额和非应税劳务营业额的方法,对比自行分别核算的货物销售额和非应税劳务营业额,分别测算出不分别核算和分别核算的增值税税负和营业税税负的高低,比较以后选择是否分别核算,从而选择营业税纳税人和增值税纳税人身份,获得纳税筹划的收益。

【例2-29】华联商厦5月份共销售商品180万元,同时又经营风味小吃,收入20万元,则该商厦应纳税款是多少?

【分析】方案一:未分别核算

应纳增值税=(180+20)÷(1+17%)×17%=29.06(万元)

方案二:分别核算

应纳增值税=180÷(1+17%)×17%=26.16(万元)

应纳营业税=20×5%=1(万元)

总体税负=26.16+1=27.16(万元)

【结论】由于分别核算可以为华联商厦节省税款1.9万元(即29.06-27.16),因此应选择方案二。

④兼营行为纳税筹划中应注意的问题

对于增值税一般纳税人兼营适用不同增值税税率和征收率项目的情形,应分别核算,否则将会因低税率产品按高税率征税而加重税收负担;对于增值税一般纳税人兼营免税项目的情形则应单独核算,以便顺理成章地享受增值税免税优惠政策,获得税收收益。

(2)混合销售行为下,增值税纳税人与营业税纳税人身份的选择

一方面,发生混合销售行为的纳税人,如果预计当年混合销售行为较多,金额较大,企业就有必要通过筹划,调整增值税销售额或营业税营业额,使其占总销售

额的比例在50%以上或者以下，并报请税务机关批准缴纳增值税或营业税，从而降低混合销售行为的税负，达到节税的目的；另一方面，发生混合销售行为的纳税企业或企业性单位也可以通过组织结构分离或者合并来进行纳税筹划，选择纳税人身份。纳税人在进行纳税筹划时，是选择作为增值税纳税人还是营业税纳税人，可以通过税负比较进行判断。这里介绍两种方法：增值率判断法和抵扣率判断法。

① 增值率判断法

当销售额含税时：

一般纳税人应纳增值税税额=含税销售额÷（1+增值税税率）×增值率×增值税税率（a）

应纳营业税税额=含税销售额×营业税税率（b）

若要使应纳增值税税额与应纳营业税税额相等，则令a式等于b式得到：

增值率=（1+增值税税率）×营业税税率÷增值税税率

设增值税税率为17%，营业税税率为5%，则含税销售额无差别平衡点增值率为：

（1+17%）×5%÷17%=34.41%

当销售额不含税时：

一般纳税人应纳增值税税额=不含税销售额×增值率×增值税税率

应纳营业税税额=不含税销售额×（1+增值税税率）×营业税税率

解得：

增值率=营业税税率÷增值税税率

设增值税税率为17%，营业税税率为5%，则不含税销售额无差别平衡点增值率为：

5%÷17%=29.41%

因此，当实际增值率等于无差别平衡点增值率时，缴纳增值税和缴纳营业税税负相同；当实际增值率大于无差别平衡点增值率时，应纳增值税税额大于应纳营业税税额，缴纳营业税可以节税；当实际增值率小于无差别平衡点增值率时，应纳增值税税额小于应纳营业税税额，缴纳增值税可以节税。

同理，可以计算出增值税税率与营业税税率其他几种组合情况下的销售额无差别平衡点增值率，如表2-13所示。

表2-13　　　　　　　　　　无差别平衡点增值率

增值税税率	营业税税率	含税平衡点增值率	不含税平衡点增值率
17%	3%	20.65%	17.65%
17%	5%	34.41%	29.41%
13%	3%	26.08%	23.08%
13%	5%	43.46%	38.46%

表2-13(续)

增值税税率	营业税税率	含税平衡点增值率	不含税平衡点增值率
11%	3%	27.27%	19.59%
11%	5%	45.45%	50.45%
6%	3%	50%	53%
6%	5%	83.33%	88.33%

② 抵扣率判断法

从另一个角度来看，增值税纳税人税负的高低取决于可抵扣的进项税额的多少。通常情况下，若可抵扣的进项税额较多，则适宜作为增值税纳税人，反之则适宜作为营业税纳税人。抵扣率判断法就是以抵扣额占销售额的比重作为判断标准，来判断纳税人适宜做哪种纳税人。其计算方法如下：

假定销售额与购进项目金额均为不含税金额，则：

一般纳税人应纳增值税额＝销项税额－进项税额

增值率＝（销售额－可抵扣购进项目金额）÷销售额

　　　＝1－可抵扣购进项目金额÷销售额

　　　＝1－抵扣率

增值税进项税额＝可抵扣购进项目金额×增值税税率

　　　　　　＝销售额×（1－增值率）×增值税税率

一般纳税人应纳增值税额＝销项税额－进项税额

　　　　　　　　　　＝销售额×增值税税率－销售额

　　　　　　　　　　　×（1－增值率）×增值税税率

　　　　　　　　　　＝销售额×增值税税率×增值率

　　　　　　　　　　＝销售额×增值税税率×（1－抵扣率）　　　　（a）

营业税纳税人应纳税额＝含税销售额×营业税税率

　　　　　　　　　＝销售额×（1＋增值税税率）×营业税税率　　　（b）

当两者税负相等时，a式等于b式，即：

销售额×增值税税率×（1－抵扣率）＝销售额×（1＋增值税税率）×营业税税率

抵扣率＝1－（1＋增值税税率）×营业税税率÷增值税税率　　　　（c）

当增值税税率为17%、营业税税率为5%时，

抵扣率＝1－（1＋17%）×5%÷17%＝65.59%

也就是说，当不含税抵扣率为65.59%时，两种纳税人的税负相同；当不含税抵扣率小于65.59%时，营业税纳税人的税负轻于增值税纳税人，适于选择成为营业税纳税人；当不含税抵扣率大于65.59%时，增值税纳税人的税负轻于营业税纳税人，适于选择成为增值税纳税人。

同理，可以计算出增值税税率与营业税税率其他几种组合情况下的无差别平衡

第二章 增值税纳税筹划

点抵扣率，如下表 2-14 所示。

表 2-14　　　　　　　　　　销售额无差别平衡点抵扣率

增值税税率	营业税税率	不含税平衡点抵扣率
17%	3%	79.35%
17%	5%	65.49%
13%	3%	73.92%
13%	5%	56.54%
11%	3%	69.73%
11%	5%	49.54%
6%	3%	47%
6%	5%	11.67%

【例 2-30】某建材商店，在主营建材批发和零售的同时，还对外承接安装、装饰工程作业。该商店是增值税一般纳税人。本月对外发生一笔混合销售业务，销售建筑材料并代客户安装，这批建筑材料的购入价是 100 万元，该商店以 115 万元的价格销售并代为安装，该企业应如何进行纳税筹划（营业税税率为 3%）？

【分析】企业实际增值率=（115-100）÷115×100%=13.04%

增值率=3%÷17%×100%=17.6%

【结论】企业实际增值率小于无差别平衡点增值率时，选择缴纳增值税更合算，可以减少纳税 0.9 万元［即 115×3%-（115×17%-100×17%）］。

【例 2-31】A 公司为增值税一般纳税人，下设两个非独立核算的业务经营部门：输变电设备生产工厂和输变电设备安装施工队。输变电设备生产工厂主要生产和销售输变电设备，安装施工队主要对外承接输变电设备的安装等工程。2013 年该公司销售货物收入 5 600 万元（不含税），安装收入 4 400 万元，购买生产用原材料 4 000 万元，可抵扣进项税额为 680 万元。2013 年该公司应纳增值税额=［5 600+4 400÷(1+17%)］×17%-680=911.32（万元）。如果公司要想改变现有纳税状况，该如何进行纳税筹划？

【分析】经过调查分析发现，由于公司的实际增值率=（5 600-4 000）÷5 600×100%=28.57%，增值率较高是增值税税负较高的一大因素。同时，发现公司混合销售行为中的安装收入比重较高，没有相应的进项税额抵扣，但要一并缴纳增值税，这是增值税税负较高的另一个重要因素。筹划人员综合分析后，决定将安装施工队单独组建为一个独立核算的子公司 B，自行申报缴纳税款，安装施工队只提供安装劳务，因此安装工程劳务改为缴纳营业税，营业税税率 3%。筹划后的纳税情况如下：

A 公司应纳增值税额=5 600×17%-680=272（万元）

B公司应纳营业税额=4 400×3%=132（万元）

合计应纳税额=272+132=404（万元）

【结论】筹划后比筹划前税收负担下降了911.32-404=507.32（万元）。

二、企业购销过程中的纳税筹划

企业在进行购销业务的纳税筹划时，总体原则是尽可能地缩小销项税额，扩大进项税额。销项税额的纳税筹划应当从缩小销售额和降低税率两个方面进行，前者主要通过对不同的销售方式、结算方式、结算工具的选择来实现；后者，由于增值税税率的档次较少，企业筹划的余地不大。进项税额的纳税筹划主要通过对不同购进价格、不同抵扣时间的选择来实现。

（一）进项税额的纳税筹划

1. 进货渠道选择的纳税筹划

（1）一般纳税人进货渠道选择的纳税筹划

企业如何选择供应商，将直接影响增值税税负和企业收益。假设在价格和质量相同的情况下，从一般纳税人购进可以索取17%或13%增值税税率的专用发票，抵扣的进项税额最大，则应纳税额最小，这是最佳的选择。从小规模纳税人购进，通过其从主管税务局代开的增值税专用发票，可进行税款抵扣；但从个体工商户购进，则不能抵扣。若价格相同，小规模纳税人和个体工商户将无法生存，若要在市场中生存，必然要降低销售价格，才能与一般纳税人竞争。这样，无论是一般纳税人购进，还是小规模纳税人销售，均要计算比较各自的税负和收益，从而确定各自的购进与销售价格，使本企业的利益最大化。

假定一般纳税人的含税销售额为S，从一般纳税人购货的含税购进额为P，适用的增值税税率为17%，从小规模纳税人购进货物的含税额与从一般纳税人购进货物的含税额的比率为R_c，小规模纳税人适用的征税率为3%。因生产加工费用与原材料的来源关系不大，所以收益为销售收入扣除购进成本、应纳增值税额之差，则：

从一般纳税人索取专用发票后的收益为：

$S-P-[S÷(1+17\%)×17\%-P÷(1+17\%)×17\%]$

$=(S-P)÷(1+17\%)$

从小规模纳税人索取专用发票后的收益为：

$S-P×R_c-[S÷(1+17\%)×17\%-(P×R_c)÷(1+3\%)×3\%]$

$=S÷(1+17\%)-(P×R_c)÷(1+3\%)$

当两者的收益相等时：

$(S-P)÷(1+17\%)=S÷(1+17\%)-(P×R_c)÷(1+3\%)$

$R_c=(1+3\%)÷(1+17\%)×100\%=88.03\%$

因此，当一般纳税人选择是从小规模纳税人处购进货物，还是从一般纳税人处购进货物时，若实际的含税价格比小于 R_c，应当选择小规模纳税人的货物；若实际的含税价格比大于 R_c，应当选择一般纳税人的货物；若实际的含税价格比等于 R_c，两者的经济流入相同，应当从其他角度考虑选择不同纳税人的货物。从销售定价而言，小规模纳税人在确定货物的价格时，应当依据一般纳税人货物的含税价格，使其货物含税价格略低于或等于一般纳税人货物含税价格的 R_c 倍。

依据上述公式，假设小规模纳税人在销售货物时，不愿或不能委托主管税务局代开增值税专用发票而出具一般普通发票，则一般纳税人在购进货物时，小规模纳税人销售货物的含税价格与一般纳税人销售货物的含税价格比为：

$R_c = 1 \div (1 + 17\%) \times 100\% = 85.47\%$

在增值税一般纳税人适用税率为17%、13%、11%和6%，小规模纳税人征收率为3%以及不能出具增值税专用发票的情况下的比率计算，如下表2-15所示。

表2-15　　　　　　　　　不同供货商含税价格比

一般纳税人税率	小规模纳税人征收率	索取专用发票的含税价格比	未索取专用发票的含税价格比
17%	3%	88.03%	85.47%
13%	3%	91.15%	88.50%
11%	3%	92.79%	90.09%
6%	3%	97.17%	94.34%

【例2-32】某服装生产企业为一般纳税人，预计每年可实现含税销售收入5 000万元，需要外购棉布2 000吨。现有甲、乙、丙、丁四个企业提供货源，其中甲为生产棉布的一般纳税人，能够出具增值税专用发票，适用税率17%；乙、丙为生产棉布的小规模纳税人，能够委托主管税务局代开增值税缴纳率为3%的专用发票；丁为个体工商户，仅能提供普通发票。甲、乙、丙、丁四个企业所提供的棉布质量相同，但是含税价格不同，分别为每吨2万元、1.55万元、1.5万元和1.45万元。作为采购人员，应当如何进行购货价格的纳税筹划，选择较为合适的供应企业？

【分析】乙与甲的实际含税价格比率＝1.55÷2＝77.5%＜88.03%

丙与甲的实际含税价格比率＝1.5÷2＝75%＜88.03%

丁与甲的实际含税价格比率＝1.45÷2＝72.5%＜85.47%

具体的收益和应纳增值税额计算如下（不考虑其他税费）：

①从甲企业购进：

应纳增值税额＝5 000÷（1+17%）×17%－（2 000×2）÷（1+17%）×17%
　　　　　　＝145.30（万元）

收益额＝5 000÷（1+17%）－（2 000×2）÷（1+17%）＝854.70（万元）

②从乙企业购进：

应纳增值税额=5 000÷（1+17%）×17%-（2 000×1.55）÷（1+3%）×3%
　　　　　　=636.21（万元）

收益额=5 000÷（1+17%）-（2 000×1.55）÷（1+3%）=1 263.79（万元）

③从丙企业购进：

应纳增值税额=5 000÷（1+17%）×17%-（2 000×1.5）÷（1+3%）×3%
　　　　　　=639.12（万元）

收益额=5 000÷（1+17%）-（2 000×1.5）÷（1+3%）=1 360.88（万元）

④从丁企业购进：

应纳增值税额=5 000÷（1+17%）×17%=726.50（万元）

收益额=5 000÷（1+17%）-（2 000×1.45）=1 373.50（万元）

【结论】通过上述不同纳税人含税价格与一般纳税人含税价格的比率计算，以及与收益平衡时的价格比率的比较，可以看出：选择从甲企业购进棉布显然不合算，应当选择乙、丙或丁企业，但从四个供货单位因此而产生收益额的比较中看，应选择丙企业作为供货单位，较为合算。

注意：一般纳税人采购货物时除了考虑获得的收益外，还应考虑由于增值税税负不同而导致的城市维护建设税、教育费附加和企业所得税的变化。采购货物涉及的增值税，在销项税额一定的情况下，能索取17%增值税税率的专用发票时，应纳税额最低；能索取3%征收率专用发票时，应纳税额次之；不能索取专用发票时，应纳税额会最大。同理，与增值税紧密相关的城市维护建设税、教育费附加随增值税的增减而增减。至于企业所得税，则与企业税前利润的大小相关，不能索取17%基本税率的专用发票时，因多缴纳了增值税、城市维护建设税、教育费附加，企业税前可扣除的税费增加，企业所得税会相应减少。因此，能索取17%、3%专用发票和不能索取专用发票时的税费总额是依次递增的。

（2）小规模纳税人进货渠道选择的纳税筹划

①对于小规模纳税人来说，因其采用简易办法计税，进项税额不得抵扣，无论是从一般纳税人处购进货物，还是从小规模纳税人处购进货物，选择的方法就是比较一下购货对象的含税价格，从中选择含税价格较低的一方即可。另外，如果一般纳税人采购的货物是用于在建工程、集体福利、个人消费等非应税项目，因不能进行抵扣，同样可以采用购进含税价格比较法，根据孰低原则确定。

②小规模纳税人也可以运用价格折让临界点原理，在销售产品时保护自己的既得利益。

2. 抵扣时间的纳税筹划

现行增值税的计算方法是购进扣税法，也就是说，只有当期认证的进项税额，才允许从当期销项税额中抵扣。当期进项税额不足抵扣的部分，可以结转到下期继续抵扣。这里的"当期"是个重要的时间限定，只有在税法规定的纳税期限内实际发生的销项税额、进项税额，才是法定当期销项税额或当期进项税额。为了把握进项税额的抵扣时间，税法对进项税额的抵扣做了严格的时间限定：增值税一般纳税人申请抵扣的防伪税控系统开具的增值税专用发票、货物运输增值税专用发票和机动车销售统一发票，必须自该发票开具之日起 180 日内到税务机关认证，否则不予抵扣进项税额。增值税一般纳税人认证通过防伪税控系统开具的增值税专用发票，应在认证通过后按照增值税有关规定核算当期进项税额并在次月申报抵扣，否则不予抵扣进项税额。因此，增值税一般纳税人购进货物并取得防伪税控系统开具的增值税专用发票，能否抵扣进项税额不再取决于是否付款或是否到货，而取决于是否能够通过税务机关对增值税专用发票的认证。因此，增值税专用发票的认证时间和运输发票的抵扣时间就有了较大的、灵活的余地，从开具到认证有 180 日的调控余地，企业可以根据每月进项税额的比例进行纳税筹划，合理确定认证抵扣的时间，避免缴纳的增值税税款出现较大的波动，以获得资金的时间价值，并利用通货膨胀和时间价值因素相对地降低企业的税负。

【例2-33】某工业企业 1 月份一次性购进商品 1 000 件，增值税专用发票上记载：购进价款 100 万元，进项税额 17 万元。该商品经生产加工后销售单价 1 200 元（不含增值税），实际月销售量 100 件（增值税税率17%），则各月销项税额均为 2.04 万元。

【分析】由于进项税额采用购进扣税法，1~8 月份因销项税额 16.32 万元（即 2.04×8），不足抵扣进项税额 17 万元，在此期间不纳增值税。9~10 月份分别缴纳 1.36 万元和 2.04 万元，共计 3.4 万元（即 2.04×10-17）。这样，尽管纳税的账面金额是完全相同的，但如果月资金成本率2%、通货膨胀率3%，则 3.4 万元的税款折合为 1 月初的金额计算如下：

$1.36 \div [(1+2\%)^9 (1+3\%)^9] + 2.04 \div [(1+2\%)^{10} \times (1+3\%)^{10}] = 2.18$（万元）

【结论】从上述计算可以看出，延期纳税比各月均衡纳税的税负要轻。

3. 采购结算方式的纳税筹划

对于采购结算方式的纳税筹划，总的原则是要尽量推迟付款时间，为企业争取时间尽可能长的"无息贷款"。购货方购入货物的结算方式可以分为现金采购、赊购、分期付款等。从纳税筹划角度应尽量选择分期付款、分期取得发票。一般企业在购货过程中采用先付清款项后取得发票的方式，如果材料已经验收入库，但货款尚未全部付清，供货方不能开具增值税专用发票。按税法规定，纳税人购进货物或者应税劳务，未按照规定取得增值税扣税凭证，其进项税额就不能抵扣，会造成企业增值税税负增加。如果采用分期付款取得增值税专用发票的方式，就能够及时抵扣进项税额，缓解税收压力。通常情况下，销售结算方式由销货方自主决定，购货方对购入货物结算方式的选择权取决于购货方和供货方两者之间的谈判协议，购货方可以利用市场供销情况购货，掌握谈判主动权，使得销货方先垫付税款，以推迟纳税时间。所以采购结算方式的纳税筹划要注意以下几点：付款之前，先取得对方开具的发票；使销售方接受托收承付与委托收款结算方式，尽量让对方先垫付税款；

采取赊购和分期付款方式，使销售方先垫付税款，而自身获得足够的资金调度时间；尽可能少用现金支付。

4. 运费的筹划

购货方购入的货物可以由自营车辆运输，也可以委托专营运输的企业运输。对于这两种方式发生的运费，《增值税暂行条例实施细则》的规定有所不同：非独立核算的自营运输队车辆运输购入货物产生的运输工具耗用的油料、配件及正常修理费用支出等项目，按照17%的增值税税率抵扣；委托运输企业发生的运费，根据取得的货物运输增值税专用发票，按照运费的11%计算并注明的增值税额认证抵扣。企业是选择委托运输还是使用自营车辆运输，会对企业的进项税额的抵扣产生较大的影响。在纳税筹划时就必须找到运费扣税平衡点，即当企业运费价格中可抵扣项目金额比例达到平衡点时，无论选择哪种运输方式，企业所抵扣的进项税额都相等。如果自营车辆产生的运输费用大于平衡点时，使用非独立核算的自营车辆运输购入的货物就可能承担较高的税负，此时就应该选择外购运输或将非独立的自营车辆独立出来成为独立核算的企业。

【例2-34】某公司为工业企业，属于增值税一般纳税人，适用增值税税率为17%，预计全年采购原材料共产生运费3 200 000元，全年销售货物产生运费4 000 000元。该公司的非独立核算的运输部门负责运输，预计全年车辆所耗油费、维修费等可抵扣费用金额为500 000元，则全年可抵扣的运费的进项税额为：500 000×17% = 85 000（元），销售货物收取的运输费作为混合销售一并按照17%征收增值税销项税额：4 000 000×17% = 680 000（元）。请对运费进行纳税筹划。

【分析】若将运输部门单独独立出来成立子公司，由于该子公司的应税服务额达到500万元，所以认定为一般纳税人，按11%的税率征税。子公司可以开货物运输增值税专用发票，则该公司可抵扣的增值税进项税额为7 200 000×11% = 792 000（元）。成立运输子公司后应纳增值税额：7 200 000×11%-85 000 = 707 000（元）。

【结论】可见，将运输部门独立出来设立运输子公司可以减少税收负担：(792 000-85 000) + (680 000-707 000) = 680 000（元）。

(二) 销项税额的纳税筹划

1. 销售方式的纳税筹划

企业为了维持或扩大自己所生产或销售商品的市场份额，往往采取多种多样的销售方式，以达到促销的目的。除了普通的销售形式外，还有许多新型的销售形式如邮寄销售、网上销售等。本节所说的销售方式，是指根据税法有不同计缴增值税规定的几种销售方式的纳税筹划。

（1）折扣销售方式

折扣销售是指销售方为达到促销的目的，在向购货方销售货物或提供应税劳务时，给予购货方一定优惠价格的销售形式，也就是商业折扣。折扣销售往往是相对短期的、有特殊条件的和临时性的。由于折扣是在实现销售的同时发生的，因此，

第二章 增值税纳税筹划

税法规定,纳税人销售货物并向购买方开具增值税发票后,由于购货方在一定时期内累计购买货物达到一定数量,或由于市场价格下降等原因,销货方给予购货方相应的价格优惠或补偿等折扣、折让行为,就属于折扣销售。对于折扣销售,税法有严格的规定:①折扣销售不同于销售折扣。销售折扣是指销货方为了鼓励购货方及早偿还货款,而协议许诺给予购货方的一种折扣待遇。销售折扣发生在销货之后,是一种融资性质的理财费用,因而不得从销售额中减除。②折扣销售仅限于货物价格的折扣,实物折扣应按增值税条例"视同销售货物"中的"赠送他人"计算征收增值税。此外,纳税人销售货物后,由于品种质量等原因购货方未予退货,但销货方需给予购货方的价格折让,可以按折让后的货款作为销售额。

【例2-35】HM服装公司是生产运动鞋的专业企业,产品畅销海外,现在准备大力拓展国内市场。公司准备采用将代理商的销售业绩与商业折扣结合起来的业务激励制度。年初公司发布规定:在货款月结的情况下,月销售运动鞋20 000双(不含20 000双,以下同)以下的,月度折扣为4元/双;月销售20 000~40 000双的,月度折扣为6元/双;年度销售运动鞋在300 000双以下的,年终折扣为5元/双;年销售运动鞋在300 000~500 000双的,年终折扣为6元/双,等等。该方法在经营实践中收到较好效果,很快打开了国内市场,当年内销实现46 560万元。到年底与代理商进行结算时,支付商业折扣3 000万元(以产品的形式)。该公司的财务人员将该折扣汇总结算后,以红字发票的形式直接冲减当年12月份的销售收入。次年税务机关对该公司进行税务检查以后,税务稽查人员认为:该企业的这种操作方法不符合有关政策,冲减的销售额应当并入企业的销售总额计算缴纳增值税;同时依照税收征管法对该企业进行了处罚。请对此案例进行分析。

【分析】在实际操作过程中,由于年初HM公司并不知道每家代理商到年底究竟能销售多少双运动鞋,也就不能确定每家代理商应享受的折扣标准。这就形成了一对矛盾:不给商业折扣或给的比例不合适,会影响业务开拓;给商业折扣,如果不能在同一张发票上体现,增值税、消费税、所得税及相应的附加税费的征收将使企业税收负担大大加重。怎样才能兼顾两者的关系,做到既满足税法要求,又便于市场管理呢?上海普誉财务咨询有限公司的税务专家提出了如下三种方法:

①以预计核算反映折扣

根据代理商以前几个月或者以往年度的销售情况平均计算确定一个适当的折扣率。如某代理商当年1~5月运动鞋销售量分别是20 000双、24 000双、16 000双、18 000双和22 000双,当该代理商于6月上旬来公司提货时,会计人员在开具发票过程中就可以按平均数20 000双的折扣率进行计算折扣,然后在一定的期间再进行结算。这种方法的优点是能够灵敏地反映代理商的折扣情况,及时结算商业折扣。缺点是对业务不稳定、销售情况波动比较大的客户的折扣情况比较难以把握。

②以递延方式反映折扣

月度折扣递延至下一个月来反映,年度折扣递延到下一个年度来反映。假如某代理商当年1月份销售运动鞋24 000双，其享受的折扣额为6元/双，那么该客户1月份应享受的月度折扣为144 000元；待该客户2月份来开票时，便将其上月应享受的月度折扣144 000元在票面予以反映，客户只需按减除折扣后的净额付款。如果客户上月应结折扣大于当月开票金额，则可分几次在票面上予以体现。年度折扣的主要目的是为了加强对市场网络的管理，如无非常特殊的情况，一般推迟到次年的3月份进行结算，其处理方法与月度折扣一样，在其次年3月份开票时在票面上反映出来即可。这种方法的优点是操作非常简便。缺点是如果月份间和年度间销量和折扣标准差异较大，不能较为真实地反映当月和本年度实际的经营成果，而且12月份和年终折扣在进行所得税结算清缴时可能会遇到一些障碍。该方法适用于市场比较成熟、稳定，月份和年度间销量的折扣标准变化不大的企业。

③现场结算和递延结算相结合

现场结算和递延结算相结合的办法，即日常开票时企业可设定一个现场结算折扣的最低标准，比如4元/双，所有的客户都按照这一标准来结算，并在发票上予以体现，客户按减除折扣后的净额付款，月末计算出当月应结给客户的折扣总额，减去在票面上已经反映的折扣额，即为尚应结付的折扣额。将该差额在下月的票面上予以反映，年度折扣仍然放在下一个年度去结算。例如，当年6月1日代理商来提20 000双运动鞋，价款4 000 000元（不考虑其他因素），根据现场结算其折扣的额度为80 000元。在票面予以体现，票面上价款为4 000 000元，折扣为80 000元，净额为3 920 000元，记入"主营业务收入"账户，客户本次实际付款为3 920 000元。月末，如果该代理商实际销售了30 000双运动鞋，那么根据实际销售量确定其应享受的折扣标准为6元/双，计算该代理商应享受的折扣为180 000元（即30 000×6），已经结算80 000元，尚余100 000元。等7月份该客户来开票时，在其票面上反映，冲减当月主营业务收入。这种方法的优点是缓解了客户的资金压力，操作也相对较为简便。缺点是因为部分月度折扣放在下一个月，年度折扣放在下一个年度，如果销量起伏太大，就不能真实地反映月度和年度的经营成果。这种方法适用于客户资金有一定压力或有特殊要求的企业。

【结论】根据以上分析，可以看出折扣销售的作用在于：①能充分调动代理商的积极性，鼓励销售；②充分发挥经济杠杆的作用。许多企业在销售活动中，要测算给代理商的商业折扣率，并且要对这个折扣率进行适当的处理（一般以月份和年度折扣的方式来进行）。目前上述筹划已得到政策的认可，根据国税函〔2006〕1279号《国家税务总局关于纳税人折扣折让行为开具红字增值税专用发票问题的通知》，纳税人销售货物并向购买方开具增值税专用发票后，由于购货方在一定时期内累计购买货物达到一定数量，或者由于市场价格下降等原因，销货方给予购货方相应的价格优惠或补偿等折扣、折让行为，销货方可按现行《增值税专用发票使用规定》的有关规定开具红字增值税专用发票。

【例2-36】某企业销售一批商品，共100 000件，每件不含税价格为1 000元，根据需要采取实物折扣的方式,即在 100 件商品的基础上赠送 1 件商品,实际赠送 1 000 件商品。请对此种折扣方式进行纳税筹划分析。

【分析】由于根据国税函〔2006〕1279 号《国家税务总局关于纳税人折扣折让行为开具红字增值税专用发票问题的通知》,折扣销售的税收优惠仅仅适用于对货物的价格折扣,而不适用于实物折扣。如果企业将自产、委托加工或者外购的货物用于实物折扣,则该实物的价款不仅不能从货物的销售额中扣除,而且还应当对作为实物折扣的货物按照"视同销售货物"中的"赠送他人"项目,计征增值税。因此,按照实物折扣的方式销售后,销售货物的增值税销项税额:100 000×1 000×17%=17 000 000(元),实物折扣视同销售的增值税销项税额:1 000×1 000×17%=170 000(元),增值税销项税额总和:17 000 000+170 000=17 170 000(元)。

如果企业进行纳税筹划,将这种实物折扣作为价格折扣在发票上单独列示,即按照销售 101 000 件商品计算,商品总价 101 000 000 元,进行 1%的折扣后,价格为 99 990 000 元,增值税销项税额:99 990 000×17%=16 998 300(元),纳税筹划后,税收负担减轻 17 170 000-16 998 300=171 700(元)。

【结论】因此,企业在选择折扣方式时,尽量不要选择实物折扣,在必须选择实物折扣方式时,企业可以在发票上通过适当调整而变为价格折扣。

(2) 销售折扣方式

销售(现金)折扣是指企业在销售货物或提供应税劳务行为发生后,为尽快收回资金,而给予购货方一定的价格上的优惠的形式。企业在销售货物或应税劳务后,为了鼓励购货方及早偿还货款,而协议许诺给购货方的一种折扣优惠。销售折扣是在实现销售之后,实际付现时确认的,是企业进行融资的理财费用。因此,税法规定,现金折扣不得从销售额中抵减。从企业税负角度考虑,折扣销售方式优于销售折扣方式。如果企业面对的是一个信誉良好的客户,销售回款的风险较小,那么企业可以考虑通过修改合同,将销售折扣方式改为折扣销售方式。

【例 2-37】企业与固定客户签订了合同,不含税销售额为 1 000 000 元,合同中约定的信用条件为(3/20,n/40)。企业的增值税销项税额=1 000 000×17%=170 000(元)。请对此销售折扣进行纳税筹划分析。

【分析】企业可以从两个方面进行纳税筹划:

方案一:可以直接给予客户 3%的商业折扣,同时将付款期限修改为 20 天,这样可以在同一张发票上注明折扣额,折扣额可以从销售额中扣减,增值税销项税额=1 000 000×(1-3%)×17%=164 900(元)。这样,企业的收入没有降低,又节省了 5 100 元的增值税。当然,这种方法的不足在于:如果对方没有在 20 天之内付款,企业将会遭受损失。

方案二:企业主动压低货物售价,将该批货物合同金额降低至 970 000 元,相当于给予对方 3%的折扣。同时在合同中约定,对方企业付款期限为 20 天,超过 20 天加收 3 510 元的滞纳金。如果对方在 20 天之内付款,可以按照 970 000 元的价款向对方开具增值税专用发票，增值税销项税额为 164 900 元。如果对方在 20 天之后付款，企业可向对方收取 3 510 元（相当于 3 000 元的货款、510 元的增值税）滞纳金，并以"全部价款和价外费用"1 000 000 元计算销项税额 170 000 元。这样企业的收入就不会受到实质性影响。

【结论】方案二更优。

(3) 销售折让方式

销售折让是指货物销售后，由于产品质量、性能或规格等方面的原因，购货方虽没有退货，但要求给予的一种价格上的优待。销售折让可以从货物或应税劳务的销售额中扣除，以其余额计缴增值税。

(4) 还本销售方式

还本销售方式是指纳税人在销售货物达到一定期限后，将其货物价款的全部或部分一次或分次退还给购货方。这种方式实质上是一种融资行为，以货物换取资金的使用价值，到期还本不付息的方法。因而税法规定，其销售额就是货物的销售价格，不得从销售额中扣除还本支出。

(5) 以旧换新销售方式

以旧换新销售方式是指纳税人在销售自己的货物时，有偿收回旧货物的行为。税法规定，采取以旧换新方式销售货物的，应按新货物的同期销售价格确定销售额，不得扣减旧货物的收购价格，因为销售货物与收购货物是两个不同的业务活动，销售额与收购额不能相互抵减。

销售方式的纳税筹划可以与销售收入实现时间的纳税筹划结合起来，如果企业销售方式的划分以结算方式为标准，则销售方式决定了产品销售收入的实现时间，而产品销售收入的实现时间又在很大程度上决定了企业纳税义务发生的时间，纳税义务发生时间的早晚又为减轻税负提供了筹划机会。

2. 促销方式的纳税筹划

近年来，行业竞争日益加剧，企业要想在商品同质化程度很高的环境中脱颖而出，就必须不断改进营销方式，以促使企业持续健康发展。营销活动依作用的不同可划分为 PR（Public Relation，公共关系）活动和 SP（Sales Promotion，促销）活动。对于百货公司来说，前者的主要目的是为了汇聚人气、增加客流量，一般与销售额无直接联系，而后者则是直接针对促进销售额而设计的，对商家来说有着更为重要的作用。目前，商场流行的促销活动方式主要有打折、满减、买赠、满额赠、返券、抽奖等，不同促销方式所适用的税收政策各不相同，故而在策划促销活动时，应将税收因素考虑在内，以优化营销方案。

(1) "打折"与"满减"促销的纳税筹划

"打折"即用原价乘以折扣率得出实际成交价格的促销方式。而"满减"则是指当消费达到一定金额时，对原价再减免一部分价款的促销方式，这其实是变相的"打折"方式，区别只是折后价格的计算方法不相同。

《国家税务总局关于确认企业所得税收入若干问题的通知》（国税函〔2008〕875号）规定：企业为促进商品销售而在商品价格上给予的价格扣除属于商业折扣，商品销售涉及商业折扣的，应当按照扣除商业折扣后的金额确定销售商品收入金额。在"打折"与"满减"促销方式下，均可按照扣除商业折扣后的金额来确认销售收入，销售发票可以直接开具折后金额，也可以在发票上分别列示原价和折扣金额。

（2）"买赠"与"满额赠"促销的纳税筹划

"买赠"是指顾客购买指定商品可获得相应赠品的促销方式。对赠品的税务处理通常应根据《中华人民共和国增值税暂行条例实施细则》第四条之规定：单位或个体经营者"将自产、委托加工或购买的货物无偿赠送他人"视同销售货物。其计税价格应根据该实施细则第十六条之规定，即纳税人有本细则第四条所列视同销售货物行为而无销售额者，按下列顺序确定销售额：①按纳税人当月同类货物的平均销售价格确定；②按纳税人最近时期同类货物的平均销售价格确定；③按组成计税价格确定。商品不涉及消费税时，组成计税价格=成本×（1+成本利润率），成本利润率一般为10%。

【例2-38】A牛奶公司在超市举行新品推广促销活动，每箱新品牛奶绑赠纯牛奶10包，若同时购买3箱以上，则超市另行加赠保鲜盒1个。超市本身不销售此种保鲜盒，故从其他小规模纳税人处采购，采购价为3元/个（开具普通发票）。新品牛奶零售价46.80元/箱，超市采购价30元/箱（不含税），绑赠的纯牛奶为A牛奶公司免费提供。活动期间超市共售出新品牛奶300箱，绑赠纯牛奶3 000包，送出保鲜盒100个。请对此促销方式进行税负评价。

【分析】国税函〔2008〕875号文件中规定：企业以"买一赠一"等方式组合销售本企业商品的，不属于捐赠，应将总的销售金额按各项商品的公允价值的比例来分摊确认各项的销售收入。本例中每箱新品牛奶绑赠的纯牛奶为A牛奶公司组合销售本企业商品，其实质是降价促销行为，故A公司可将总的销售金额按各项商品公允价值的比例来分摊确认销售收入。对于超市而言，新品牛奶和绑赠的纯牛奶可视为同一个商品管理，绑赠的纯牛奶无需单独核算，对加赠的保鲜盒则应视同销售，按其计税价格计算缴纳增值税。保鲜盒计税价格=3×（1+10%）=3.30（元），超市的会计处理如下：

①确认商品销售收入：库存现金=12 000+2 040=-14 040（元）；主营业务收入=（300×46.8）÷（1+17%）=12 000（元）；应缴税费——应缴增值税（销项税额）=12 000×17%=2 040（元）。

②结转销售商品成本：主营业务成本=300×30=9 000（元）；同时结转库存商品9 000元。此外，进项税额=9 000×17%=1 530（元）；实际应缴增值税=2 040-1 530=510（元）。

③赠品的会计处理：赠品采购成本（库存商品）=100×3=300（元）；赠品视同销售应缴增值税为应缴税费——应缴增值税（销项税额）=（100×3.3）÷（1+

17%）×17% = 47.95（元）；销售费用 = 300.00+47.95 = 347.95（元）。

此处赠品视同销售收入330元虽不用在账面直接反映，但在申报企业所得税时应纳入"销售收入"项，计算缴纳企业所得税。

【例2-39】丙商场在周年庆期间推出"满额赠"促销，单笔消费达5 000元即送咖啡机1台，总限量10 000台。商场从x商贸公司（一般纳税人，开具增值税专用发票）采购此赠品，不含税采购价为200元/台，商场对此批赠品比照自营商品管理，并在销售系统中建立新品，设定零售单价为245.70元/台。活动期间赠品全部送完。请对此促销方式进行税负评价。

【分析】商场相关会计处理如下：

①赠品采购：采购成本（库存商品）= 200×10 000 = 200（万元）；进项税额为应缴税费——应缴增值税（进项税额）= 200×17% = 34（万元）。同时结转应付账款——x商贸公司 = 200+34 = 234（万元）。

②确认销售收入：主营业务收入 = 245.70×1÷（1+17%）= 210（万元）；应缴税费——应缴增值税（销项税额）= 210×17% = 35.70（万元）；应收账款 = 210+35.70 = 245.70（万元）。

③结转销售成本：主营业务成本 = 200万元；库存商品 = 200万元。

④结转赠品费用：销售费用 = 245.70万元；应收账款 = 245.70万元。

本例确认销售收入210万元，应缴增值税1.70万元。若按视同销售处理，则应计视同销售收入220万元（核定成本利润率为10%），应缴增值税3.40万元。由此可见，将赠品发放比照自营商品销售处理，不仅减少了纳税申报时计算视同销售收入的环节，还可通过自主设定零售价格，将销项税额控制在合理水平。

【结论】"满额赠"与"买赠"相似，但后者通常是对指定商品的促销，而前者则是在顾客消费达到一定金额时即获赠相应赠品的促销形式，赠品由商场提供，通常由顾客持购物发票到指定地点领取。"满额赠"在提高单价方面有较明显的效果。在税务处理上，一般做法与【例2-38】中超市赠送保鲜盒相似。但考虑到百货公司赠品促销活动频繁，且赠品发放数量大、品类多，为有效控制赠品的税负，简化税收申报工作，建议百货公司将赠品比照自营商品来管理。赠品采购时，尽量选择有一般纳税人资格的供应商，要求开具增值税专用税票，用于抵扣进项税额。在定义赠品销售资料时，自行设定合理的零售价格。赠品发放时，按设定的零售价格作"正常销售"处理，通过POS机系统结算，收款方式选择"应收账款"，在活动结束后结转"销售费用"和"应收账款"。

（3）"返券"促销的纳税筹划

"返券"是指顾客消费达一定门槛后获赠相应数额购物券的促销方式。对顾客来讲，赠券在商场内可以替代现金使用，比赠品更实惠，而对商家来讲，赠券能将顾客留在店内循环消费，可显著提高销售额。故而在重要节日期间，各大商场经常会推出赠送购物券的活动。顾客用购物券在商场购买的商品，相当于商场赠送的商品。根据增值税暂行条例的规定,这种赠送属于"视同销售",应该按规定计算缴纳增值税。

有些人认为送出的购物券应作为"销售费用"处理,企业将派发的购物券借记"销售费用",同时贷记"预计负债";当顾客使用购物券时,借记"预计负债",贷记"主营业务收入"等科目,同时结转销售成本,逾期未收回的购物券冲减"销售费用"和"预计负债"。这种处理方式存在较大的弊端,因为商场用"返券"活动替代平常的商品折扣,在返券比率很高的情况下,这种做法相当于虚增了销售收入,使企业承担了过高的税负。更合理的做法应该是在发出购物券时只登记,不做账务处理,顾客持购物券消费时,对购物券收款的部分直接以"折扣"入POS机系统,即顾客在持券消费时,实际销售金额仅为购物券以外的部分。

【例2-40】丁商场90%的专柜均签订了联营合同,抽成率为20%(特价商品除外)。在圣诞节期间,丁商场举行联营专柜全场"满200送200"的返券促销活动,购物券由商场统一赠送,对联营厂商按含券销售额结款,抽成率提高至45%。商场在活动期间含券销售额达5 850万元,其中现金收款3 510万元,发出购物券3 000万元,回收购物券2 340万元。

【分析】丁商场应付厂商货款共计:5 850×(1-45%)= 3 217.50(万元)
销售成本=3 217.50÷(1+17%)= 2 750(万元)
增值税进项税额=2 750×17%=467.50(万元)
分别按两种方案确认销售收入的会计处理:
方案一:发放的购物券作为"销售费用"。
①发放购物券:销售费用=3 000万元;预计负债=3 000万元。
②确认销售收入。库存现金=3 510万元,预计负债=2 340万元;主营业务收入=5 850(1+17%)= 5 000(万元),应缴税费——应缴增值税(销项税额)=5 000×17%=850(万元)。
③冲销未回收之购物券:预计负债=3 000-2 340=660(万元);销售费用=660万元。回收购物券销售商品视同销售增值税销项税额=2 340÷(1+17%)×17%=340(万元)。回收购物券销售商品进项税额=2 340÷(1+17%)×(1-20%)×17%=272(万元)。

此方案产生应缴增值税(850-467.50)+(340-272)=450.50(万元),毛利2 250万元(即5 000-2 750),名义毛利率为45%,但除去返券产生的2 340万元销售费用后,实际利润为-90万元。

方案二:发出购物券时不做账务处理,回收购物券时直接在销售发票上列示"折扣",仅对现金销售部分确认销售收入。

库存现金=3 000+510=3 510(万元);主营业务收入=3 510÷(1+17%)= 3 000(万元);应缴税费——应缴增值税(销项税额)=3 000×17%=510(万元)。回收购物券销售商品视同销售增值税销项税额=2 340÷(1+17%)×17%=340(万元）。回收购物券销售商品进项税额＝2 340÷（1+17%）×（1-20%）×17%＝272（万元）。

此方案产生应缴增值税（510-467.50）+（340-272）＝110.50（万元），实现毛利250万元（即3 000-2 750），毛利率为8.33%，无其他销售费用。与方案一相比，仅增值税一项即可为公司节省340万元。

【结论】应该选择方案二。

(4)"抽奖"促销的税务处理

"抽奖"促销通常是顾客消费达到活动条件即凭购物小票参加抽奖，奖品多为实物。对于百货公司来说，送出奖品与发放赠品在会计和税务处理上并无差别。但中奖顾客应根据《国家税务总局关于个人所得税若干政策问题的批复》（国税函〔2002〕629号）第二条的规定，即个人因参加企业的有奖销售活动而取得的赠品所得，应按"偶然所得"项目计征个人所得税。赠品所得为实物的，应以《中华人民共和国个人所得税法实施条例》第十条规定的方法确定应纳税所得额，计算缴纳个人所得税。税款由举办有奖销售活动的企业（单位）负责代扣代缴。在实务操作中，部分顾客不了解代扣代缴个人所得税的法规，从而对活动的真实性产生质疑。为避免纠纷，商场应该在活动规则说明上做明确的提醒。

因此，促销活动的举办需要各个部门全力配合，促销方式要不断推陈出新，吸引顾客参与其中，方能使活动达到预想的效果。对促销活动的纳税筹划，亦应根据活动方式的变化而不断创新，提出合理化的建议，在不违反国家税收政策的前提下，尽量减轻企业税负。

【例2-41】某商场为增值税一般纳税人，增值税税率17%。销售利润率20%。现销售500元（含税价格）商品，其成本400元（含税价格）。春节期间为了促销，拟订了6种方案供选择：

方案一：采取以旧换新业务，旧货价格为50元，即买新货可以少支付80元；

方案二：商品9折销售；

方案三：购物满500元减收50元；

方案四："买一赠一"，购物满500元，赠送价值50元的小商品，小商品成本为40元；

方案五：购物满500元返还50元；

方案六：购物满500元返还购物券50元。

假设你购买了500元商品，在只考虑增值税的情况下，对于商场来说，选择哪种方案更有利？

【分析】在只考虑增值税的情况下，各个方案的税负分析如下：

方案一：税法规定，采取以旧换新方式销售货物的，应按新货物的同期销售价格确定销售额，不得扣减旧货物的收购价格，因为销售货物与收购货物是两个不同的业务活动，销售额与收购额不能相互抵减。

第二章 增值税纳税筹划

应纳增值税额=500÷(1+17%)×17%-400÷(1+17%)×17%=14.53(元)

方案二：商品打折销售，根据税法规定，如果折扣额和销售额在同一张发票上分别注明，可以按照折扣后的余额计算增值税；如果将折扣额另开发票，无论其在财务上如何处理，均不得从销售额中减除折扣额。上述折扣仅仅限于价格折扣，不包括实物折扣。

若折扣额和销售额在同一张发票上分别注明，则：

应纳增值税额=450÷(1+17%)×17%-400÷(1+17%)×17%=7.26(元)

若折扣额和销售额在同一张发票上未分别注明，则：

应纳增值税额=500÷(1+17%)×17%-400÷(1+17%)×17%=14.53(元)

方案三："满500减50"等类似促销，相当于明折扣，等于商家直接将商品打折，按此规定执行成交，满减额与销售额同在一张发票上反映，税务处理上视为商业折扣，则：

应纳增值税额=450÷(1+17%)×17%-400÷(1+17%)×17%=7.26(元)

方案四："买一赠一"，根据《国家税务总局关于确认企业所得税收入若干问题的通知》(国税函〔2008〕875号)的规定，企业以"买一赠一"等方式组合销售本企业商品的，不属于捐赠，应将总的销售额按各项商品的公允价值的比例来分摊确认各项的销售收入，则：

应纳增值税额=500÷(1+17%)×17%-(400+40)÷(1+17%)×17%=8.72(元)

方案五：购物满500元返还现金方式在实际工作中很少采用，因为这种方式未在同一张发票中分别注明销售额和折扣额，所以不能视为商业折扣，则只能按照原价计算增值税：

应纳增值税额=500÷(1+17%)×17%-400÷(1+17%)×17%=14.53(元)

方案六：购物后的返券行为在法律意义上属于赠送行为，是商场刺激消费的一种促销手段。因此，用返券购买的货物属于赠送货物，应视同销售计算增值税。但是，按照所得税法的规定，这种行为不视同公益性捐赠，应该视同"买一赠一"，把收入在两种货物之间按公允价值进行分摊，捐赠支出不得在税前扣除。

实际取得现金收入时：

应纳增值税额=500÷(1+17%)×17%-400÷(1+17%)×17%=14.53(元)

收回购物券时，视同销售：

应纳增值税额=50÷(1+17%)×17%-40÷(1+17%)×17%=1.45(元)

合计应纳增值税额=14.53+1.45=15.98(元)

【结论】从上述分析可以看出，如果只考虑增值税，第2种、第3种方案税负最轻。

假设同时考虑流转税、所得税和税后净利润进行纳税筹划，若其他可以税前扣除费用为20元，企业所得税税率为25%，以方案二和方案六进行比较分析如下：

方案二：应纳增值税额=450÷（1+17%）×17%-400÷（1+17%）×17%=7.26（元）

应纳所得税额=[（450-400）÷（1+17%）-20]×25%=5.68（元）

税后净利润=（450-400）÷（1+17%）-20-5.68=17.05（元）

方案六：应纳增值税额=500÷（1+17%）×17%-400÷（1+17%）×17%+50÷（1+17%）×17%-40÷（1+17%）×17%=15.98（元）

应纳所得税额=[（500-400-40）(1+17%)-20]×25%=7.82（元）

税后净利润=（500-400-40）÷（1+17%）-20-7.82=23.46（元）

【结论】由上分析，方案二打折销售方式比方案六返券销售方式少盈利6.41元（即23.46-17.05），如果综合考虑流转税、所得税和税后净利润，则方案六是最佳方案。

所以，在促销方案的选择中，企业除了考虑销售方式对消费者的吸引力外，还要考虑纳税金额对增值税税负的影响以及对其他税种税负和净利润的影响，综合考虑各方面的因素，才能做出对企业最有利的纳税筹划。

3. 平销返利的纳税筹划

"返利"是指商业企业向生产企业收取的与商品销售量、销售额挂钩的各种返还收入。近年来，商业活动中出现了大量的平销返利行为，即生产企业以商业企业经销价或高于商业企业经销价的价格将货物销售给商业企业，商业企业再以进货成本或低于进货成本的价格进行销售，生产企业则以返还利润等方式弥补商业企业的进销差价损失。

（1）对商业企业是否采取平销返利购进的纳税筹划

国家税务总局于1997年和2004年先后发布《关于平销行为征收增值税问题的通知》和《关于商业企业向货物供应方收取的部分费用征收流转税问题的通知》（以下简称两《通知》）。两《通知》规定：商业企业向供货方收取的与商品销售量、销售额无必然联系且商业企业向供货方提供一定劳务的收入，不属于平销返利，不冲减当期增值税进项税金，应按营业税的适用税目税率征收营业税。对商业企业向供应方收取的与商品销售量、销售额挂钩（如以一定比例、金额、数量计算）的各种返还收入，均应按照平销返利行为的有关规定冲减当期增值税进项税金，不征收营业税。纳税筹划时，需将平销返利销售与收取价外费用相区别。《增值税暂行条例》规定，价外费用是指价外向购买方收取的手续费、补贴、基金、集资费、返还利润、奖励费、违约金（延期付款利息）、包装费、包装物租金、储备费、优质费、运输装卸费、代收款项、代垫款项以及其他性质的价外费用，但下列项目不包括在内：①向购货方收取的销项税额；②受托加工应征消费税的货物，由受托方向委托方代收代缴的消费税；③代垫运费。简而言之，价外费用是货物卖方向买方收取的，而平销行为返利是货物买方向卖方收取的。

在商业企业对是否采取平销返利方式购进货物进行纳税筹划时，要将流转税和所得税结合起来分析企业的总体税收负担。一般情况下，在购货方收取的返还费用相同的情况下，以实物返利且开具增值税专用发票的平销返利购进比收取固定劳务收入的非平销返利购进税负要低，因为取得的增值税专用发票抵减了应缴的流转税；其他方式的平销返利购进比收取固定劳务收入的非平销返利购进的税负要高，因为其他方式的平销返利不能取得增值税专用发票，且增值税税率比营业税税率高。所以商业企业要首先争取获得开具增值税专用发票的实物返利购进以降低税负；若不能获得开具增值税专用发票的实物返利购进，则采取收取固定劳务收入的非平销返利购进。

【例2-42】甲超市是一般纳税人，9月份以进价销售乙企业提供的商品1 000件，每件售价100元。该批商品本月全部售出。

方案一：甲、乙双方规定，甲超市全部销售完商品后，乙企业按每销售10件商品返利1件同类商品，并开具增值税专用发票。

方案二：甲超市销售乙企业商品，收取的是10 000元固定服务收入，该服务收入与销售B企业商品数量或金额无必然联系。

方案三：甲超市全部销售完商品后，乙企业按每销售10件商品返利1件同类商品，未开具增值税专用发票。

请对上述三个方案进行纳税筹划分析。

【分析】下面将流转税和所得税结合起来分析企业上述平销返利方式购进货物的总体税收负担。

方案一：甲、乙双方规定，甲超市全部销售完商品后，乙企业按每销售10件商品返利1件同类商品，并开具增值税专用发票。根据两《通知》的规定，甲超市属于平销返利购进，返利应冲减进项税。结合会计和税法的规定，甲超市获得返利的会计处理为：

借：库存商品 8 547
　　应缴税费——应缴增值税（进项税额） 1 453
　贷：主营业务成本 8 547
　　应缴税费——应缴增值税（进项税额转出） 1 453

从上述会计处理可见，甲超市平销返利取得的增值税进项税将转出的进项税抵销了，应缴的增值税为0；平销返利冲减了主营业务成本8 547元，即增加利润8 547元，因返利应缴的所得税为2 136.75元（即8 547×25%）；流转税与所得税合计为2 136.75元。

方案二：甲超市销售乙企业商品，收取的是10 000元固定服务收入，该服务收入与销售乙企业商品数量或金额无必然联系。根据两《通知》的规定，甲超市不属于平销返利购进，不冲减进项税，应计算缴纳营业税。甲超市的会计处理为：

借：银行存款 10 000
　贷：其他业务收入 10 000
借：其他业务成本 500（即10 000×5%）

贷：应缴税费——应缴营业税　　　　　　　　　　　　　　　　500

方案二中，甲超市因返利应缴营业税 500 元，应缴所得税 2 375 元［即 (10 000-500)×25%］，两税合计 2 875 元，比方案一高出 738.25 元（即 2 875-2 136.75）。可见，收取固定劳务收入的非平销返利购进比开具增值税专用发票的平销返利购进税务成本要高。

方案三：甲超市全部销售完商品后，乙企业按每销售 10 件商品返利 1 件同类商品，未开具增值税专用发票。根据两《通知》的规定，方案三也属于平销返利。其会计处理如下：

借：库存商品　　　　　　　　　　　　　　　　　　　　　　10 000
　　贷：主营业务成本　　　　　　　　　　　　　　　　　　　8 547
　　　　应缴税费——应缴增值税（进项税额转出）　　　　　　1 453

方案三平销返利应缴增值税 1 453 元，应缴所得税 2 136.75 元，两税合计 3 589.75 元。方案三未开具增值税专用发票，使其比方案一多缴税 1 453 元（即 3 589.75-2 136.75）。方案三比方案二的税务成本高出 714.75 元（3 589.75-2 875）。

【结论】可见，未开具增值税专用发票的实物平销返利比收取固定劳务收入的非平销返利的税务成本更高。

（2）对商业企业平销返利形式的纳税筹划

商业企业平销返利的形式包括现金和实物两种，实物返利又分为供应方开具增值税专用发票和不开具增值税专用发票两种方式。如果商业企业只能采取平销返利购入，平销返利的形式也会影响企业的税务成本。

筹划思路：在可能的情况下，商业企业应选择实物形式的平销返利购进，以达到降低税务成本或延迟纳税的目的。

【例 2-43】商业企业 C 为一般纳税人。7 月份，C 企业以平销返利形式销售 D 食品生产企业提供的商品 20 万元，返利总额为 20 000 元，产品当月全部售出。有以下三种返利方式：

方案一：C 企业按销售额的 10% 取得 20 000 元的现金返利。

方案二：供应方 D 以 20 000 元的食品作为给 C 企业的返利，并开具了增值税专用发票。

方案三：供应方 D 以 20 000 元的食品作为给 C 企业的返利，未开具增值税专用发票。

请分别对上述三个方案进行纳税筹划分析。

【分析】下面将流转税和所得税结合起来，分析企业上述平销返利方式购进货物的总体税收负担：

方案一：C 企业按销售额的 10% 取得 20 000 元的现金返利。该方案属于平销返利。C 企业返利的会计处理为：

借：银行存款　　　　　　　　　　　　　　　　　　　　　20 000
　　贷：主营业务成本　　　　　　　　　　　　　　　　　　17 094
　　　　应缴税费——应交增值税（进项税额转出）　　　　　2 906

　　方案一因返利应缴的增值税为 2 906 元，所得税为 4 273.50 元［即（20 000-2 906）×25%］，两税合计 7 179.50 元。

　　方案二：供应方 D 以 20 000 元的食品作为给 C 企业的返利，并开具了增值税专用发票。该方案下企业因返利应缴的增值税为 0，应缴的所得税为 4 273.50 元［即 20 000÷（1+17%）×25%］。两税合计 4 273.50 元。方案二比方案一降低了 2 096 元（即 7 179.50-4 273.50）税务成本。

　　方案三：供应方 D 以 20 000 元的食品作为给 C 企业的返利，未开具增值税专用发票。该方案下企业因返利应缴的增值税为 2 906 元［即 20 000÷（1+17%）×17%］，应缴的所得税为 4 273.50 元［即（20 000-2 906）×25%］，两税合计为 7 179.50 元，应缴流转税和所得税的总和与方案一相同。

　　【结论】比较以上三个方案，实物返利且开具增值税专用发票的平销行为税务成本最低，是最佳的筹划方式。方案一和方案三本期应缴的流转税和所得税相同。但是，方案三中取得的实物返利可在以后的流转中计入相应的成本费用，从而降低了以后期间的税收负担。

　　（3）对商业企业平销返利环节的纳税筹划

　　商业企业平销返利的环节分两种情况，一种是在货物销售完毕后返利，另一种是在货物销售完毕前返利。返利的环节不同，对企业税负的影响不一样。在货物销售完毕后返利，返利扣除进项税转出部分后，余额全部冲减企业销售成本，从而增加了会计利润和所得税。如果在货物销售完毕前返利，因为购进商品未全部销售，未销售部分商品对应的返利不能冲减销售成本，待以后销售商品时再冲减销售成本，计算缴纳所得税，可以起到延迟纳税的作用。

　　筹划思路：商业企业应尽可能采取货物销售完毕前返利的形式，以达到合法延迟纳税的目的。

　　【例 2-44】某商业企业 M 为增值税一般纳税人，2013 年以平销返利购入商品 20 000 件，每件成本 10 元，合计 200 000 元，增值税 34 000 元。供应方按价税合计的 10% 进行现金返利。有以下两个方案可供选择：

　　方案一：双方协议，采取购入商品销售完毕后返利的形式。M 企业 2013 年度购入商品全部销售，按约获得返利。

　　方案二：双方协议，采取购入商品销售完毕前返利的形式。M 企业 2008 年只销售了购入商品的 90%。请对上述两个方案进行纳税筹划分析。

　　【分析】方案一：双方协议，采取购入商品销售完毕后返利的形式。M 企业 2013 年度购入商品全部销售，按约获得返利。该方案中，M 企业 2013 年平销返利转出进项税额 3 400 元［即 234 000×10%÷（1+17%）×17%］，冲减销售成本 20 000

元（即234 000×10%-3 400），因冲减销售成本计征的所得税为5 000元（即20 000×25%），流转税和所得税合计8 400元。

方案二：双方协议，采取购入商品销售完毕前返利的形式。M企业2013年只销售了购入商品的90%。该方案中，M企业2013年应转出进项税3 400元，冲减成本18 000元［即234 000×10%÷（1+17%）×90%］，因冲减成本计征的所得税为4 500元（即18 000×25%），流转税和所得税合计7 900元，比方案一节省500元（即8 400-7 900）。剩下的2 000元返利在以后年度销售商品时再冲减销售成本，计算缴纳所得税。

【结论】方案二采取货物销售完毕前返利，使M企业本年度的税务成本减少了，起到了延迟纳税的作用。因此，应该选择方案二。

4. 代销和委托代销方式的纳税筹划

根据《增值税暂行条例实施细则》的规定，将货物交付其他单位或者个人代销和销售代销货物均为视同销售行为，需要缴纳增值税，因此不管是收取手续费方式还是视同买断方式的代销行为，都负有增值税的纳税义务；而收取手续费又是一种代理行为（属于服务业），还负有营业税纳税义务。销售代销货物——代销中的受托方在销售代销货物时发生增值税纳税义务；按实际售价计算销项税；取得委托方增值税专用发票，可以抵扣进项税额；受托方收取的代销手续费，应按"服务业"税目5%的税率征收营业税。

（1）收取手续费代销方式

收取手续费代销方式即受托方按委托方规定的价格销售代销货物，根据已代销货物的销售额乘以双方约定比例向委托方收取手续费。其特点是：受托方销售代销商品的价格由委托方决定，受托方在此交易中获得的利益是手续费收入。在征税方面，受托方是增值税纳税人，又是营业税纳税人。其应纳税额计算公式如下：

应纳增值税=销项税额-进项税额=对外代销价格×税率-与委托方结算价格×税率

由于此种方式下，受托方代销价格=与委托方结算价格，故应纳增值税为零。

应纳营业税=代销手续费收入×5%（营业税税率）。

（2）视同买断代销方式

视同买断代销方式即由委托方和受托方事先签订协议，双方按协议价进行代销货款的结算，而受托方对外销售代销货物的价格可自主决定，实际售价与协议价的差额归受托方所有。此种结算方式类似于受托方买进货物，但代销商品所有权上的风险和报酬并未转移，因此与一般的销售货物行为有差别。对于受托方而言，此种代销方式有利有弊。"利"是受托方有对外代销价格的灵活决策权，若代销货物在市场上畅销，则可能获取比第一种方式更高的利益；"弊"是若代销货物售价偏低，则可能获取较低的利益。在征税方面，受托方只纳增值税，不纳营业税。其应纳增值税公式与前种方式相同。但此种方式下，受托方对外代销价格一般情况下应高于与委托方的结算价格,否则受托方就成了无利甚至亏本代销。此笔业务无实际经济价值,在此不做讨论。另外,在代销货物相同的前提下,与委托方的结算价,第二种方式应低于第一种方式。

(3) 两种方式的比较及筹划决策

由上可看出,两种代销方式各有利弊,在实际经济活动中也都存在。通常情况下,对外的代销价格是随着市场供求关系而变动的。站在受托方的角度,对外代销价不同时,该怎样进行纳税筹划,为自身谋求更大的利益呢?在此对两种代销方式进行比较。假定受托方、委托方均为增值税一般纳税人,所代销的货物适用基本税率17%、城市维护建设税税率7%、教育费附加征收率3%。筹划的最终结果是将两种方式下的毛利进行比较,毛利较高的方式就是受托方应选取的较优方案。

【例2-45】A企业为一般纳税人生产企业,B企业为一般纳税人商业企业,A企业欲同B企业签订一项代销协议,由A企业委托B企业代销产品,不论采取何种销售方式,A企业的产品在市场上以每件1 000元的价格销售。代销协议方案有两个:一是采取收取代销手续费方式,B企业以每件1 000元的价格对外销售A企业的产品,根据代销数量,向A企业收取20%的代销手续费,即B企业每代销一件A企业的产品,收取200元手续费,支付给A企业800元;二是采取视同买断代销方式,B企业每售出一件产品,A企业按800元的协议价收取货款,B企业在市场上仍要以每件1 000元的价格销售A企业的产品,实际售价与协议之间的差额,即每件200元归B企业所有。假定到年末,A企业的进项税额为120 000元,B企业售出该产品1 000件。A、B企业应当采取哪一种方案较为适合?(不考虑城市维护建设税及教育费附加)

【分析】方案一:采取收取代销手续费方式

A企业应纳增值税额=1 000×1 000×17%-120 000=50 000(元)

B企业应纳增值税额=1 000×1 000×17%-1 000 000×17%=0

B企业应纳营业税额=1 000×200×5%=10 000(元)

A企业与B企业应纳流转税额合计为60 000元(即50 000+10 000)

方案二:采取视同买断代销方式

A企业应纳增值税额=1 000×800×17%-120 000=16 000(元)

B企业应纳增值税额=1 000×1 000×17%-1 000×800×17%=34 000(元)

A企业与B企业的应纳流转税额合计50 000元(即16 000+34 000)

【结论】方案二与方案一相比,A企业应纳增值税额减少了34 000元(即50 000-16 000),B企业应纳流转税额增加了24 000元(即34 000-10 000),A企业与B企业应纳流转税额合计减少10 000元。因此,对于A企业而言,应当选择方案二;对于B企业而言,应当选择方案一;对于A、B企业的共同利益而言,应当选择方案二。

在实际运用时,视同买断代销方式会受到一些限制:首先,采取这种方式的优越性只能在双方都是一般纳税人的前提下才能得到体现。如果一方为小规模纳税人,则受托方的进项税额不能抵扣,就不宜采取这种方式。其次,节约的税额在双方之间如何分配可能会影响到该种方式的选择。从上面的分析可以看出,与采取收取代销手续费方式相比,在买断方式下,双方虽然共节约税款 10 000 元,但 A 企业节约 34 000 元,B 企业要多缴 24 000 元。所以 A 企业如何分配节约的 34 000 元,可能会影响 B 企业选择这种方式的积极性。A 企业可以考虑首先要全额弥补 B 企业多缴的 24 000 元,剩余的 10 000 元也要让利给 B 企业一部分,这样才可以鼓励受托方选择适合双方的代销方式。

【例 2-46】承上例,A 公司和 B 公司签订一项代销协议,由 B 公司代销 A 公司的产品,A、B 公司均为增值税一般纳税人。现可采用两种方案:

方案一:收取代销手续费方式。B 公司按 A 公司规定的每件 1 000 元的价格(不含税)对外销售,根据代销数量和不含税代销收入,向 A 公司收取 20% 的代销手续费。A 公司将按 B 公司提供的代销清单及结算的价款向 B 公司开具增值税专用发票,每件价税合计 1 170 元。

方案二:视同买断代销方式。B 公司按每件 800 元的价格协议买断,此后,假定 B 公司在市场上仍以每件 1 000 元的价格销售,销售价与协议买断价之间的差额即 200 元/件归 B 公司所有。

假设当期 B 公司共销售出该产品 10 000 件,A 公司可抵扣的进项税为 700 000 元。请分析两种方案下双方的收入和应缴税金(城市维护建设税 7%、教育费附加 3%)。

【分析】方案一:收取代销手续费方式

A 公司:应纳增值税 = 10 000 000×17% - 700 000 = 1 000 000(元)

城市维护建设税及教育费附加 = 1 000 000×(7%+3%) = 100 000(元)

A 公司应纳流转税合计 = 1 000 000+100 000 = 1 100 000(元)

B 公司增值税销项税额与进项税额相等,相抵后,该项业务的应缴增值税为零,但 B 公司采取收取手续费的代销方式,属于营业税范围的代理业务。

应纳营业税 = 10 000 000×20%×5% = 100 000(元)

应纳城市维护建设税及教育费附加 = 100 000×(7%+3%) = 10 000(元)

B 公司应纳流转税合计 = 100 000+10 000 = 110 000(元)

A、B 两公司合计应缴税金 = 1 100 000+110 000 = 1 210 000(元)

方案二:视同买断代销方式

A 公司应纳增值税 = 80 000 000×17% - 700 000 = 660 000(元)

A 公司应纳城市维护建设税及教育费附加 = 660 000×(7%+3%) = 66 000(元)

A 公司应纳流转税合计 = 660 000+66 000 = 726 000(元)

B 公司应纳增值税 = 10 000 000×17% - 8 000 000×17% = 340 000(元)

B公司应纳城市维护建设税及教育费附加 = 340 000×（7%+3%）= 34 000（元）

B公司应纳流转税合计=340 000+34 000=374 000（元）

A、B两公司合计应缴税金=726 000+374 000=1 100 000（元）

【结论】从双方共同利益出发，应选择第二种代销方式，即视同买断代销方式。但在实际运用时，第二种代销方式会受到限制：在视同买断代销方式下，双方虽然共节约税款110 000元，但A公司节约374 000元（即1 100 000-726 000），B公司要多缴264 000元（即374 000-110 000）。A公司可以考虑首先要全额弥补B公司多缴的264 000元，剩余的110 000元也要让利给B公司一部分，这样才可以鼓励受托方即B公司接受视同买断的代销方式。

注意：税法规定，销售代销货物视同销售，计算销售额和销项税额，属增值税征收范围；受托方在代销过程中提供劳务，收取一定的手续费，属营业税征收范围。如果受托方将代销货物加价出售，仍与委托方按原价结算，以商品差价作为经营报酬，则此差价构成代销货物的手续费，对此差价（不含增值税）仍要再征营业税。如果受托方将代销货物加价出售，仍与委托方按原价结算，另收手续费，则对此差价和手续费仍要再征营业税。

5. 销售结算方式的纳税筹划

销售结算方式通常有直接收款、委托收款、托收承付、赊销或分期收款、预收款销售、委托代销等。不同的销售方式，其纳税义务发生的时间不相同。增值税的筹划就是在税法允许的范围内，尽量推迟纳税时间，获得纳税期的递延。纳税期的递延也称延期纳税，即允许企业在规定的期限内分期或延期缴纳税款。其基本原则是：①收款与发票同步进行。即在求得采购方理解的基础上，未收到货款不开发票，这样可以达到递延税款的目的；②尽量避免采用托收承付与委托收款的结算方式，以防止垫付税款；③在不能及时收到货款的情况下，采用赊销或分期收款的结算方式，避免垫付税款；④尽可能采用支票、银行本票和汇兑结算方式销售产品；⑤多用折扣销售刺激市场，少用销售折扣刺激销售。以上这些销售结算方式的纳税筹划，只要企业能够充分运用、灵活把握，就能降低企业的税收成本。

（1）充分利用赊销和分期收款方式进行纳税筹划

赊销和分期收款结算方式都以合同约定日期为纳税义务发生时间，这就表示，在纳税义务发生时间的确定上，企业既有充分的自主权，也有充分的筹划空间。因此，在产品销售过程中，在应收货款一时无法收回或部分无法收回的情况下，企业可选择赊销或分期收款结算方式，尽量避免直接收款方式。在直接收款方式下，不论货款是否收回，都得在提货单移交并办理索要销售额的凭据之日计提增值税销项税额，承担纳税义务，企业的主动性受限。但采用赊销和分期收款结算方式，企业就具有相当大的主动性，完全可以在货款收到后履行纳税义务，有效推迟增值税纳税时间。

【例2-47】伟达纸业集团为增值税一般纳税人，本月发生销售业务5笔，共计4 000万元（含税），货物已全部发出。其中，3笔业务共计2 400万元，货款两清；一笔业务600万元，2年后一次结清；另一笔1 000万元，1年后付500万元，一年半后付300万元，余款200万元2年后结清。

【分析】根据税法的规定，直接收款方式下，不论货款是否收回，都应在提货单移交并取得索取收款凭据之日承担纳税义务，而赊销和分期收款销售结算方式则以合同约定日期为纳税义务发生时间。下面分别分析直接收款、赊销和分期收款结算方式增值税额：如果企业全部采用直接收款方式，则应在当月全部计算为销售额，计提增值税销项税额为：4 000÷（1+17%）×17%=581.20（万元）。在这种情况下，有1 600万元的货款并未实际收到，按照税法的规定，企业必须按照销售额全部计提增值税销项税额，这样企业就要垫付上缴的增值税金。

对于未收到的600万元和1 000万元2笔应收账款，如果企业在货款结算中分别采用赊销和分期收款结算方式，那么就既能推迟纳税，又不违反税法规定，达到延迟纳税的目的。假设以月底发货计算，延迟纳税的效果为：

延迟纳税金额=（600+200）÷（1+17%）×17%=116.24（万元），延迟纳税天数为730天（即2年）。

延迟纳税金额=300÷（1+17%）×17%=43.59（万元），延迟纳税天数为548天（即1.5年）。

延迟纳税金额=500÷（1+17%）×17%=72.65（万元），延迟纳税天数为365天（即1年）。

【结论】由以上分析可以看到，采用赊销和分期收款结算方式可以达到推迟纳税的效果，既能为企业节约流动资金232.48万元，又能为企业节约银行利息支出数万元。因此，在产品销售过程中，在货款一时无法收回或者只能收回部分货款的情况下，企业应该尽量避免采用直接收款结算方式，而选择赊销或分期收款结算方式，这样可以在货款收到后才履行纳税义务，避免垫付税金，从而有效推迟增值税纳税时间。

（2）利用委托代销方式销售货物进行纳税筹划

委托代销商品是指委托方将商品交付给受托方，受托方根据合同要求，将商品出售后，开具销货清单交给委托方，这时委托方才确认销售收入的实现并计提增值税销项税额，确认纳税义务的发生。根据这一原理，如果企业的产品销售对象是商业企业，且在商业企业实现销售后再付款结算，就可采用委托代销结算方式、托收承付和委托银行收款等结算形式。这样，企业就可以根据其实际收到的货款分期计算销项税额，从而延迟纳税时间。

【例2-48】宏达企业2014年1月向外地A商场销售货物，含税价值共234万元，货款结算采用销售后付款方式，该年6月宏达企业收到A商场汇来货款60万元。企业有两种结算方式选择，方案一：直接收款方式；方案二：委托代销方式。

请分别分析计算筹划。

【分析】方案一：直接收款方式。如果不按委托代销处理，则1月份必须全部计算销项税额，即：234÷（1+17%）×17%＝34（万元）。

方案二：委托代销方式。按委托代销处理，1月份可不计提销项税额，6月份按规定向代销单位索取销货清单并计算销售额和增值税销项税额。即：60÷（1+17%）×17%＝8.72（万元）。对于未收到销货清单的货款，可暂缓申报销项税额。

【结论】由分析可见，此类业务选择委托代销结算方式进行纳税筹划对企业更有利。

此外，企业在选择销售结算方式时，还应注意考虑以下几个因素：

第一，购货方的具体情况，即购货方所在行业、产品销路、履行合同情况和付款情况、现金流充足情况、其购货数量占本企业销售量的比例等信息，构建客户数据库。通过建立数据库，企业可以根据不同客户的情况，采取不同的收款方式。如果购买方的资信、现金流转、以往合同履行等情况比较好，企业就可以采用现款方式或银行托收的方式销售货物；如果购买方资信、以往合同履行等情况比较好，只是近期现金流转有一定的问题，企业则可以采用分期收款方式销售货物；如果购买方以往合同履行情况比较差，则企业在销售过程中可以采用降低销售价格、预收货款或者及时结清的方式销售货物。

第二，应考虑本企业产品市场的整体走向。本企业产品市场的整体走向不同，企业所面临的销售压力不同，结算方式也就不同。当市场行情火爆时，可以采用预收货款的结算方式，这样不但可以完全避免其他结算方式下潜在的税收损失，而且可以确保企业货款的回收，同时可以达到占用购买方货款、获得资金时间价值的目的。但这里需要强调，企业必须准确预测产品市场的整体走势，根据预测结果采取相应的收款策略。

第三，要考虑企业自身的实际情况，包括企业的生产情况、原料供应情况、供销情况、现金流情况、企业的融资能力与融资利率、今后的发展计划等。

第四，要做好合同管理工作。要想获得结算方式上的税收利益，必须将结算方式体现在合同中，要做好签约前的准备工作，明确合同条款，尤其是明确结算方式以及准确的收款时间。企业应组织有经验、与销售有关的人员参与谈判，在谈判过程中应强调销货方存在的风险。签订合同之后，要加强履约管理，实时监测购买方的生产经营状况及现金流转情况。

第五，适当改革企业的绩效考核系统。企业对销售结算方式的纳税筹划，在一定程度上会影响企业的会计账面利润，而我国的很多企业在进行绩效考核时，往往以利润额作为主要的考核指标，这就会在一定程度上阻碍销售结算方式的纳税筹划工作。所以，应改革绩效考核系统，即将考核指标由账面利润为主改为以现金流量为主。

6. 加工方式的纳税筹划

企业在生产经营中，很多时候由于生产能力或者生产技术的限制，往往需要将部分零件委托其他企业进行加工，加工方式主要有经销加工和来料加工两种方式。经销加工的原材料和产成品均要作价，双方属于购销行为。来料加工的原材料和产成品均不作价，受托方只收取加工费，顶多提供一点辅助材料。加工中选择不同的加工方式，税负和毛利都是不同的。因此，对加工方式进行纳税筹划时应特别关注两个因素：一是获取的收益额因素，即产品销售额减去原材料成本的差额，或来料加工的加工费收入。在税费相同的情况下，应选择收益大的加工方式。二是税收负担因素。如果经销加工时接受原料能同时取得增值税专用发票，能按规定的税率抵扣进项税，且计算的应纳税额小于按来料加工计算的应纳税额时，则选择经销加工方式；反之，应选择来料加工方式。

【例2-49】A企业接受B企业（小规模纳税人）的委托，为B企业加工铸钢件500个，A企业既可以采取经销加工方式，也可以采取来料加工方式。如果采取经销加工生产，B企业收回每个铸钢件的价格为210元（不含税），有关税费由A企业负担，加工时提供熟铁50吨，每吨作价1 250元。由于B企业是增值税小规模纳税人，因此，只能提供由税务所按3%缴纳率代开的增值税专用发票。如果采取来料加工方式，每个铸钢件的加工费收入为82元，加工费共计41 000元，加工时电费、燃料等可抵扣的进项税额为1 600元。A企业应选择哪种加工方式？

【分析】

（1）A企业采取经销加工方式：

应纳增值税额＝500×210×17%－50×1 250×3%－1 600＝14 375（元）

收益额＝500×210－50×1 250－14 345＝28 125（元）

（2）A企业采取来料加工方式：

应纳增值税额＝82×500×17%－1 600＝5 370（元）

收益额＝41 000－5 370＝35 630（元）

（3）B企业采取经销加工方式：

应纳增值税＝50×1 250×3%＝1 875（元）

收回成本＝500×210×（1+17%）＝122 850（元）

（4）B企业采取委托加工方式：

应纳增值税＝0

收回成本＝500×1 250＋41 000×（1+17%）＝110 470（元）

【结论】通过比较，A企业采用来料加工方式比经销加工方式可多获得收益7 505元（即35 630－28 125），应纳增值税额减少了9 005元（即14 375－5 370）。对A企业而言，在现有条件下采取来料加工方式比经销加工方式更合算。通过B企业收回产品的成本及其应纳增值税额的计算比较，可以判断出B企业选择来料加工方式也比较合算，因为该加工方式较之于经销加工收回的成本降低了12 380元（即122 850－110 470），应纳增值税额减少了3 750元。

7. 销售价格自主定价的纳税筹划

增值税有关法规并没有对企业市场定价的幅度做出具体限制，因此，企业完全可以利用对市场定价的充分自主权，在关联企业之间通过合理定价并转移利润的方式进行纳税筹划。虽然关联企业之间转移价格的行为并不能减少集团企业总体的税负，但是可以据此延迟纳税，从而获得资金时间价值，相对降低自己的税负。

【例2-50】甲、乙、丙为集团公司内部三个独立核算的企业，彼此存在着购销关系；甲企业生产的产品可以作为乙企业的原材料，而乙企业制造的产品的80%提供给丙企业。有关资料见下表2-16（表内价格均为含税价格）。

表2-16　　　　　　　　　　各企业信息一览表

企业名称	增值税率	生产数量（件）	正常市价（元）	转移价格（元）
甲	17%	1 000	500	400
乙	17%	1 000	600	500
丙	17%	1 000	700	700

假设甲企业进项税额为40 000元，市场月利率为2%。如果三个企业均按正常市价结算货款，比较分析制订转移价格方案是否合理。

【分析】正常价格销售情况下，应纳增值税额计算如下：

甲企业应纳增值税额 = 1 000×500÷（1+17%）×17%-40 000（进）

= 72 650-40 000 = 32 650（元）

乙企业应纳增值税额 = 1 000×600÷（1+17%）×17%-72 650（进）

= 87 180-72 650 = 14 529（元）

丙企业应纳增值税额 = 1 000×80%×700÷（1+17%）×17%-87 180×80%（进）

= 81 368-69 744 = 11 624（元）

集团合计应纳增值税额 = 32 650+14 529+11 624 = 58 803（元）

企业采用转移价格情况下，应纳增值税额计算如下：

甲企业应纳增值税额 = 1 000×400÷（1+17%）×17%-40 000

= 58 120-40 000 = 18 120（元）

乙企业应纳增值税额 =（1 000×80%×500+1 000×20%×600）÷（1+17%）×17%-58 120 = 17 436（元）

丙企业应纳增值税额 = 1 000×80%×700÷（1+17%）×17%-1 000×80%×500÷（1+17%）×17% = 81 367-58 120 = 23 247（元）

集团合计应纳增值税额 = 18 120+17 436+23 247 = 58 803（元）

【结论】因此，转移价格后甲企业当期应纳的税款相对减少14 530(元)（即32 650-18 120），即延至第二期缴纳（通过乙企业）；这使得乙企业第二期与丙企业第三期纳税额分别增加了2 907元和11 623元。若将各期（设各企业生产周期为三个月)相对增减金额折合为现值,则使纳税负担相对下降了1 471元[即14 530-2 907÷(1+2%)³-11 624÷(1+2%)⁶]。应该选择转移价格方案。

8. 巧用代购方式的纳税筹划

根据《增值税暂行条例实施细则》第四条的规定,单位或者个体工商户将货物交付其他单位或者个人代销或销售代销货物,视同销售货物征收增值税。《关于增值税、营业税若干政策问题的通知》(财税字〔1994〕26号)规定,代购货物行为,凡同时具备以下条件的,不征收增值税;不同时具备以下条件的,无论会计制度规定如何核算,均征收增值税:①受托方不垫付资金;②销货方将发票开具给委托方,并由受托方将该项发票转交给委托方;③受托方按销售方实际收取的销售额和增值税额(如系代理进口货物则为海关代征的增值税额)与委托方结算货款,并另外收取手续费。也就是说,一个企业的代购代销业务,如果同时符合上述三个条件,则该项业务按代理业务征收营业税,称为代购业务。反之,如果不符合或不同时符合上述三个条件,则该项业务征收增值税,称为代销业务。

【例2-51】A商业公司从B公司购进1 000万元(不含税价)货物,然后以1 100万元的价格(不含税价)出售给C公司,A、B、C公司均为一般纳税人。A公司应纳增值税=1 100×17%-1 000×17%=17(万元),请分析如何利用代购进行纳税筹划。

【分析】A公司可将上述销售业务改为帮助C公司代购货物1 100万元(不含税价),并由B公司直接将增值税专用发票开给C公司,然后A公司向C公司收取代购手续费100万元。筹划后,A公司应纳营业税为5万元(即100×5%)。

【结论】可见,在收入和支出不变的情况下,A公司筹划后比筹划前可少负担税款12万元(即17-5)。

三、企业分立、分散与合并、联营的增值税纳税筹划

(一)企业分立、分散的增值税纳税筹划

从纳税筹划的角度来看,分立或分散经营筹划的依据有:①现行税法规定的增值税减免对象独立化,主要针对某一生产环节、某一产品减免税。②现行税法规定的增值税税负重,营业税税负轻,对不同纳税人的混合销售行为税务处理不一样。③对兼营行为要求分别核算,否则税率从高。如果企业在经营过程中,管理、财务核算等达不到要求,为了降低税负,将不同项目的业务分立或者分散经营应是明智之举。

1. 从事混合销售行为的企业可通过企业分立进行增值税筹划

所谓混合销售行为,是指一项销售行为既涉及增值税应税货物,又涉及营业税应税劳务。税法对混合销售行为,是按"经营主业"来确定征税的,只选择一个税种:增值税或营业税。我国税法规定:从事货物生产、批发或零售的企业、企业性

单位及个体经营者的混合销售行为,视为销售货物,征收增值税;其他单位和个人的混合销售行为,视为销售非应税劳务,不征收增值税。由于增值税一般纳税人的税率为17%、13%(进项税额可以抵扣),小规模纳税人的征收率为3%,而营业税(娱乐业除外)的税率一般为3%~5%,因此,从整体上看,增值税的税负高于营业税。因此,企业可以通过变更"经营主业"来选择税负较轻的税种。对于一些从事混合销售行为的企业来说,可以考虑将这一部分营业税的应税劳务分离出去,单独成立一个企业,从而实现企业总体流转税税负降低的目的。

【例2-52】某锅炉生产厂有职工280人,每年产品销售收入为2 800万元,其中安装、调试收入为600万元。该厂除生产车间外,还设有锅炉设计室负责锅炉设计及建安设计工作,每年设计费为400万元。工业设计属于"营改增"试点行业的应税服务,作为小规模纳税人按3%简易征税。另外,该厂下设6个全资子公司,其中有A建安公司、B运输公司等,实行汇总缴纳企业所得税。该厂被主管税务机关认定为增值税一般纳税人,对其发生的混合销售行为一并征收增值税。这主要是因为该厂属于生产性企业,而且兼营非应税劳务销售额未达到总销售额的50%。由此,

该企业每年增值税销项税额=[2 200+600÷(1+17%)]×17%=461.18(万元);

增值税进项税额=340(万元)

应纳增值税额=(461.18-340)+400÷(1+3%)×3%=132.83(万元);

增值税负担率=132.83÷(2 800+400)×100%=4.15%。由于该厂增值税负担率较高,限制了其参与市场竞争,经济效益连年下滑。为了改变现状,请问应如何对企业税收重新进行纳税筹划?

【分析】由于该厂是生产锅炉的企业,其非应税劳务销售额即安装、调试、设计等收入很难达到销售总额的50%以上,因此,要解决该厂的问题,必须调整现行的经营范围及核算方式。具体筹划思路是:将该厂设计室划归A建安公司,随之将锅炉设计业务划归A建安公司,由A建安公司实行独立核算,并由A建安公司负责缴纳税款。将该厂设备安装、调试人员划归A建安公司,将安装调试收入从产品销售的收入中分离出来,归A建安公司统一核算缴纳税款。通过上述筹划,其结果如下:

该锅炉厂产品销售收入=2 800-600=2 200(万元);

应缴增值税销项税额=2 200×17%=374(万元)

增值税进项税额=340(万元)

应纳增值税额=374-340=34(万元)

A建安公司应将锅炉设计费作为兼营行为分别核算,按3%简易征收增值税,安装调试收入按3%征收营业税,应纳增值税额和营业税额为400÷(1+3%)×3%+600×3%=29.65(万元)。此时,税收负担率为(34+29.65)÷(28 00+400)×100%=1.989%。

【结论】分立后比筹划前的税收负担率降低了2.161（即4.15%-1.989%）个百分点，应该选择分立方案。

2. 利用税收优惠分立进行增值税纳税筹划

我国增值税暂行条例中规定增值税的免税项目包括：①农业生产者销售自产的属于税法规定范围的农业产品；②避孕药品和用具；③古旧图书；④直接用于科学研究、科学试验和教学的进口仪器、设备；⑤外国政府、国际组织无偿援助的进口物资和设备；⑥对符合国家产业政策要求的国内投资项目，在投资总额内进口自用设备（特殊规定不予免税的少数商品除外）；⑦个人（不包括个体经营者）销售自己使用过的游艇、摩托车、汽车以外的货物；⑧由残疾人组织直接进口供残疾人专用的物品。也就是说，增值税纳税人除经营免税产品外，还可能经营作为免税项目的产品。如果企业将这两个项目分立开来，就可以降低总体税收，否则，免税项目和非免税产品要合起来按非免税项目的税率征税。

【例2-53】东方药业公司既生产避孕药品和用具，又生产其他需要缴纳增值税的产品。2013年10月，该企业避孕用具与药品的销售额为60万元，企业全部产品销售额为200万元，而当月全部进项税额为100×17%=17（万元），其中为生产避孕药品和用具发生的进项税额20×17%=3.40（万元），其他产品进项税额为80×17%=13.60（万元）。问如何进行纳税筹划？

【分析】企业合并经营时，应纳增值税额=140×17%-［100×（1-60÷200）］×17%=11.90（万元）

企业将避孕药品与用具单独分立出来组建一个企业后，应纳增值税=140×17%-（100-20）×17%=10.20（万元）

【结论】由分析可见，若企业将避孕药品与用具的经营分立出来，可以节约增值税11.90-10.20=1.70（万元）。

一般来讲，当免税产品的增值税进项税额占全部产品增值税进项税额的比率与免税产品销售额占全部产品销售额的比率相等时，分散经营与合并经营在税收上无差别；当免税产品的增值税进项税额占全部产品增值税进项税额的比率小于免税产品销售额占全部产品销售额的比率时，分散经营比较有利，且免税产品的增值税进项税额占全部产品增值税进项税额的比率越小，分散经营越有利。反之，合并经营比较有利。

3. 通过企业分立对增值税纳税人身份进行纳税筹划

为了便于增值税的征收管理，我国税法将增值税纳税人按其经营规模（销售收入）及会计核算体系的健全程度划分为一般纳税人和小规模纳税人。由于小规模纳税人购进货物所包含的进项税额不能抵扣，一般认为，小规模纳税人的税负较高。但有时候情况恰恰相反，对于一些产品增值率高、进项税额少的一般纳税人来说，它所承担的增值税税负有时会远远超过小规模纳税人。一般纳税人与小规模纳税人的税负差异情况可通过以下公式来进行推导（这里假设一般纳税人的税率为17%，小规模纳税人的征收率为 3%，其他档次税率的推导方法相同）：

一般纳税人产品的增值率=（不含税销售收入-不含税购进额）÷不含税销售收入

= （不含税销售收入×17%-不含税购进额×17%）÷（不含税销售收入×17%）

= （销项税额-进项税额）÷销项税额

所以：

进项税额=销项税额×（1-增值率）=不含税售收入×17%×（1-增值率）

一般纳税人应纳增值税税额=销项税额-进项税额=不含税销售收入×17%-不含税销售收入×17%×（1-增值率）=不含税销售收入×17%×增值率

小规模纳税人应纳增值税税额=不含税销售收入×3%

当两类纳税人应纳税额相等时，即：

不含税销售收入×17%×增值率=不含税销售收入×3%

由以上分析可计算出税负平衡点的增值率为 17.65%。即当所销售货物的增值率为 17.65%时，小规模纳税人与一般纳税人的税负相等。当增值率大于 17.65%时，小规模纳税人的税负较轻；反之，则反是。而且，随着产品增值率的上升，小规模纳税人的税负优势更为明显。因此，在这种情况下，企业应当选择成为小规模纳税人。

但是，我国税法又规定：对于符合一般纳税人条件但不申请办理一般纳税人认定手续的纳税人，应按销售额依照增值税一般纳税人税率计算应纳税额，且不得抵扣进项税额，也不得使用增值税专用发票。也就是说，只要具备了一般纳税人的条件，就必须办理一般纳税人的认定手续。那么，怎样做才能既不违反税法的规定，又可以享受小规模纳税人低税负的优惠呢？这时，通过企业分立来降低单个企业的经营规模无疑是一种好的筹划方法。

【例 2-54】C 公司是一家从事商品批发的企业，年预计销售额为 250 万元，进项税额为 20 万元。作为一般纳税人，C 公司应纳增值税税额=250×17%-20=22.50（万元）。如果将 C 公司分立为 5 家独立的公司，每家公司的销售额为 50 万元，这时 5 家新公司都获得了小规模纳税人身份，它们总共应该缴纳的增值税税额=50×3%×5=7.50（万元），远远小于分立前 C 公司缴纳的增值税额。

由以上分析可知，分立或分散经营筹划应注意的问题有：①对"小而全"、"大而全"的企业，可将不同生产环节、不同产品进行分散经营，独立核算或分立成若干个独立企业，使可以享受减免税和抵扣进项税额的生产环节或产品能够真正享受到优惠，以减轻企业税收负担。②对混合销售行业满足征收增值税的企业，应将其混合销售行为中征收营业税的业务单独经营，设立独立法人，分别核算，让该部分业务征收营业税，以减轻企业整体税负。③对有兼营行为的企业，其兼营项目应独立核算，使低税率项目、减免税项目、营业税项目能分别按税法规定的税负分别纳税而减轻税负。

（二）企业合并或联营的增值税纳税筹划

企业合并是指几个纳税人变为一个纳税人，如小规模纳税人联合成为一般纳税人。对小规模纳税人而言，如果增值率不高或产品销售对象主要为一般纳税人，经判断成为一般纳税人对企业税负有利，但经营规模一时难以扩大，则可联系若干个类似的小规模纳税人实施合并，使其规模扩大而成为一般纳税人。同时，增值税一般纳税人还可以通过与营业税纳税人联合经营而使其也成为营业税纳税人，从而减轻税负。

【例2-55】某装修公司为拓展业务，单独设立了装修材料销售公司，由销售公司销售装修材料给客户，再由装修公司进行装修。该公司一年装修业务收入300万元左右，销售装修材料含税收入约500万元，材料购进的含税价约300万元。请为该公司设计纳税筹划方案。

【分析】装修公司的装修业务属于建筑业，应按3%缴纳营业税；装修材料销售公司销售装修材料属于销售货物缴纳增值税，该公司已经超过小规模纳税人标准，应按增值税一般纳税人的规定缴纳增值税。而装修公司为客户提供包工包料装修业务属于混合销售业务，根据经营主业标准，装修公司的混合销售行为应当一并按建筑业3%税率征收营业税。因此，可以考虑将装修公司的销售材料公司合并到装修公司当中，同时和客户签订包工包料的装修合同。筹划前后税负分析如下：

筹划前装修公司应纳营业税额＝300×3%＝9（万元）

装修材料销售公司应纳增值税额＝500÷（1+17%）×17%－300÷（1+17%）×17%＝29.06（万元）

筹划前应纳税额合计＝9+29.06＝38.06（万元）

筹划后装修公司应纳营业税额＝（500+300）×3%＝24（万元）

筹划后节约税款＝38.06－24＝14.06（万元）

需要注意的事项：如果单独销售装修材料的增值率较低，增值税税负较轻，合并缴纳营业税的税负可能会上升。假如上升材料购进的含税价为400万元，合并前的应纳税额为：300×3%+500÷（1+17%）×17%－400÷（1+17%）×17%＝23.52（万元），合并后的应纳税额为24万元，合并后的税负上升了。

【结论】因此，采用企业合并进行纳税筹划时，必须根据企业具体情况决定是否合并。

四、出口退税的增值税纳税筹划

（一）增值税出口退税的相关法律规范

出口退税制度是我国海关税收的一个重要内容，其主要是指在出口环节中退还或免征增值税和消费税的各项有关规定。其基本内容是：对出口货物免征或退还在国内已缴纳的增值税和消费税，从而避免了国际间的双重征税，体现了公平税负，且增强了本国商品的竞争力，巩固和扩大了国际销售市场，还可扩大出口，增加外汇。因此，退税制度具有重要的经济意义。有效地快捷地进行增值税与消费税的出口退税，对每一家有出口业务的公司都具有极大的吸引力。

1. 出口退税的形式

目前，我国增值税出口货物退税主要有三种形式：一是出口免税并退税，指货物在出口销售环节不征增值税，对货物在出口前实际承担的税收负担，按规定的退税率计算后予以退税。二是出口免税不退税，指货物在出口销售环节不征增值税，而且因为这类货物在前一道生产、销售环节或进口环节是免税的，因此出口时该货物的价格中是不含税的，也无需退税。三是出口不免税也不退税。出口不免税是指国家限制或禁止出口的某些货物在出口环节视同内销，照常征税；出口不退税是指对这些货物不退还出口前实际负担的税款。适用这个政策的主要是税法列举限制或禁止出口的货物，如天然牛黄、麝香、白银等。

2. 出口退税货物的条件

（1）必须是增值税、消费税征收范围内的货物。

（2）必须是报关离境出口的货物。

（3）必须是在财务上作出口销售处理的货物。

（4）必须是已收汇并经核销的货物。

国家规定外贸企业出口的货物必须要同时具备以上4个条件。生产企业（包括有进出口经营权的生产企业、委托外贸企业代理出口的生产企业、外商投资企业，下同）申请办理出口货物退（免）税时必须增加一个条件，即申请退（免）税的货物必须是生产企业的自产货物或视同自产货物才能办理退（免）税。

3. 出口货物增值税退（免）税办法

（1）"免、抵、退"税办法。生产企业出口自产货物和视同销售货物及对外提供加工修理修配劳务以及列名的74家生产企业出口非自产货物，实行"免、抵、退"方法。其中，"免"税是指对生产企业出口的自产货物，免征本企业生产销售环节增值税；"抵"税是指对生产企业出口的自产货物所耗用的原材料、零部件、燃料、动力等所含应予退还的进项税额，抵顶内销货物的应纳税额；"退"税是指生产企业出口的自产货物在当月内应抵顶的进项税额大于应纳税额时，对未抵顶完的部分予以退税。当期应缴增值税额为负数且数额小于当期免抵退税额时，当期应退税额即为应缴增值税的相反数。零税率应税服务提供者提供零税率应税服务，也实行"免、抵、退"税办法。

（2）"免、退"税办法。不具有生产能力的出口企业（外贸企业）或其他单位出口货物劳务，免征增值税，相应的增值税进项税额予以退还。

（二）出口企业增值税出口退税的税负比较

我国出口货物退税涉及增值税与消费税两大税种。对于消费税应税货物，我国实行"征多少，退多少"的退税政策，因此，出口货物不存在消费税税负问题。但对于增值税，由于我国针对生产企业与外贸企业分别制定了"免、抵、退"税和

"免、退"税办法，并设定了退税率，由此便产生了增值税税负差异问题。

1. 生产企业增值税税负分析

假设某具有出口经营权的生产企业 A（属增值税一般纳税人），当期国内原材料采购价格为 a，增值税适用税率为 x，免税购进原材料价格为 a′；所销售产品国内价格为 b，增值税适用税率为 y；产品出口价格为 c，出口退税率为 z，且假定以上价格均为不含税价格。我国生产企业按照"免、抵、退"办法计算出口货物应退增值税税额。显然，该企业当期应纳增值税额=by-[ax-(c-a′)(y-z)]，免抵退税额=(c-a′)z。为讨论方便，令 c-a′=c′，则根据"免、抵、退"计算办法：

(1) 当 by-[ax-c′(y-z)]≥0 时，当期应纳增值税额=by-[ax-c′(y-z)]，增值税退税额=0，当期增值税税负值=ax-by+{by-[ax-c′(y-z)]}=c′(y-z)；增值税税负率=增值税税负值÷出口价格=c′(y-z)÷c；

(2) 当 by-[ax-c′(y-z)]<0 时，by-[ax-c′(y-z)] 为当期增值税期末留抵税额。若 |by-[ax-c′(y-z)]|≥c′z，则当期应退税额=c′z，期末留抵税额=by-[ax-c′(y-z)]+c′z，当期增值税税负值=ax-by-c′z+|by-[ax-c′(y-z)]|+c′z|=c′(y-z)；若 |by-[ax-c′(y-z)]|<c′z，则当期应退税额=|by-[ax-c′(y-z)]|，当期增值税税负值=ax-by+by-[ax-c′(y-z)]=c′(y-z)，增值税税负率=c′(y-z)÷c。

从推导结果来看，生产企业增值税税负与出口价格 c、免税原材料价格 a′、增值税税率 y、退税率 z 四个因素有关。当出口产品存在免税原材料购进时，随着免税原材料比重的提高，增值税税负水平将降低；而当不存在免税原材料时，增值税税负只与征收率和退税率相关，且两者差值越小，增值税税负越低，当两者相等时，增值税税负为零。

2. 外贸企业增值税税负分析

我国外贸企业增值税出口退税实行"免、退"办法，退税额通常按照产品采购增值税发票的不含税价格与退税率进行计算，即通常所说的"先征后退"。承上例，假设生产企业 A 以不含税价格 d 将产品出售给外贸企业 B，外贸企业按价格 c 将该产品出口销售，其他条件不变。那么，按照"先征后退"退税办法，该外贸企业增值税出口退税额=dz，增值税税负值=dy-dz=d(y-z)，增值税税负率=d(y-z)÷c。

由此可见，由于我国生产企业与外贸企业的出口退税政策不同，导致其承担的增值税税负水平存在差异，见下表 2-17：

表 2-17　　　　出口退税政策下两类企业增值税税负差异

企业类型	绝对税负	相对税负(税负率)	税负差异	税负率差异
生产企业	(c-a′)(y-z)	(1-a′÷c)(y-z)	(c-a′-d)(y-z)	(1-a′÷c-d÷c)(y-z)
外贸企业	d(y-z)	d(y-z)÷c		

第二章　增值税纳税筹划

从税负差来看，生产企业与外贸企业的税负水平由两个因素决定：一是增值税适用税率与退税率之差，两者差值越大，两类企业增值税税负差异越大；二是调整后出口价格（c-a'）与收购价格（d）之差，在出口价格一定的情况下，两者差值越大，税负差额越大。

（三）增值税出口退税纳税筹划思路

根据通知要求，当出口货物"退税率低于适用税率时，计算出的差额部分税款将计入出口货物（或劳务）成本"。为抵减增值税税负所带来的成本增加，出口企业可从以下几个角度考虑开展纳税筹划：

（1）原材料来源。从生产企业税负率表达式来看，在出口价格一定的情况下，提高免税购进原材料比重或采取来料加工方式组织生产，可降低增值税税负率水平。而当不存在免税购进的原材料时，企业的增值税税负率等于征退税率差，要高于免税购进原材料时的税负水平。因此，在条件允许的情况下，采用免税购进原材料或来料加工方式，企业可获得增值税款节约的收益。

（2）产品出口方式。从表2-17中可以看出，在出口价格不变的情况下，生产企业与外贸企业的增值税税负高低取决于调整后出口价格与收购价格的比较。例如，当调整后出口价格高于收购价格时，生产企业的增值税税负要高于外贸企业，生产企业可考虑改变出口方式，通过设立外贸子公司，变增值税"免抵退税"为"先征后退"。这样，只要税负降低额大于外贸公司运营成本（设为f），那么通过改变出口方式，生产企业同样可获得纳税筹划收益。

另外，从"税负率差"表达式可以看出，生产企业设立外贸子公司后，还可通过调整收购价格来进一步降低增值税税负率。从理论上讲，当生产企业按账面成本价格向外贸子公司转移产品时，可获得最大增值税税负抵减额。但是，我国税法对关联企业之间的产品转移定价有明确规定：关联企业应参照独立企业正常业务进行市场定价，否则税务机关有权进行调整。因此，当不存在同类产品市场时，出口企业可通过降低内部交易价格来降低增值税税负成本。反之，则应按照市场价格制订产品转移价格。

（3）目标市场选择。通常情况下，由于出口环节增值税税负抵减了部分出口收益，在不考虑其他因素的情况下，为维持出口利益，国内产品价格要低于出口价格。假设国内产品价格为p，以生产企业为例，选择国外市场的隐含条件为：$p \leqslant c-(c-a')(y-z)$。

因此，对生产企业而言，当国内市场产品价格上涨到[c-(c-a')(y-z)]以上时，国内销售可获得比出口更大的收益，企业应选择国内市场；而当国内市场产品价格低于该价格时，国际市场显然比国内市场更为有利。而对于外贸企业而言，市场选择的临界价格应满足：$p=c-p(y-z)$，即：$p=c \div (1+y-z)$。

（四）出口退税纳税筹划案例分析

【例2-56】A公司是一家具有出口经营权的木制品加工企业，主产品为红木门。

据测算，该公司国内采购红木板材约为1 000万元/月，月均加工完成并出口红木门1万套，单套价格3 000元，合计3 000万元。已知红木板材、红木门增值税税率为17%，出口退税率为9%，单套木门生产成本为1 500元，国内同类型红木门销售价格为1 800元/套，以上均为不含税价格。若通过设立外贸公司进行出口，预计每月将产生额外运营成本40万元。已知外贸公司的红木门收购价格与国内销售价格相同，分析该公司应如何制订纳税筹划方案。

【分析】本例中，由于不存在免税原材料购进，因此a'等于零，根据生产企业增值税税负表达式可知：纳税筹划前，A企业增值税税负成本＝当期不得免征和抵扣税额＝3 000×（17%-9%）＝240（万元），该税额计入出口货物成本。所以，该企业月经营利润＝3 000-1 500×1-240＝1 260（万元）。

（1）纳税筹划临界点。求解出口方式临界价格：在不存在免税购进原材料的情况下，外贸企业与生产企业的增值税税负差异为[（c-d）（y-z）]。因此，当该税负差异大于设立外贸公司的运营成本（f）时，以外贸公司形式开展出口对企业有利；反之，则应维持现有出口方式。即（c-d）（y-z）＝f，求得：d＝2 500（元）。因此，在本例中，当收购价格的变动区间为（1 500, 2 500]时，通过外贸公司出口比自营出口有利；而当价格超过2 500元时，外贸出口的抵税效应消失，企业自营出口更为有利。

求解目标市场临界价格：根据国外市场销售的隐含条件[p≤c-（c-a'）（y-z）]可知，出口产品国内价格应小于出口产品调整后价格，即p≤c-（c-a'）（y-z）＝3 000-3 000×（17%-9%）＝2 760（元）。在这里，2 760元为国内市场与国外市场的盈亏平衡价格。本例中，若国内木门需求量加大，国内价格由1 800元上涨至2 800元，企业应选择国内市场。

（2）纳税筹划方案设计。根据前述分析，在出口价格不变的条件下，当国内木门价格小于2 500元时，A公司通过外贸公司出口更为有利，特别是当国内不存在同类产品市场时，企业可按成本价制订收购价格，以获得最大化税收利益；当国内木门价格上涨至2 760元以上时，A公司应放弃出口，选择国内销售；而当木门价格位于2 500～2 760元之间时，公司自营出口更为有利。

在本例中，由于国内产品售价处于区间（1 500, 2 500]内，因此，A公司可通过设立外贸公司来实施纳税筹划。设立外贸公司后，A公司实际税负将降低3.2%[（1-a'÷c-d÷c）（y-z）＝（1-1 800÷3 000）×（17%-9%）]，税负降低额＝（c-d）（y-z）＝96（万元）。因此，通过设立外贸公司进行出口，A公司每月可获得56万元（即96-40）的节税收益。

值得注意的是，本例中若A公司采取完全免税原材料加工方式，则增值税税负降低额＝[（c-a'-d）（y-z）]＝16（万元）<40万元，说明在这种情况下，企业自营出口更为有利。

【结论】因此，在不考虑免税购进原材料的情况下，征退税率差、收购价格的高低，是生产企业与外贸企业增值税税负差异产生的主要原因。为此，企业可通过出口方式与目标市场的选择，来谋求对自身最有利的纳税方案。当存在免税原材料购进时，提高免税原材料比重或采取进料加工方式，可降低企业增值税税负。

【例2-57】某电子有限公司是1997年成立的具有进出口经营权的生产型中外合资企业，主要生产甲产品及经销乙产品。国外每月对乙产品的需求量是100万件，该公司未自行生产，而是从A厂购进后销售给B外贸公司出口至国外客户。乙产品的制造成本为90万元，其中材料成本是80万元（不含税价，且能全部取得17%的增值税专用发票）。A工厂以100万元的不含税价格销售给该公司，其当月利润是10万元，进项税额13.60万元（即80×17%），销项税额17万元（即100×17%），应缴增值税3.40万元（即17-13.60）。该公司以100万元的不含税价格购进，以110万元的不含税价格售出，当月进项税额为17万元（即100×17%），当月销项税额18.70万元（即110×17%），应缴增值税1.70万元，利润10万元。B外贸公司以110万元不含税价（含税价128.70万元）购进，因该公司销售非自产货物而无法开具税收缴款书，因此B外贸公司无法办理出口退税。购进成本应是含税价128.70万元，出口售价130万元，利润1.30万元，不缴税，不退税。乙产品征税率和退税率均为17%。该公司在进行纳税筹划时，可在以下三个方案中选择一个税收负担最轻的方案：

方案一：改变该公司中间经销商的地位，而是由该公司为B外贸公司向A加工厂代购乙产品，按照规范的代购程序由A加工厂直接卖给B外贸公司，该公司为B外贸公司代购货物应向其索取代理费。按该方案运作后，由于A加工厂属生产型企业，其销售给B外贸公司的自产货物，可开具税收缴款书，B外贸公司凭该税收缴款书可办理出口退税。

方案二：变该公司为A加工厂的供货商，由该公司购入乙产品的原材料加上自己应得的利润后将原材料销售给A加工厂，再由A加工厂生产出成品后售给B外贸公司，同时提供税收缴款书，由B外贸公司办理出口退税。

方案三：该公司以A加工厂应得利润10万元/月的额度整体租赁A加工厂生产乙产品的设备（含人工费等），自购材料加工成成品后直接出口，使乙产品变成自产自销。

【分析】

方案一：改变该公司中间经销商的地位，而是由该公司为B外贸公司向A加工厂代购乙产品，按照规范的代购程序由A加工厂直接卖给B外贸公司，该公司为B外贸公司代购货物应向其索取代理费。按该方案运作后，由于A加工厂属生产型企业，其销售给B外贸公司的自产货物，可开具税收缴款书，B外贸公司凭该税收缴款书可办理出口退税。

具体操作为：①A加工厂用80万元购料加工后，以100万元（不含税价格）开具增值税专用发票销售给B外贸公司，同时提供给B外贸公司税收缴款书，A加工厂进项税额13.60万元,销项税额17万元,应缴增值税3.40万元。

②该公司向B外贸公司收取28.70万元代购货物的代理费,应缴纳1.435万元(即28.70×5%)的营业税,利润为27.265万元。

③B外贸公司以100万元(不含税价格)购入货物,同时支付该公司28.70万元代理费,出口售价130万元,利润1.30万元,同时购货时应支付17万元的进项税,货物出口后能取得17万元的出口退税,因此增值税税负为0。按此方案,A加工厂和B外贸公司的利润及税负未变,而该公司利润增至27.265万元,少缴1.70万元的增值税。

方案二：变该公司为A加工厂的供货商,由该公司购入乙产品的原材料加上自己应得的利润后将原材料销售给A加工厂,再由A加工厂生产出成品后售给B外贸公司,同时提供税收缴款书,由B外贸公司办理出口退税。

具体操作为：①该公司以80万元的不含税价格购入材料,取得增值税专用发票,以108.70万元(含税价127.179万元)销售给A加工厂,当月进项税额13.60万元,销项税额18.479万元,应缴增值税4.879万元,利润28.70万元。

②A加工厂以108.70万元(含税价127.179万元)购进,以128.70万元(含税价150.579万元)销售给B外贸公司,利润10万元,进项税额18.479万元。销项税额21.879万元,应缴增值税3.40万元,税负及利润额未改变。

③B外贸公司以128.70万元(含税价150.579万元)购进,出口售价130万元,利润1.30万元未变,购货时支付的进项税额21.879万元在货物出口后可全额退税。因此,增值税税负为0,未发生变化。按此方案,A加工厂和B外贸公司的利润及税负未变,该公司利润增至28.70万元,增值税税负增加3.179万元。

方案三：该公司以A加工厂应得利润10万元/月的额度整体租赁A加工厂生产乙产品的设备(含人工费等),自购材料加工成成品后直接出口,使乙产品变成自产自销。按此种方式,该公司出口应享受生产企业的"免、抵、退"政策。由于购进80万元的材料相应取得13.60万元进项税,该产品以130万元报关出口后可退增值税13.60万元,因此增值税税负是0,其成本是90万元(制造成本)+10万元(租赁费),销售价130万元,利润30万元。

【结论】以上三个方案中,由于经营方式的改变,解决了一个根本问题,就是整个环节可以办理出口退税了,其中方案三最优。

复习思考题

1. 在选择不同纳税人身份时,应主要考虑哪些因素进行纳税筹划？如何运用增值率判定纳税人应采取何种身份才能取得节税效果？

2. 进行进项税额的筹划时,应主要考虑哪些因素？主要从哪些方面进行纳税筹划？

3. 进行销项税额的筹划时，应主要考虑哪些因素？主要从哪些方面进行纳税筹划？

4. 企业应如何通过分立和合并进行混合销售行为的纳税筹划？

5. 企业应如何通过合理设立分支机构进行纳税筹划？

案例分析题

1. 某投资者依据现有的资源欲投资于商品零售，若新设成立一家商业企业，预测每年可实现的商品销售价款为300万元，商品购进价款为210万元，符合认定为增值税一般纳税人的条件，适用的增值税税率为17%。若分别新设成立甲、乙两家商业企业，预测甲企业每年度可实现的商品销售价款为160万元，商品购进价款为112万元；乙企业每年度可实现的商品销售价款为140万元，商品购进价款为98万元。这时，甲、乙企业只能认定为小规模纳税人，缴纳率为4%。

分析要求：分别采用增值率筹划法、抵扣率筹划法和成本利润率筹划法为该投资者进行纳税人类别的选择筹划。

2. 某生产企业为增值税一般纳税人，适用增值税税率17%，主要耗用甲材料加工产品，现有A、B、C三个企业提供甲材料，其中A为生产甲材料的一般纳税人，能够出具增值税专用发票，适用税率17%；B为生产甲材料的小规模纳税人，能够委托主管税务局代开增值税缴纳率为6%的专用发票；C为个体工商户，只能出具普通发票。A、B、C三个企业所提供的材料质量相同，但是含税价格不同，分别为133元、103元、100元。

分析要求：该企业应当与A、B、C三家企业中的哪一家企业签订购销合同？

3. 某装饰材料企业为增值税小规模纳税人，主要从事装饰材料的销售业务，同时又承揽一些装饰装修业务。某月该企业对外销售装饰装修材料，获得含税销售收入14万元，增值税税率为3%；另外又承接装饰装修业务，获得劳务收入5万元，营业税税率为3%。

分析要求：该企业应当分别核算还是混合核算？

4. 服装生产企业A委托棉线生产企业B加工棉线4吨，双方商定，如果采用经销加工生产，每吨棉线12 000元，供应棉纱5吨，每吨作价8 000元，不能提供增值税专用发票；如果采用加工生产方式，每吨棉线支付加工费1 800元，供应的棉纱不作价，B企业电费等可抵扣的增值税税额为500元。

分析要求：A、B企业应当如何选择加工方式？

第三章　消费税纳税筹划

学习目标

消费税作为我国流转税系中的一个主体税种，在我国税制中占有十分重要的地位。消费税是在1994年税制改革中新设立的一个税种，是以应税消费品作为课税对象进行价内征收的一种流转税。本章学习目标主要包括：

（1）明确增值税与消费税之间的关系；
（2）掌握我国消费税法的主要内容及改革动向；
（3）熟练掌握消费税的计算方法；
（4）熟练掌握消费税纳税筹划的方法及其应用。

重点和难点

消费税纳税筹划方法及其案例分析。

本章内容

本章主要介绍消费税法的基本构成要素、消费税的计算方法、消费税纳税筹划方法及案例分析。

第一节 消费税概述

一、消费税的性质及特点

（一）我国消费税制历次改革及新动向

消费税是以某些特定的消费品或者消费行为为征税对象的一种间接税。我国现行消费税是在中华人民共和国成立初期开征的货物税和特种消费税的基础上逐步发展而形成的。1950年1月，我国曾在全国范围内对电影戏剧及娱乐、舞厅、筵席、冷饮、旅馆等消费行为征收特种消费税。1953年修订税制时将其取消。1989年，针对当时流通领域出现的彩色电视机、小轿车等商品供不应求的矛盾，在全国范围内对彩色电视机、小轿车开征特别消费税，1992年取消了对彩色电视机征收的特别消费税。1994年税制改革时，总结以往经验并参照国际做法，根据我国社会和经济发展的需要，国务院颁布实施了《中华人民共和国消费税暂行条例》，意味着我国消费税制的初步确立。2006年4月，我国对消费税税目、税率及其相关政策进行了调整。2009年1月1日施行修订后的《中华人民共和国消费税暂行条例》及其实施细则。2014年6月国家出台《深化财税体制改革总体方案》，将消费税纳入即将进行的重点改革税种之一，改革将继续发挥消费税在限制奢侈消费、调节产品结构、保障财政收入、保护环境、节约资源等方面的作用。近期改革将涉及以下方面：第一，调整消费税征收范围，把高耗能、高污染产品及部分高档消费品和服务纳入征收范围，把日常必需消费品剔除出现有消费税征收范围；第二，调整消费税税率，对于高耗能、高污染产品及部分高档消费品和服务提高税率，对于有利于节能减排的消费品降低税率；第三，调整征税环节，由目前主要在生产（进口）环节征收改为主要在零售或批发环节征收，由价内税改为价外税；第四，调整税收归属，目前消费税属于中央税，营业税改征增值税使地方财政收入受到影响后，消费税税收归属将调整为共享税或者按照属地划为地方税。

（二）消费税的性质

在我国现行税制体系中，消费税征税范围与增值税保持着交叉重叠征收的关系。一般来说，消费税的征税对象是《中华人民共和国消费税暂行条例》所列举的与居民消费相关的最终消费品和消费行为。消费税具有下列性质：

1. 属于流转税

这主要是由消费税征税对象的特点决定的。

2. 属于价内税

价内税是指包含在商品价值或价格之内的税金，同时在计算税款时也要将价内税计入计税依据中。选择含税价格作为计税依据，一般是在实行计划价格的国家里，价格由国家制订，并且基本稳定；而实行自由价格的国家一般选择不含税价格作为计税依据。我国 1994 年税制改革建立的流转税模式主要实行价内税，如消费税和营业税属于价内税，增值税属于价外税。对消费税涉税业务进行处理时，需要以含消费税、不含增值税的价格作为计税依据，并以此金额确认收入，应缴纳消费税形成纳税义务的同时也形成一项支出，按配比原则需要计入销售税金中，作为收入的抵减项目计入利润表中，直接影响纳税人最终的利润。在实行自由价格的条件下，价格变化灵活，如果税收在一定时期内保持稳定，价内税会使价格和税收产生相互牵制的作用，会产生税收"挤利"或者"让利"的情况。所以，我国未来的流转税改革将从价内税模式向价外税模式转变。

3. 属于间接税，具有税负的转嫁性

税负转嫁是指商品交换过程中，纳税人通过提高销售价格或压低购进价格的方法，将税负转嫁给购买者或供应者的一种经济现象。凡是流转税都具有税负转嫁的性质，税负转嫁的结果必导致纳税人与负税人不一致。消费税的最终负税人是最终消费者。

（三）消费税的特点

与其他流转税相比，消费税具有下列特点：

1. 征税项目具有选择性（狭窄型消费税）

从 2006 年 4 月 1 日起，纳入我国消费税征税范围的消费品有 14 类，形成 14 个消费税税目，征税范围有限。只有在我国消费税税目税率表中列举的应税消费品才征收消费税，没有列举的消费品则不征收消费税。

2. 征税环节具有单一性（一次性征收）

消费税征税环节采用一次课征制，即从消费品的生产到消费的整个过程中，只在消费税法规定的某一个环节征收消费税，在这个环节征收消费税后，其他环节则不再征消费税。目前我国消费税法规定，除金银首饰、卷烟外，其余应税消费品的征税环节为生产环节或委托加工环节或进口环节。金银首饰在零售环节征税；卷烟在生产环节或委托加工环节或进口环节征税后，自 2009 年 5 月 1 日起，在卷烟批发环节加征一道从价税。

3. 征税方法具有多样性（税率形式的多样性）

为了适应不同应税消费品的情况，充分发挥消费税的调节作用，消费税采用了灵活的征收方法，分为从价定率、从量定额、复合计征三种方法。

4. 税收调节具有特殊性

消费税属于国家运用税收杠杆对某些消费品或者消费行为进行特殊调节的税种。其特殊调节作用表现在两个方面：一是与相关税种增值税配合实行加重或者双重征收，即在对应税消费品征收增值税的同时，再征收一道消费税，形成对应税消费品双层次调节的税收调节体系；二是不同的征税项目税负差异较大，对需要限制或控制消费的消费品规定较高的税率，体现特殊的调节目的。

二、我国消费税制的基本要素

（一）消费税纳税人

在中华人民共和国境内生产、委托加工和进口《消费税暂行条例》规定的消费品的单位和个人，以及国务院确定的销售《消费税暂行条例》规定的消费品的其他单位和个人，为消费税的纳税人。按照上述规定，要成为消费税纳税人必须同时满足下列两个条件：一是经营对象为应税消费品；二是处于消费税的征税环节，即生产、委托加工、进口环节，金银首饰及钻石饰品零售环节，卷烟生产、批发环节。消费税纳税人具体包括：

（1）生产销售（包括自用）应税消费品的单位或个人。

（2）委托加工应税消费品的纳税人。受托方为单位时，由受托方在向委托方交货时代收代缴税款；受托方为个人时，由委托方收回后直接缴纳消费税。

（3）进口应税消费品的，以进口单位或者个人为纳税人，由海关代征。

（4）金银首饰、钻石及钻石饰品消费税的纳税人。金银首饰、钻石及钻石饰品消费税的纳税人为在我国境内从事商业零售金银首饰、钻石及钻石饰品的单位或个人。消费者个人携带、邮寄进境的金银首饰，以消费者个人为纳税人；经营单位进口的金银首饰，在进口时不缴纳消费税，待其在国内零售时再纳税。

（5）在中华人民共和国境内从事卷烟批发业务的单位或个人。根据财税〔2009〕84号文的规定，自2009年5月1日起，在卷烟批发环节加征一道从价税，征收范围包括纳税人批发销售的所有牌号规格的卷烟。纳税人销售给纳税人以外的单位和个人的卷烟于销售时纳税。纳税人之间销售的卷烟不缴纳消费税。卷烟消费税在生产和批发两个环节征收后，批发企业在计算纳税时不得扣除已含的生产环节的消费税税款。纳税人应将卷烟销售额与其他商品销售额分开核算，未分开核算的，一并征收消费税。

（二）消费税征税范围

消费税征税范围主要是根据我国现有消费水平、消费政策和财政需要，并借鉴国外的经验和做法确定的。我国现行消费税政策主要选择了以下五类产品：特殊消费品、奢侈消费品、高能耗及高档消费品、对环境有污染的消费品以及纯财政型消费品，采取正列举的办法征收。

（三）消费税税目、税率

1. 消费税税目

经过1994年的税制改革和2006年的调整，我国现行消费税征税范围具体表现为14个税目：烟（甲类卷烟、乙类卷烟、雪茄烟、烟丝）、酒及酒精（粮食白酒、薯类白酒、黄酒、啤酒、其他酒、酒精）、化妆品、贵重首饰及珠宝玉石、鞭炮和焰火、成品油、汽车轮胎、摩托车、小汽车（乘用车、中轻型商用客车）、高尔夫球及球具、高档手表、游艇、木制一次性筷子、实木地板。

2. 消费税税率

为适应不同应税消费品的实际情况，我国消费税的税率有三种形式：比例税率、定额税率、复合税率。消费税税目税率如下表 3-1 所示。

表 3-1　　　　　　　　　2013 年最新消费税税目税率表

税目	税率
一、烟 1. 卷烟 　（1）甲类卷烟[1] 　（2）乙类卷烟 　（3）批发环节 2. 雪茄烟 3. 烟丝	 56%加 0.003 元/支（生产环节） 36%加 0.003 元/支（生产环节） 5% 36% 30%
二、酒及酒精 1. 白酒 2. 黄酒 3. 啤酒 　（1）甲类啤酒[2] 　（2）乙类啤酒 4. 其他酒 5. 酒精	 20%加 0.5 元/500 克（500 毫升） 240 元/吨 250 元/吨 220 元/吨 10% 5%
三、化妆品	30%
四、贵重首饰及珠宝玉石 1. 金银首饰、铂金首饰和钻石及钻石饰品 2. 其他贵重首饰和珠宝玉石	 5% 10%
五、鞭炮、焰火	15%
六、成品油 1. 汽油 　（1）含铅汽油 　（2）无铅汽油 2. 柴油 3. 航空煤油 4. 石脑油 5. 溶剂油 6. 润滑油 7. 燃料油	 1.40 元/升 1.00 元/升 0.80 元/升 0.80 元/升 1.00 元/升 1.00 元/升 1.00 元/升 0.80 元/升
七、汽车轮胎	3%
八、摩托车 1. 气缸容量（排气量，下同）在 250 毫升（含 250 毫升）以下的 2. 气缸容量在 250 毫升以上的	 3% 10%

表3-1(续)

税目	税率
九、小汽车 　1. 乘用车 　　（1）气缸容量（排气量，下同）在1.0升（含1.0升）以下的 　　（2）气缸容量在1.0升以上至1.5升（含1.5升）的 　　（3）气缸容量在1.5升以上至2.0升（含2.0升）的 　　（4）气缸容量在2.0升以上至2.5升（含2.5升）的 　　（5）气缸容量在2.5升以上至3.0升（含3.0升）的 　　（6）气缸容量在3.0升以上至4.0升（含4.0升）的 　　（7）气缸容量在4.0升以上的 　2. 中轻型商用客车	 1% 3% 5% 9% 12% 25% 40% 5%
十、高尔夫球及球具	10%
十一、高档手表［每只1万元（含）以上（不含增值税）］	20%
十二、游艇	10%
十三、木制一次性筷子	5%
十四、实木地板	5%

注：[1] 每标准条（200支）卷烟调拨价格（不含增值税）≥70元，为甲类卷烟；每标准条（200支）卷烟调拨价格（不含增值税）<70元，为乙类卷烟。

[2] 每吨啤酒出厂价格（含包装物及包装物押金）≥3 000元（不含增值税），为甲类啤酒；每吨啤酒出厂价格（含包装物及包装物押金）<3 000元（不含增值税），为乙类啤酒。

纳税人兼营不同税率的应当缴纳消费税的消费品（以下简称应税消费品），应当分别核算不同税率应税消费品的销售额、销售数量；未分别核算销售额、销售数量，或者将不同税率的应税消费品组成成套消费品销售的，从高适用税率。

三、消费税的计算

（一）从价定率计税方法

从价定率计税方法适用于比例税率的应税消费品，计税依据是应税消费品的应税销售额。其计算公式为：

应纳税额＝应税销售额×税率

1. 应税销售额的组成

在增值税与消费税双重征收的情况下，为了简化计税方法，消费税的应税销售额与增值税的应税销售额基本一致，即应税销售额为纳税人销售应税消费品时向对方收取的全部价款和价外费用，但不包括增值税款。

（1）含增值税销售额的换算。如果纳税人应税消费品的销售额中未扣除增值税税款或者因不得开具增值税专用发票而发生价款和增值税税款合并收取的，在计算消费税时，应当换算为不含增值税税款的销售额。其换算公式为：

应税消费品的销售额=含增值税的销售额÷（1+增值税税率或者征收率）

（2）价外费用的组成。价外费用，是指价外向购买方收取的手续费、补贴、基金、集资费、返还利润、奖励费、违约金、滞纳金、延期付款利息、赔偿金、代收款项、代垫款项、包装费、包装物租金、储备费、优质费、运输装卸费以及其他各种性质的价外收费。但下列项目不包括在内：①同时符合以下条件的代垫运输费用：承运部门的运输费用发票开具给购买方的；纳税人将该项发票转交给购买方的。②同时符合以下条件代为收取的政府性基金或者行政事业性收费：由国务院或者财政部批准设立的政府性基金，由国务院或者省级人民政府及其财政、价格主管部门批准设立的行政事业性收费；收取时开具省级以上财政部门印制的财政票据的；所收款项全额上缴财政的。

2. 几种特殊情况销售额的确定

（1）纳税人通过自设非独立核算门市部销售的资产应税消费品，应当视同独立核算门市部对外销售额或销售数量征收消费税。

（2）纳税人自产的应税消费品用于换取生产资料和消费资料、投资入股和抵偿债务等方面，应以纳税人同类应税消费品的最高销售价格作为计税依据。

【例3-1】某汽车制造厂（一般纳税人）以自产小汽车（1 500毫升汽缸容量）10辆换取某钢厂生产的钢材，双方按小汽车平均售价90 000元/辆（含增值税）成交。该厂生产的同一型号小汽车售价分别为95 000元/辆、90 000元/辆、85 000元/辆。计算用于换取钢材的小汽车应纳消费税额（以上价格为含增值税价）和销项税。

解：应纳消费税额=10×95 000÷（1+17%）×3%=24 358.97（元）

销项税额=10×90 000÷（1+17%）×17%=130 769.23（元）

（3）随同应税消费品流转的包装物价款及押金的计税规定：消费品连同包装物销售取得的包装物售价收入及租金收入，无论包装物是否单独计价以及在会计上如何核算，均应并入应税消费品的销售额中缴纳消费税。如果包装物不作价随同产品销售，而是收取押金，此项押金则不应并入应税消费品的销售额中征税。但对因逾期未收回的包装物不再退还的或者已收取的时间超过12个月的押金，应并入应税消费品的销售额，按照应税消费品的适用税率缴纳消费税。

特殊规定：对酒类产品生产企业销售酒类产品（黄酒、啤酒除外）而收取的包装物押金，无论押金是否返还及会计上如何核算，均应并入酒类产品销售额征收消费税。另外，啤酒的包装物押金不包括供重复使用的塑料周转箱的押金。

【例3-2】三保实业有限公司销售自产化妆品一批，不含增值税价款82 000元。随同化妆品出售包装物单独作价，共计6 000元（含增值税），货款已收，产品发出。计算该企业应纳消费税额。

解：应纳消费税额=[82 000+6 000÷（1+17%）]×30%=26 138.46（元）

【例3-3】深圳市丰源酒厂2013年1月销售粮食白酒10箱，每箱60千克，不含增值税价为每箱 500 元，同时收取包装物押金 585 元。计算该酒厂应纳消费税额。

解：应纳消费税额 = 120×10×0.5+[10×500+585÷(1+17%)]×20% = 1 700(元)

（4）纳税人自产自用的应税消费品的计税规定：

纳税人自产自用的应税消费品用于连续生产应税消费品的，不纳税；用于其他方面的，于移送使用时纳税。用于连续生产应税消费品，是指纳税人将自产自用的应税消费品作为直接材料生产最终应税消费品，自产自用应税消费品构成最终应税消费品的实体。用于其他方面，是指纳税人将自产自用应税消费品用于生产非应税消费品、在建工程、管理部门、非生产机构、提供劳务、馈赠、赞助、集资、广告、样品、职工福利、奖励等方面。

纳税人自产自用的应税消费品，按照下列顺序依次选择计税价格：

①按照纳税人生产的同类消费品的销售价格（或加权平均价格）计算纳税；

②没有同类消费品销售价格的，按照组成计税价格计算纳税。

实行从价定率办法计算纳税的组成计税价格计算公式：

组成计税价格 =（成本+利润）÷（1-比例税率）

实行复合计税办法计算纳税的组成计税价格计算公式：

组成计税价格 =（成本+利润+自产自用数量×定额税率）÷（1-比例税率）

【例3-4】某摩托车生产企业为增值税一般纳税人，2013 年 3 月份向 A 企业销售一批摩托车（排量 300 毫升）100 辆，单价 4 200 元（不含税）；向 B 企业销售一批同类摩托车 200 辆，单价 4 000 元（不含税）；用 5 辆同类摩托车对外赠送 C 企业。计算摩托车生产企业 3 月份应纳消费税额。

解：摩托车对外赠送属于自产自用应税消费品行为，应征消费税，按照纳税人生产的同类消费品的销售价格计算纳税。

应纳消费税额 = 100×4 200×10%+200×4 000×10%+（100×4 200+200×4 000）÷（100+200）×5×10% = 124 033.34（元）

（5）卷烟批发环节应纳消费税计税规定

卷烟在生产环节或委托加工环节或进口环节征税后，自 2009 年 5 月 1 日起，在卷烟批发环节按 5%加征一道从价税。其计算公式为：

应纳税额 = 销售额（不含增值税）×5%

纳税人应将卷烟销售额与其他商品销售额分开核算，未分开核算的，一并征收消费税。

纳税人销售给纳税人以外的单位和个人的卷烟于销售时纳税。纳税人之间销售的卷烟不缴纳消费税。批发企业在计算纳税时不得扣除已含的生产环节的消费税税款。

【例3-5】某烟酒批发公司，2013 年 1 月批发 A 牌卷烟 5 000 条，开具的增值税专用发票上注明销售额 250 万元；批发 B 牌卷烟 2 000 条，开具的普通发票上注明销售额 88.92 万元；同时零售 B 牌卷烟 300 条，开具普通发票，取得含税收入

20.358万元。计算该烟酒批发公司当月应缴纳消费税。

解：应纳消费税额＝［250+88.92÷（1+17%）+20.358÷（1+17%）］×5%＝17.17（万元）

（二）从量定额计税方法

从量定额计税方法适用于定额税率的应税消费品，即啤酒、黄酒、成品油；计税依据是应税消费品的应税销售数量。其计算公式为：

应纳税额＝应税数量×税率

1. 应税数量的确定方法

（1）销售应税消费品的，为应税消费品的销售数量；

（2）自产自用应税消费品的，为应税消费品的移送使用数量；

（3）委托加工应税消费品的，为纳税人收回的应税消费品数量；

（4）进口的应税消费品，为海关核定的应税消费品进口征税数量。

2. 不同计量单位的换算标准

《消费税暂行条例》规定，黄酒、啤酒以吨为计税单位，成品油以升为计税单位。但是在实际销售过程中，纳税人会混用吨、升两个计量单位。为了规范不同产品的计量单位，准确计算应纳税额，吨与升两个计量单位的换算标准如下表3-2所示。

表3-2

货物名称	换算关系	货物名称	换算关系
啤酒	1吨=988升	汽油	1吨=1 388升
黄酒	1吨=962升	柴油	1吨=1 176升
石脑油	1吨=1 385升	溶剂油	1吨=1 282升
润滑油	1吨=1 126升	燃料油	1吨=1 015升
航空煤油	1吨=1 246升		

【例3-6】某啤酒厂（一般纳税人）销售啤酒20吨给某副食品公司，开具增值税专用发票，注明价款58 000元，收取包装物押金3 000元。计算该啤酒厂应纳消费税额。

解：计算每吨啤酒价格选择税率，价格含包装物押金单不含增值税，

啤酒单价＝［58 000+3 000÷（1+17%）］÷20＝3 028.21（元/吨），适用税率每吨250元，应纳税额＝20×250＝5 000（元）

【例3-7】某石油化工厂2013年10月份，生产销售无铅汽油1 000吨，单价9 994元/吨（含增值税）；销售柴油500吨，单价8 150元/吨（含增值税）；本厂用30吨柴油换大米用于职工福利。计算本月该厂应纳消费税税额。

解：应纳消费税税额＝1 000×1 388×1+（500+30）×1 176×0.8＝1 886 624（元）

(三) 采用从量定额和从价定率复合征收计税方法

复合征收计税方法适用于卷烟（批发环节除外）、粮食白酒和薯类白酒三种应税消费品。其计算公式为：

应纳消费税＝销售数量×定额税率＋销售额×比例税率

1. 卷烟（批发环节除外）应纳消费税的计算

应纳税额＝应税数量（标准箱）×150＋销售额×比例税率（56%或36%）

注意：

（1）计税的实物量单位为标准箱，其换算公式：

1 标准箱＝250 标准条＝50 000 支

（2）比例税率的选择

【例3-8】某卷烟厂2013年6月销售卷烟500箱，取得不含税销售额2 625 000元，计算当月应纳消费税额。

解：计算每条卷烟单价选择税率。卷烟单价＝2 625 000÷（500×250）＝21元/条，税率选择36%。

应纳消费税额＝500×150＋2 625 000×36%＝1 020 000（元）

2. 白酒应纳消费税的计算

应纳税额＝应税数量（500克）×0.5＋销售额×比例税率（20%）

白酒计税销售额的核定：《关于加强白酒消费税征收管理的通知》（国税函〔2009〕380号）规定，从2009年8月1日起，生产企业销售给销售单位的白酒，生产企业消费税计税价格低于销售单位对外销售价格70%以下的，消费税最低计税价格由税务机关根据生产规模、白酒品牌、利润水平等情况在销售单位对外销售价格50%~70%范围内自行核定。

【例3-9】某酒厂2013年3月生产一种新的粮食白酒，用作广告样品1吨。已知该白酒无同类产品售价，生产成本40 000元/吨，成本利润率10%。计算酒厂上述业务应纳消费税额。

解：上述业务属于应税消费品的自产自用行为，应征消费税；白酒无同类产品售价，采用组税价格计算从价消费税。

应纳消费税＝1×2 000×0.5＋［40 000×1×（1＋10%）＋1×2 000×0.5］÷（1－20%）×20%＝12 250（元）

【例3-10】华香酒厂（一般纳税人）2013年5月份销售业务如下：①销售粮食白酒3吨，取得不含增值税销售额6.80万元，代垫运费400元，运输部门将发票开给购货方，同时，向购货方收取手续费0.10万元、储备费0.50万元。②销售黄酒4 810升，销售额1.80万元（不含）。酒厂对粮食白酒、黄酒分别核算。计算该酒厂应纳消费税额。

解：上述业务属于兼营不同税率行为，应分开核算，按各自税率计税。

粮食白酒应纳消费税＝3×2 000×0.5＋［68 000＋（1 000＋5 000）÷（1＋17%）］

×20%＝17 625.64（元）

黄酒应纳消费税＝4 810÷962×240＝1 200（元）

该酒厂应纳消费税额合计＝17 625.64＋1 200＝18 825.64（元）

（四）委托加工应税消费品消费税的计算

1. 委托加工应税消费品的界定

委托加工的应税消费品，是指由委托方提供原料和主要材料，受托方只收取加工费和代垫部分辅助材料加工的应税消费品。对于由受托方提供原材料生产的应税消费品，或者受托方先将原材料卖给委托方，然后再接受加工的应税消费品，以及由受托方以委托方名义购进原材料生产的应税消费品，不论在财务上是否作销售处理，都不得作为委托加工应税消费品，而应当按照销售自制应税消费品缴纳消费税。

2. 委托加工应税消费品的计税规定

委托企业加工时：由受托方代扣代缴消费税，由委托方与受托方办理交货结算时支付消费税；委托个人加工时：由委托方收回后直接缴纳。委托加工的应税消费品，委托方用于连续生产应税消费品的，所纳税款准予按规定抵扣。委托加工的应税消费品直接出售的，不再缴纳消费税。

3. 委托加工应税消费品的计税方法

委托加工应税消费品的计税方法根据委托加工应税消费品的税率形式选择，分别采用从量定额、从价定率、复合计税三种计税方法。计税价格按照下列方法依次确定：

（1）按照受托方同类消费品的销售价格计算纳税；

（2）没有同类消费品销售价格的，按照组成计税价格计算纳税。

实行从价定率办法计算纳税的组成计税价格计算公式：

组成计税价格＝（材料成本＋加工费）÷（1－比例税率）

实行复合计税办法计算纳税的组成计税价格计算公式：

组成计税价格＝（材料成本＋加工费＋委托加工数量×定额税率）÷（1－比例税率）

【例3-11】某企业为增值税一般纳税人，2013年5月从农业生产者那里收购玉米25吨，玉米收购成本为95 500元。企业将收购的玉米直接运往异地某酒厂生产加工药酒，酒厂在加工过程中代垫辅助材料款5 000元。药酒加工完毕，企业收回药酒时，取得酒厂开具的增值税专用发票，注明加工费30 000元、增值税额5 100元。加工药酒无同类产品售价。计算酒厂代收代缴消费税额。

解：对委托加工药酒征收消费税，由酒厂代收代缴。加工药酒受托方无同类产品售价，按照组成计税价格纳税。

酒厂代收代缴消费税额＝（95 500＋5 000＋30 000）÷（1－10%）×10%＝14 500（元）

（五）进口应纳消费税的计算

进口应税消费品的计税方法根据进口应税消费品的税率形式选择，分别采用从量定额、从价定率、复合计税三种计税方法。从价定率消费税按照组成计税价格计算纳税。

实行从价定率办法计算纳税的组成计税价格计算公式：

组成计税价格＝（关税完税价格+关税）÷（1-消费税比例税率）

实行复合计税办法计算纳税的组成计税价格计算公式：

组成计税价格＝（关税完税价格+关税+进口数量×消费税定额税率）÷（1-消费税比例税率）

进口卷烟时对比例税率的选择：计算计税价格时，分母中比例税率一律采用36%税率；计算从价消费税额时，根据计税价格大小进行选择（每条烟计税价格在70元以上，税率采用56%；在70元以下，税率采用36%）。

【例3-12】某公司从国外进口一批化妆品，经海关审定的完税价格为100 000元人民币，关税税率为20%，消费税率为30%，增值税率为17%。款项已付，化妆品已验收入库。计算该公司进口环节应缴消费税和增值税。

解：应缴关税=100 000×20%=20 000（元）

消费税组成计税价格=（100 000+20 000）÷（1-30%）=171 428.57（元）

应缴消费税=171 428.57×30%=51 428.57（元）

增值税组成计税价格=100 000+20 000+51 428.57=171 428.57（元）

应缴增值税=171 428.57×17%=29 142.86（元）

【例3-13】某外贸公司从国外进口卷烟200箱，经海关审定的完税价格为300万元人民币，关税税率25%，增值税率17%。款项已付，卷烟已验收入库。计算该公司进口环节应缴消费税和增值税。

解：应缴关税=300×25%=75（万元）

消费税组成计税价格=（300+75+200×150÷10 000）÷（1-36%）=590.625（万元）

计算单价选择税率，单价=5 906 250÷（200×250）=118.13（元/条）

应缴消费税=590.625×56%+200×150÷10 000=333.75（万元）

增值税组成计税价格=300+75+333.75=708.75（万元）

应缴增值税=708.75×17%=120.49（万元）

（六）外购或委托加工已税消费品已纳税款的扣除

为了避免重复征税，税法规定将外购和委托加工收回的已税消费品用于连续生产应税消费品，计算最终应税消费品应纳消费税时，允许按当期生产领用数量计算准予扣除外购和委托加工应税消费品已纳的消费税款。

1. 扣除范围

（1）外购或委托加工收回的已税烟丝生产的卷烟；

（2）外购或委托加工收回的已税化妆品生产的化妆品；

（3）外购或委托加工收回的已税珠宝玉石生产的贵重首饰及珠宝玉石；

（4）外购或委托加工收回的已税鞭炮、焰火生产的鞭炮、焰火；

（5）外购或委托加工收回的已税汽车轮胎（内胎和外胎）生产的汽车轮胎；

（6）外购或委托加工收回的已税摩托车生产的摩托车；

（7）外购或委托加工收回的以已税杆头、杆身和握把为原料生产的高尔夫球杆；

（8）外购或委托加工收回的以已税木制一次性筷子为原料生产的木制一次性筷子；

（9）外购或委托加工收回的以已税实木地板为原料生产的实木地板；

（10）外购或委托加工收回的以已税石脑油为原料生产的应税消费品；

（11）外购或委托加工收回的以已税润滑油为原料生产的润滑油。

但此项规定对在零售环节缴纳消费税的金银首饰不适用，可以扣除的项目限于从工业企业购进、委托加工、进口环节的已税消费品。酒及酒精类消费品、小汽车、成品油（石脑油、润滑油除外）、高档手表、游船、烟类产品（除烟丝）等应税消费品作为原料连续生产应税消费品时，不得扣除已纳消费税款。

2. 准予抵扣的外购和委托加工应税消费品已纳税款的计算

准予抵扣的外购和委托加工应税消费品已纳税款的计算采用耗用扣税法，按当期生产领用数量计算准予扣除外购和委托加工应税消费品已纳的消费税款。

（1）准予抵扣的外购应税消费品已纳税款的计算

当期准予抵扣的外购应税消费品已纳税款＝当期准予扣除的外购应税消费品的买价×外购应税消费品税率

当期准予扣除的外购应税消费品买价＝期初库存的外购应税消费品的买价＋当期购进的应税消费品的买价－期末库存的外购应税消费品的买价

（2）准予抵扣的委托加工应税消费品已纳税款的计算

当期准予抵扣的委托加工应税消费品已纳税款＝期初库存的委托加工应税消费品已纳税款＋当期收回的委托加工应税消费品已纳税款－期末库存委托加工应税消费品已纳税款

【例3-14】某化妆品厂为一般纳税人，当月外购已税化妆品A作为原料用于连续生产优质化妆品B，取得增值税专用发票，注明价款80万元、税额13.6万元，化妆品A已入库。当月优质化妆品B实现销售150万元（不含增值税），开具增值税专用发票。已知：化妆品A期初库存20万元，期末库存40万元。计算该化妆品厂当月应纳消费税和增值税。

解：当期准予扣除的外购化妆品A买价＝20+80-40=60（万元）

当期准予抵扣的外购化妆品A已纳税款＝60×30%=18（万元）

优质化妆品B应纳消费税＝150×30%-18=27（万元）

应纳增值税＝150×17%-13.6=11.90（万元）

【例3-15】新华卷烟厂发出库存外购烟叶600 000元委托B卷烟厂加工烟丝。加工完毕全部收回，支付加工费25 000元（不含增值税）及B厂代垫辅助材料5 000元。烟丝收回后将其中50%直接出售给C卷烟厂，取得不含税价款560 000

元;其余烟丝用于连续生产50个标准箱"新华牌"卷烟,当月全部销售,取得不含税价款850 000元。要求:①计算B卷烟厂代扣代缴消费税;②计算新华卷烟厂应纳消费税额。(委托加工烟丝已纳消费税款当月期初、期末库存均无余额)

解:(1)B卷烟厂代扣代缴消费税=(600 000+25 000+5 000)÷(1-30%)×30%=270 000(元)

烟丝收回后直接销售不再征消费税。

(2)卷烟单价=850 000÷(50×250)=68(元/条),适用税率36%

新华卷烟厂卷烟应纳消费税=50×150+850 000×36%-270 000×50%=178 500(元)

第二节 消费税纳税筹划

根据消费税特点以及消费税法的规定,消费税的纳税筹划主要应考虑影响消费税应纳税额计算的相关因素,从消费税计税依据、消费税税率选择、不同加工方式或者经营方式的选择等方面入手。

一、消费税计税依据的纳税筹划

(一)消费税计税依据纳税筹划的基本思路

如前文所述,消费税的计税依据有两种:一种以应税消费品的销售量为计税依据,从量定额征收,如啤酒、黄酒、成品油等;另一种以应税消费品的销售额为计税依据,从价定率征收。在消费税从量计征时,消费税与数量有关,与价格无关,可以采用改进包装或者商品质量等方式提高商品价格,在收入增加的同时,消费税不会增加,从而降低消费税负。从价计征时,消费税与价格呈正向变动关系,可以通过关联企业转让定价、尽量减少价外费用、包装物的筹划等方面合理确定消费税的计税价格,获得节税收益。

(二)消费税计税依据的纳税筹划方法及案例分析

1.利用关联企业转让定价,降低消费税纳税环节的计税依据

消费税征税环节主要在生产环节,应税消费品在生产环节征了消费税,进入流通或消费环节则不再征收消费税(金银首饰、卷烟除外)。依据消费税政策的这一规定,纳税人可以自设独立核算销售部门或者销售公司销售的自产应税消费品,生产企业销售给独立核算的销售部门或者销售公司时缴纳消费税,而销售部门或者销售公司在对外销售时属于流通环节,只缴纳增值税,不缴纳消费税。如果生产企业以较低的价格将应税消费品销售给其独立核算的销售部门或销售公司,则可以降低消费税计税依据,减少消费税额,使集团的整体消费税税负下降。

【例3-16】某化妆品厂生产一套组合化妆品,在销售时该厂有两种方案可以

选择：

方案1：直接对外销售，售价为300元/套（不含增值税），化妆品成本为120元/套。

方案2：化妆品厂成立独立核算的销售分公司，现以180元（不含增值税）的价格先销售给销售分公司，然后再由销售公司以300元（不含增值税）的价格销售给客户。假设销售数量为1 000套，分别计算两种方案中的应纳消费税，并选择对化妆品有利的方案。

解：方案1应纳消费税＝300×1 000×30%＝90 000（元）

方案2应纳消费税＝180×1 000×30%＝54 000（元）

方案2比方案1节税金额＝90 000－54 000＝36 000（元）

根据上述计算结果，应选择方案2。

特别提示：

（1）纳税人不能设立非独立核算销售门市部。消费税法规定：通过自设非独立核算门市部销售的应税消费品，应当视同独立核算门市部对外销售额或销售数量征收消费税。

（2）关联企业转让定价不能明显偏低。消费税条例明确规定，纳税人应税消费品的计税价格明显偏低又无正当理由的，由主管税务机关核定其计税价格。但"明显偏低"标准不确定，操作性较差。因此，只要适度降低价格，就可取得节税利益。2009年7月，国家税务总局制定了《白酒消费税最低计税价格核定管理办法（试行）》，对计税价格偏低的白酒核定消费税最低计税价格，白酒生产企业销售给销售单位的白酒，生产企业消费税计税价格低于销售单位对外销售价格（不含增值税，下同）70%以下的，税务机关应核定消费税最低计税价格。此项规定使白酒生产企业使用这种方法时受到了一定的限制。

2. 尽量减少价外费用，降低消费税的计税依据

消费税的应税销售额包括为纳税人销售应税消费品时向对方收取的全部价款和价外费用。所以，纳税人在销售应税消费品时应尽量减少价外费用，如：纳税人将可能由购买方承担的运费等让购买方承担，以降低消费税计税价格。

【例3-17】地处某市区的实木地板加工企业是增值税一般纳税人，当月生产的实木地板主要销往省外批发商（小规模纳税人）。在签订供货合同时，为结算方便，采用由该企业负责联系运输单位将货运达目的地，购货方货到付款的方式。该企业当月销售实木地板开出普通发票，收取货款600 000元，手续费10 000元，均按规定入账。另外支付通达运输公司运费20 000元，取得运输公司开具给本单位的运输业专用发票，注明税额2 200元。在收取货款时，运费作为价外费用一并向购货方收回。购进货物取得增值税专用发票，允许抵扣增值税34 000元，上述增值税专用发票已经过税务机关认证。分析该实木地板加工企业应如何进行纳税筹划。

解：企业不进行纳税筹划时应纳税额计算如下：

应纳消费税税额=（600 000+10 000+20 000）÷（1+17%）×5%=26 923.08（元）

应纳增值税税额=（600 000+10 000+20 000）÷（1+17%）×17%−34 000−2 200=55 338.46（元）

应纳城市维护建设税与教育费附加=（26 923.08+55 338.46）×（7%+3%）=8 226.15（元）

合计应纳税额=26 923.08+55 338.46+8 226.15=90 487.69（元）

纳税筹划方案：该实木地板加工企业在销售实木地板之前就分别签订实木地板销售合同和运输合同，销售合同中注明本企业负责联系运输单位将货运达目的地，运费由购货方支付。运输合同中说明运输公司将运费发票开具给购货方，运输费用由本企业先行垫付。本企业在将运费发票转交给购货方时，收回代垫运费。进行上述筹划后，流转税费的计算如下：

应纳消费税税额=（600 000+10 000）÷（1+17%）×5%=26 068.38（元）

应纳增值税税额=（600 000+10 000）÷（1+17%）×17%−34 000=54 632.48（元）

应纳城市维护建设税与教育费附加=（26 068.38+54 632.48）×（7%+3%）=8 070.09（元）

合计应纳税额=26 068.38+54 632.48+8 070.09=88 770.95（元）

筹划后少纳流转税额=90 487.69−88 770.95=1 716.74（元）

3. 包装物的消费税筹划

随着市场竞争的加剧，消费者对产品包装的要求越来越高。但生产应税消费品的企业不能随心所欲地包装自己的产品，否则会增加企业的消费税负。《消费税暂行条例实施细则》规定：应税消费品连同包装物销售的，无论包装物是否单独计价，也不论在会计上如何核算，均应并入应税消费品的销售额中，按其所包装消费品的适用税率征收消费税；包装物租金应视为价外费用，并入销售额征税。包装物的押金应区分不同情况分别进行处理，如果包装物不作价随同产品销售，而是收取押金，此项押金可以暂不并入应税消费品的销售额中征税。对因逾期未收回包装物而不再退还的和已收取一年以上的押金，应并入应税消费品的销售额计征消费税；酒类产品生产企业销售酒类产品（啤酒、黄酒除外）而收取的包装物押金，无论押金是否返还及会计上如何核算，均需并入酒类产品销售额中征收消费税。

因此，企业要在包装物上节税，除了酒类产品（黄酒、啤酒除外），需要在销售方式和程序上做一些调整，就有可能少缴消费税。一是对于周转使用的包装物，尽量不随产品作价销售；在条件允许时，改包装物销售为收取押金的方式，且此项押金在规定的时间内（一般为一年）退还。押金收取时，不计入销售额计算消费税，即使在经过1年后需要将押金并入应税消费品的销售额征税，也使企业获得了该笔消费税金额1年的资金免费使用权。所以通过收包装物押金的方式，可以推迟纳税时间。二是通过先销售后包装的形式，降低消费税计税依据，从而减少消费税。

【例3-18】某轮胎生产企业是某汽车制造公司A的长期轮胎供应商。2013年9

月，轮胎生产企业向 A 公司销售 1 000 个轮胎，每个价值 2 000 元（不含增值税）；每个轮胎包装出售，包装物价值 200 元/个（不含增值税）。轮胎消费税税率 3%，请为轮胎生产企业做出纳税筹划：采用哪种方式收取包装物价款的税负较轻？

解：如果采用包装物随同轮胎一并销售，则销售额＝2 200×1 000＝2 200 000（元），应缴纳消费税＝2 200 000×3%＝66 000（元）

如果采用收取包装物押金的形式进行销售，并将收取的包装物押金单独入账，则销售额＝2 000×1 000＝2 000 000（元）

收取包装物押金＝200×1 000＝200 000（元）

应缴消费税＝2 000 000×3%＝60 000（元）

包装物押金是否缴纳消费税视以后情况而定。如果 A 公司在合同约定的时间内或一年以内将包装物退回，则不需要缴纳消费税、增值税；如果 A 公司逾期仍未退还包装物，则在一年后轮胎生产企业需再缴纳 6 000 元消费税以及包装物作销售处理后应缴纳的增值税。这样，轮胎生产企业可获得税收递延的好处。

【例 3-19】某厂生产并销售某品牌高档手表。2013 年春节期间，该企业计划推出礼品盒，礼品盒中包括一只该品牌女装手表以及一只精美化妆盒。其中该型号手表单价 20 000 元（不含增值税），化妆盒为外购，成本 1 000 元/只。礼品盒每套售价为 21 000 元（不含增值税），该厂在销售时有两种方案可供选择。

方案 1：将女装手表与化妆盒包装好后向商业企业销售，每套售价 21 000 元（不含增值税）。

方案 2：将女装手表与化妆盒分别向商业企业销售，女装手表售价 20 000 元/只（不含增值税），化妆盒单价 1 000 元/只（不含增值税）。生产企业将女装手表与化妆盒分开核算。该厂应如何选择以使消费税负最低？

解：方案 1：先包装后销售，应纳消费税＝21 000×20%＝4 200（元）

增值税销项税＝21 000×17%＝3 570（元）

方案 2：先销售后包装，化妆盒为非应税消费品，应税消费品与非应税消费品分开核算，化妆盒销售收入不征消费税。

应纳消费税＝20 000×20%＝4 000（元）

增值税销项税＝21 000×17%＝3 570（元）

上述计算结果显示：先包装后成套销售，会使消费税增加，收入并没有增加。从营销角度看，通过成套销售可以刺激销售。经过筹划，先销售后包装，将成套销售环节移至流通环节。

4. 避免采用最高销售价格的纳税筹划

按照税法规定，纳税人自产并实行从价计征的应税消费品用于换取生产资料和消费资料、投资入股或抵偿债务等方面，应当以纳税人同类应税消费品的最高销售价格作为计税依据。在实际操作中，当纳税人用应税消费品换取货物或者投资入股、抵偿债务时，一般是按照双方的协议价或评估价确定的，而协议价往往是市场的平均价。如果以同类应税消费品的最高销售价作为计税依据，显然会加重纳税人的负担。如果企业存在以应税消费品抵债、入股等情况，最好先销售，再作抵债或入股的处理。

【例3-20】某摩托车生产企业2014年5月对外销售某型号的摩托车共有3种价格，以4 000元的单价销售50辆，以4 500元的单价销售20辆，以4 800元的单价销售10辆。当月有一笔需偿还甲企业的债务98 280元。该企业有下列两种方案偿债：

方案1：以4 200元的单价销售20辆同型号的摩托车，以销售款98 280元偿还债务；

方案2：当月以20辆同型号的摩托车抵偿欠甲企业的债务98 280元。

已知：摩托车消费税税率为10%，上述价格均为不含增值税价。

要求：分析上述两种方案，哪一个方案为最优方案？

解：方案1：以4 200元的单价将摩托车卖出时，

应纳消费税＝4 200×20×10%＝8 400（元）

销项税＝4 200×20×17%＝14 280（元）

方案2：应纳消费税＝4 800×20×10%＝9 600（元）

销项税＝（4 000×50+4 500×20+4 800×10）÷（50+20+10）×20×17%＝14 365（元）

方案1与方案2比较，消费税少缴9 600－8 400＝1 200（元），销项税多计14 365－14 280＝85（元），汇总后方案2多缴流转税1 115元。所以，从减轻税负角度看，方案1为最优方案。

二、消费税税率选择的纳税筹划

（一）消费税税率选择的纳税筹划基本思路

消费税税率中，啤酒、卷烟采用的是差别税率，对于生产这类消费品的纳税人来说，消费品的定价有可能导致消费税率变化，当消费品价格在适用税率临界点附近的时候，会出现税负增长幅度超过收入增长幅度的情况，最终导致税后收益下降。这时，通过制订合理的价格，可避免消费税率变化，从而获得最大的税后收益。

纳税人兼营不同税率的应当缴纳消费税的消费品（以下简称应税消费品），应当分别核算不同税率应税消费品的销售额、销售数量；未分别核算销售额、销售数量，或者将不同税率的应税消费品组成成套消费品销售的，从高适用税率。根据上述规定，当纳税人发生兼营行为时，在会计处理上应当分别核算；同时应尽量不采用成套销售方式，从而规避从高征税。

（二）消费税税率选择的纳税筹划方法及案例分析

1. 适用差别税率的消费品定价的纳税筹划

这种方法主要适用于卷烟和啤酒两种消费品，运用无差别价格临界点法计算一个价格区间。在该价格区间的单价均为不合理定价，会导致卷烟和啤酒消费税率变化，出现税负增长幅度超过收入增长幅度的情况，最终导致税后收益下降。

(1) 啤酒的价格区间

无差别价格临界点为：每吨价格高于3 000元时的税后利润与每吨价格等于2 999.99元时的税后利润相等时的价格。

假设临界点的价格为X（由于其高于3 000元，故采用250元的税率），销售数量为Y，即：

应纳消费税＝250×Y

应纳增值税＝XY×17%－进项税额

应纳城市维护建设税及教育费附加＝［250×Y＋（XY×17%－进项税额）］×（7%＋3%）

应纳所得税＝｛XY－成本－250×Y－［250×Y＋（XY×17%－进项税额）］×（7%＋3%）｝×所得税税率

税后利润＝｛XY－成本－250×Y－［250×Y＋（XY×17%－进项税额）］×（7%＋3%）｝×（1－所得税税率） (3-1)

每吨价格等于2 999.99元时税后利润为：

｛2 999.99Y－成本－220×Y－［220×Y＋（2 999.99Y×17%）－进项税额］｝×（7%＋3%）×（1－所得税税率） (3-2)

当式（3-1）＝式（3-2）时，则X＝2 999.99＋27.47＝3 027.46（元），即：临界点的价格为3 027.46元时，两者的税后利润相同。当销售价格>3 027.46元时，纳税人才能获得节税利益。当销售价格<3 027.46元时，纳税人取得的税后利润反而低于每吨价格为2 999.99元时的税后利润。所以，啤酒纳税筹划的价格区间为［3 000，3 027.46］，因此应尽量不把价格制订在这一区间内。

(2) 卷烟的价格区间

无差别价格临界点为：每条卷烟价格高于70元时的税后利润与每条卷烟价格等于69.99元时的税后利润相等时的价格。

假设临界点的价格为X（由于其高于70元，故采用56%的税率），

价格高于70元时的税后利润＝｛X－成本－X×56%－从量税－［X×56%＋从量税＋（X×17%－进项税额）］×（7%＋3%）｝×（1－所得税税率） (3-3)

每条卷烟价格等于69.99元时的税后利润＝｛69.99－成本－69.99×36%－从量税－［69.99×36%＋从量税＋（69.99×17%－进项税额）］（7%＋3%）｝×（1－所得税税率） (3-4)

当式（3-3）＝式（3-4）时，解得X＝112.08（元），即：临界点的价格为112.08元时，两者的税后利润相同。当销售价格>112.08元时，纳税人才能获得节税利益。当销售价格<112.08元时，纳税人取得的税后利润反而低于每条卷烟价格等于69.99元时的税后利润。所以，卷烟纳税筹划的价格区间为［70，112.08］，因

此应尽量不把价格制订在这一区间内。

【例3-21】某市区卷烟厂（一般纳税人）研制出一种新型卷烟，单位成本42元/条，乙类卷烟成本利润率为5%，甲类卷烟成本利润率为10%。该厂采用成本加成法确定产品基准价，再按市场情况进行一定的调整。请运用无差别价格临界点法为该厂研制的新型卷烟提出合理的定价方案。

解：按乙类卷烟成本利润率，单价＝［42×（1＋5%）＋1÷250×150］÷（1－36%）＝69.80（元/条）

按甲类卷烟成本利润率，单价＝［42×（1＋10%）＋1÷250×150］÷（1－56%）
＝106.36（元/条）

按销售10箱卷烟计算两种价格下的税后利润，假设允许抵扣增值税为A，单价为69.80元/条，销售数量10箱：

税后利润＝［10×250×69.80－10×250×42－10×250×69.80×36%－10×150－（10×250×69.80×17%－A＋10×250×69.80×36%＋10×150）×（7%＋3%）］×（1－25%）＝－4 218.50＋A×0.075

单价为106.36元/条，销售数量10箱：

税后利润＝［10×250×106.36－10×250×42－10×250×106.36×56%－10×150－（10×250×106.36×17%－A＋10×250×106.36×56%＋10×150）×（7%＋3%）］×（1－25%）＝－9 064.70＋A×0.075

结果分析：第一个定价比第二个定价税后利润多4 846.20元，该厂研制的新型卷烟价格确定在每条69.80元比较合适，定价在区间［70，112.08］时均不合理。

2. 兼营不同税率销售行为的纳税筹划

【例3-22】某酒厂生产粮食白酒与药酒，同时，为拓展销路，该酒厂还将粮食白酒与药酒包装成精美礼盒出售（白酒、药酒各一瓶）。2013年4月份，该酒厂的对外销售情况如下表3-3所示。

表3-3

销售种类	销售数量 （瓶或盒）	销售单价 （元/瓶或元/盒）	适用税率 （%）
粮食白酒	15 000	30	20
药酒	10 000	60	10
礼盒	1 000	85	20

请问：该厂应该如何进行消费税纳税筹划？并计算纳税筹划收益。

解：粮食白酒为复合税率，从量定额的税额无论是否单独核算均不变，在分析中只考虑从价定率部分。粮食白酒、药酒适用不同的比例税率，属于兼营不同税率销售行为，税率的选择取决于酒厂的会计核算情况：分别核算的，按各自税率计税；合并核算的，从高税率征税。

127

情况1：如果这三类酒未单独核算，则应纳税额的计算应采用税率从高的原则，从价计征的消费税税额为（30×15 000+60×10 000+85×1 000）×20%＝227 000（元）。

情况2：如果这三类酒单独核算，则应纳税额的计算分别采用各自税率，从价计征的消费税税额分别为：

粮食白酒：30×15 000×20%＝90 000（元）

药酒：60×10 000×10%＝60 000（元）

礼品套装酒：85×1 000×20%＝17 000（元）

合计应纳税额：90 000+60 000+17 000＝167 000（元）

筹划结果：单独核算比未单独核算可节税227 000－167 000＝60 000（元）。

3. 成套销售消费品的纳税筹划

随着人们生活水平和消费水平的提高，"成套"消费品的市场需求日益扩大，成套销售也成为了商家促销的一种方式。对于商家而言，销售成套消费品，不仅可以扩大商家销售量，而且可以增强商家在市场中的竞争优势。但消费税政策规定：将不同税率的应税消费品组成成套消费品销售的，从高适用税率。所以，商家应尽量避免将不同税率的应税消费品或者应税消费品与非应税消费品成套销售。

【例3-23】某日用化妆品公司，将生产的化妆品、护肤护发品、小工艺品等组成成套产品销售，每套消费品由下列产品组成：化妆品包括一瓶香水200元、一瓶指甲油50元、一支口红50元；护肤护发品包括两瓶浴液70元、一瓶摩丝20元、一块香皂10元；化妆工具及小工艺品20元、塑料包装盒10元。化妆品消费税税率为30%，护肤护发品为非应税消费品，上述价格均不含税。

要求：计算日用化妆品公司成套销售方式应纳消费税，并为该公司提供消费税纳税筹划方案。

解：成套销售方式销售1套消费品应纳消费税

＝（200+50+50+70+20+10+20+10）×30%＝129（元）

消费税纳税筹划方案为：改变上述做法，将化妆品与护肤护发品分别销售给商家，再由商家包装后对外销售。实际操作中，只是换了个包装地点，并将产品分别开具发票，账务上需要分别核算销售收入。由于护肤护发品和化妆工具以及小工艺品属于非应税消费品，单独销售后不纳消费税，应纳消费税为：

（200+50+50）×30%＝90（元）

筹划结果：每套化妆品节税额为129－90＝39（元）。

特别提示：

（1）企业兼营不同税率应税消费品或非应税消费品时，能单独核算的要尽量单独核算。

（2）企业应尽量避免将不同税率或不同纳税义务的商品组成成套商品销售。

（3）如果必须组成成套商品出售的，可以采用"先销售后包装"的方式来避免非税产品被征税或者低税率商品从高税率征税。

三、委托加工与自制方式选择的纳税筹划

（一）委托加工与自制方式选择的纳税筹划思路

委托加工应税消费品的计税依据是受托方同类产品的销售价格或组成计税价格，而自行加工应税消费品的计税依据是产品的对外销售价格。在通常情况下，委托方收回委托加工的应税消费品后，要以高于成本的价格出售，直接销售时不再征消费税，此时，委托加工应税消费品的税负低于自行加工应税消费品的税负。因此，纳税人可以选择合理的加工方式进行纳税筹划。

（二）委托加工与自制方式选择的纳税筹划方法及案例分析

【例3-24】M卷烟厂是一家大型国有卷烟生产企业，2014年1月8日接到一笔7 000万元的甲类卷烟订单。可供选择的生产方案有三种：

(1) 购入烟叶，自行生产；

(2) 外包加工成烟丝后，本企业继续加工成卷烟；

(3) 全部委托外加工。

假设：购入烟叶成本1 000万元，加工总成本1 700万元；方案（2）委托加工费用680万元，收回后本企业继续生产发生成本1 020万元；方案（3）委托加工费用1 700万元。适用消费税率36%，定额税率150元/箱。请问：该卷烟厂应选择何种方案？

解：方案（1）应缴消费税（从价税）= 7 000×36% = 2 520（万元）

税后利润 =（7 000-1 000-1 700- 2 520-2 520×10%）×（1-25%）= 1 146（万元）

方案(2)加工环节支付的消费税 =［(1 000+680)÷(1-30%)］×30% = 720(万元)

卷烟应缴消费税（从价税）= 7 000×36%-720 = 1 800（万元）

税后利润 =（7 000-1 000-680-1 020-720- 1 800-1 800×10%）×（1-25%）= 1 200（万元）

方案（3）加工环节支付的消费税 =［(1 000+1 700)÷(1-36%)］×36% = 1 518.75（万元）

直接出售不再征税，

税后利润 =（7 000-1 000-1 700- 1 518.75- 1 518.75×10%）×（1-25%）
= 1 972.03（万元）

结论：选择方案3。

条件：委托加工环节的计税依据小于自制销售的计税依据。

思考：委托加工成本与自制成本孰高？委托加工方式与自制方式的利与弊？

复习思考题

1. 阐述消费税与增值税之间的关系。
2. 对于自产自用应税消费品如何征收消费税?
3. 什么是委托加工应税消费品?委托加工应税消费品如何征收消费税?
4. 消费税计税依据的纳税筹划方法有哪些?
5. 消费税税率选择的纳税筹划方法有哪些?

案例分析题

1. 案情说明:某酒厂于2012年12月份承接一笔粮食白酒订单,合同约定购销白酒数量30万千克,含增值税售价351万元,要求装瓶,每瓶500克装。该厂为生产该批白酒,购进粮食等原料75万元。就如何组织该批白酒的生产,该厂制订了三套加工方案:

方案一:将价值75万元的原料交付乙公司加工成散装白酒30万千克,支付加工费20万元,加工完成运回本厂后,由本厂装瓶,需支付人工费及其他费用16万元。

方案二:将价值75万元的原料交付乙公司,由乙公司直接加工成30万千克的瓶装白酒,收回后直接销售,需支付加工费36万元。

方案三:酒厂自行加工生产。即酒厂将75万元的原料交付生产车间进行生产,发生的加工费用及辅料成本与委托加工方式下相同,为36万元。

要求:

(1) 分析比较三种方案下的消费税、城市维护建设税、教育费附加及税后利润(城市维护建设税税率7%;企业所得税税率25%,增值税及由此计算的城市维护建设税、教育费附加不考虑)

(2) 选择最优方案。

2. 案情说明:元旦、春节期间是礼品酒销售旺季,为适应市场需求,某酒厂准备于2013年12月份推出"组合装礼品酒"的促销活动,将粮食白酒、果木酒、药酒各一瓶组成价值300元的成套礼品酒进行销售,这三种酒的出厂价分别为180元/瓶、70元/瓶、50元/瓶,三种酒均为500克装。预计两节期间可以售出500套礼品酒。

要求:分别就"先包装后销售"和"先销售后包装"两种方式分析该公司消费税税收成本,并阐述具体筹划方案。

3. 案情说明:某实木地板生产厂家生产的实木地板以每平方米出厂价120元的价格销售给各地专卖店,专卖店再以160~180元的价格对外销售。本地的许多家装公司则是直接来厂部购买的。为了保证该品牌地板的市场零售价，该公司一般以每平方米 140~180 元的价格销售给这些家装公司。为满足当地消费者的需求，该公司经研究决定，在当地成立一个该品牌实木地板专卖门市部，由门市部专营销售（以上价格均为不含增值税价）。

要求：

（1）分析该公司应设独立核算的门市部还是非独立核算的门市部？阐述理由。

（2）该公司发往门市部的实木地板应如何定价？

（3）经过纳税筹划，该公司每平方米的实木地板可以少缴纳多少消费税？

4. 案情说明：某日化集团公司 2013 年 8 月份销售带大型外包装箱的香水 500 箱，每箱 24 瓶，每瓶不含增值税价 70 元，大型包装箱每只 23.40 元（含增值税价），即每箱带包装销售不含增值税价为 1 700 元。包装箱可随产品销售，也可出租出借收取押金，押金每只箱子 23.40 元。请问：该公司如何利用包装物征税的规定进行纳税筹划？并计算纳税筹划收益。

5. 案情说明：某进出口公司从甲国进口 A 品牌小轿车 10 部，汽缸容量 3.0 升，报关进口时，海关审定的到岸价格为 100 万元/部（含随同报关的工具件和零部件 10 万元/部）；从乙国进口 B 牌小汽车 15 部，汽缸容量 2.5 升，海关审定的到岸价格 45 万元/部，同时报关进口的汽车零部件一批，到岸价格为 90 万元。整车关税税率 25%，零部件关税税率 10%，消费税税率分别为 12%（汽缸容量 3.0 升）、9%（汽缸容量 2.5 升）。

要求：

（1）对整车与零部件一起报关或者分别报关进行税负分析，比较其相关税种的税负差异。

（2）选择进口纳税筹划方案。

第四章　企业所得税纳税筹划

学习目标

（1）了解企业所得税纳税筹划的意义；
（2）熟悉企业所得税法的内容及其应纳税额的计算方法；
（3）掌握企业所得税纳税筹划的方法。

重点和难点

（1）学会运用纳税筹划的原理提出企业所得税纳税筹划的思路；
（2）能运用纳税筹划的方法进行企业所得税筹划的案例分析。

本章内容

本章主要介绍企业所得税法的主要内容、企业所得税纳税筹划的具体方法及案例。

第一节　企业所得税概述

一、纳税主体与适用税率

（一）纳税主体

企业所得税法规定，在中华人民共和国境内，企业和其他取得收入的组织为企

第四章　企业所得税纳税筹划

业所得税的纳税人，依照本法的规定缴纳企业所得税。个人独资企业、合伙企业不适用本法。

企业所得税法将企业分为居民企业和非居民企业。居民企业，是指依法在中国境内成立，或者依照外国（地区）法律成立但实际管理机构在中国境内的企业。非居民企业，是指依照外国（地区）法律成立且实际管理机构不在中国境内，但在中国境内设立机构、场所的，或者虽在中国境内未设立机构、场所，但有来源于中国境内所得的企业。

（二）所得税税率

居民企业应当就其来源于中国境内、境外的所得缴纳企业所得税。非居民企业在中国境内设立机构、场所的，应当就其所设机构、场所取得的来源于中国境内的所得以及虽发生在中国境外但与其所设机构、场所有实际联系的所得缴纳企业所得税。这两种企业取得的上述所得，适用税率为25%。

非居民企业在中国境内未设立机构、场所的，或者虽设立机构、场所，但取得的收入与其所设机构、场所没有实际联系的，应当就其来源于中国境内的所得缴纳企业所得税。此类非居民企业取得的收入，适用税率为20%。

二、应纳税所得额

（一）一般规定

企业所得税法规定企业每一纳税年度的收入总额，减除不征税收入、免税收入、各项扣除以及允许弥补的以前年度亏损后的余额，为应纳税所得额。

企业应纳税所得额的计算，以权责发生制为原则，属于当期的收入和费用，不论款项是否收付，均作为当期的收入和费用；不属于当期的收入和费用，即使款项已经在当期收付，均不作为当期的收入和费用。所得税暂行条例和国务院财政、税务主管部门另有规定的除外。

（二）收入

企业以货币形式和非货币形式从各种来源取得的收入，为收入总额。它包括：

1. 销售货物收入

销售货物收入，是指企业销售商品、产品、原材料、包装物、低值易耗品以及其他存货取得的收入。

2. 提供劳务收入

提供劳务收入，是指企业从事建筑安装、修理修配、交通运输、仓储租赁、金融保险、邮电通信、咨询经纪、文化体育、科学研究、技术服务、教育培训、餐饮住宿、中介代理、卫生保健、社区服务、旅游、娱乐、加工以及其他劳务服务活动取得的收入。

3. 转让财产收入

转让财产收入，是指企业转让固定资产、生物资产、无形资产、股权、债权等财产取得的收入。

4. 股息、红利等权益性投资收益

股息、红利等权益性投资收益，是指企业因权益性投资而从被投资方取得的收入；股息、红利等权益性投资收益，除国务院财政、税务主管部门另有规定外，按照被投资方作出利润分配决定的日期确认收入的实现。

5. 利息收入

利息收入，是指企业将资金提供给他人使用但不构成权益性投资，或者因他人占用本企业资金而取得的收入，包括存款利息、贷款利息、债券利息、欠款利息等收入。利息收入，按照合同约定的债务人应付利息的日期确认收入的实现。

6. 租金收入

租金收入，是指企业因提供固定资产、包装物或者其他有形资产的使用权而取得的收入。租金收入，按照合同约定的承租人应付租金的日期确认收入的实现。

7. 特许权使用费收入

特许权使用费收入，是指企业提供专利权、非专利技术、商标权、著作权以及其他特许权的使用权所取得的收入。特许权使用费收入，按照合同约定的特许权使用人应付特许权使用费的日期确认收入的实现。

8. 接受捐赠收入

接受捐赠收入，是指企业接受的来自其他企业、组织或者个人无偿给予的货币性资产、非货币性资产。接受捐赠收入，按照实际收到捐赠资产的日期确认收入的实现。

9. 其他收入

其他收入，是指企业取得的除上述1~8项收入外的其他收入，包括企业资产溢余收入、逾期未退包装物押金收入、确实无法偿付的应付款项、已作坏账损失处理后又收回的应收款项、债务重组收入、补贴收入、违约金收入、汇兑收益等。

收入总额中的下列收入为不征税收入：①财政拨款；②依法收取并纳入财政管理的行政事业性收费、政府性基金；③国务院规定的其他不征税收入。

企业取得收入的货币形式，包括现金、存款、应收账款、应收票据、准备持有至到期的债券投资以及债务的豁免等。企业取得收入的非货币形式，包括固定资产、生物资产、无形资产、股权投资、存货、不准备持有至到期的债券投资、劳务以及有关权益等。企业以非货币形式取得的收入，应当按照公允价值确定收入额，所称"公允价值"是指按照市场价格确定的价值。

（三）扣除

1. 准予扣除的项目

企业所得税法规定企业实际发生的与取得收入有关的、合理的支出，包括成本、

第四章　企业所得税纳税筹划

费用、税金、损失和其他支出,准予在计算应纳税所得额时扣除。所谓"有关的支出"是指与取得收入直接相关的支出。所谓"合理的支出"是指符合生产经营活动常规,应当计入当期损益或者有关资产成本的必要的和正常的支出。

(1) 成本是指企业在生产经营活动中发生的销售成本、销货成本、业务支出以及其他耗费。

(2) 费用是指企业在生产经营活动中发生的销售费用、管理费用和财务费用,已经计入成本的有关费用除外。

(3) 税金是指企业发生的除企业所得税和允许抵扣的增值税以外的各项税金及其附加。

(4) 损失是指企业在生产经营活动中发生的固定资产和存货的盘亏、毁损、报废损失,转让财产损失,呆账损失,坏账损失,自然灾害等不可抗力因素造成的损失以及其他损失;企业发生的损失,减除责任人赔偿和保险赔款后的余额,依照国务院财政、税务主管部门的规定扣除;企业已经作为损失处理的资产,在以后纳税年度又全部收回或者部分收回时,应当计入当期收入。

(5) 其他支出是指除成本、费用、税金、损失外,企业在生产经营活动中发生的与生产经营活动有关的、合理的支出。

企业发生的公益性捐赠支出,在年度利润总额12%以内的部分,准予在计算应纳税所得额时扣除。

2. 不准扣除的项目

在计算应纳税所得额时,下列支出不得扣除:

(1) 向投资者支付的股息、红利等权益性投资收益款项;

(2) 企业所得税税款;

(3) 税收滞纳金;

(4) 罚金、罚款和被没收财物的损失;

(5) 本法第九条规定以外的捐赠支出;

(6) 赞助支出;

(7) 未经核定的准备金支出;

(8) 与取得收入无关的其他支出。

(四) 资产的税务处理

1. 固定资产折旧扣除

在计算应纳税所得额时,企业按照规定计算的固定资产折旧,准予扣除。下列固定资产不得计算折旧扣除:①房屋、建筑物以外未投入使用的固定资产;②以经营租赁方式租入的固定资产;③以融资租赁方式租出的固定资产;④已足额提取折旧仍继续使用的固定资产;⑤与经营活动无关的固定资产;⑥单独估价作为固定资产入账的土地;⑦其他不得计算折旧扣除的固定资产。

2. 无形资产摊销费用扣除

在计算应纳税所得额时，企业按照规定计算的无形资产摊销费用，准予扣除。下列无形资产不得计算摊销费用扣除：①自行开发的支出已在计算应纳税所得额时扣除的无形资产；②自创商誉；③与经营活动无关的无形资产；④其他不得计算摊销费用扣除的无形资产。

3. 其他规定

在计算应纳税所得额时，企业发生的下列支出作为长期待摊费用，按照规定摊销的，准予扣除：①已足额提取折旧的固定资产的改建支出；②租入固定资产的改建支出；③固定资产的大修理支出；④其他应当作为长期待摊费用的支出。

企业对外投资期间，投资资产的成本在计算应纳税所得额时不得扣除。

企业使用或者销售存货，按照规定计算的存货成本，准予在计算应纳税所得额时扣除。

企业转让资产，该项资产的净值，准予在计算应纳税所得额时扣除。

三、应纳税额

（一）一般规定

企业的应纳税所得额乘以适用税率，减除依照本法关于税收优惠的规定减免和抵免的税额后的余额，为应纳税额。其计算公式为：

应纳税额=应纳税所得额×适用税率-减免税额-抵免税额

公式中的减免税额和抵免税额，是指依照企业所得税法和国务院的税收优惠规定减征、免征和抵免的应纳税额。

（二）抵免税额

企业取得的下列所得已在境外缴纳所得税税额的，可以从其当期应纳税额中抵免，抵免限额为该项所得依照本法规定计算的应纳税额；超过抵免限额的部分，可以在以后五个年度内，用每年度抵免限额抵免当年应抵税额后的余额进行抵补：①居民企业来源于中国境外的应税所得；②非居民企业在中国境内设立机构、场所，取得发生在中国境外但与该机构、场所有实际联系的应税所得。

居民企业从其直接或者间接控制的外国企业分得的来源于中国境外的股息、红利等权益性投资收益，外国企业在境外实际缴纳的所得税税额中属于该项所得负担的部分，可以作为该居民企业的可抵免境外所得税税额，在本法规定的抵免限额内抵免。其计算公式为：

抵免限额=中国境内、境外所得依照企业所得税法和本条例的规定计算的应纳税总额×来源于某国（地区）的应纳税所得额÷中国境内、境外应纳税所得总额

四、税收优惠

所得税法规定对国家重点扶持和鼓励发展的产业和项目，给予企业所得税优惠。

第四章　企业所得税纳税筹划

（一）免税收入

企业的下列收入为免税收入：

（1）国债利息收入；

（2）符合条件的居民企业之间的股息、红利等权益性投资收益；

（3）在中国境内设立机构、场所的非居民企业从居民企业取得与该机构、场所有实际联系的股息、红利等权益性投资收益；

（4）符合条件的非营利组织的收入。

（二）减免税所得

企业的下列所得，可以免征、减征企业所得税：

（1）从事农、林、牧、渔业项目的所得；

（2）从事国家重点扶持的公共基础设施项目投资经营的所得；

（3）从事符合条件的环境保护、节能节水项目的所得；

（4）符合条件的技术转让所得；

（5）非居民企业在中国境内未设立机构、场所的，或者虽设立机构、场所，但取得的收入与其所设机构、场所没有实际联系的。

国家重点扶持的公共基础设施项目，是指《公共基础设施项目企业所得税优惠目录》规定的港口码头、机场、铁路、公路、城市公共交通、电力、水利等项目。企业从事前款规定的国家重点扶持的公共基础设施项目的投资经营的所得，自项目取得第一笔生产经营收入所属纳税年度起，第一年至第三年免征企业所得税，第四年至第六年减半征收企业所得税。

符合条件的环境保护、节能节水项目，包括公共污水处理、公共垃圾处理、沼气综合开发利用、节能减排技术改造、海水淡化等。项目的具体条件和范围由国务院财政、税务主管部门商国务院有关部门制定，报国务院批准后公布施行。企业从事前款规定的符合条件的环境保护、节能节水项目的所得，自项目取得第一笔生产经营收入所属纳税年度起，第一年至第三年免征企业所得税，第四年至第六年减半征收企业所得税。

符合条件的技术转让所得免征、减征企业所得税，是指一个纳税年度内，居民企业技术转让所得不超过500万元的部分，免征企业所得税；超过500万元的部分，减半征收企业所得税。

（三）优惠税率

1. 小型微利企业按20%的税率征收

小型微利企业，是指从事国家非限制和禁止行业，并符合下列条件的企业：①工业企业，年度应纳税所得额不超过30万元，从业人数不超过100人，资产总额不超过3 000万元；②其他企业，年度应纳税所得额不超过30万元，从业人数不超过80人，资产总额不超过1 000万元。

2. 国家需要重点扶持的高新技术企业减按15%的税率征收

国家需要重点扶持的高新技术企业，是指拥有核心自主知识产权，并同时符合下列条件的企业：①产品（服务）属于《国家重点支持的高新技术领域》规定的范围；②研究开发费用占销售收入的比例不低于规定比例；③高新技术产品（服务）收入占企业总收入的比例不低于规定比例；④科技人员占企业职工总数的比例不低于规定比例；⑤高新技术企业认定管理办法规定的其他条件。《国家重点支持的高新技术领域》和高新技术企业认定管理办法由国务院科技、财政、税务主管部门商国务院有关部门制定，报国务院批准后公布施行。

（四）加计扣除

1. "三新"研发费用的加计扣除

研究开发费用的加计扣除，是指企业为开发新技术、新产品、新工艺而发生的研究开发费用，未形成无形资产计入当期损益的，在按照规定据实扣除的基础上，按照研究开发费用的50%加计扣除；形成无形资产的，按照无形资产成本的150%摊销。

2. 企业安置残疾人员所支付的工资的加计扣除

企业安置残疾人员所支付的工资的加计扣除，是指企业安置残疾人员的，在按照支付给残疾职工工资据实扣除的基础上，按照支付给残疾职工工资的100%加计扣除。残疾人员的范围适用《中华人民共和国残疾人保障法》的有关规定。

（五）创业投资企业抵扣所得额

创业投资企业从事国家需要重点扶持和鼓励的创业投资，可以按投资额的一定比例抵扣应纳税所得额。

创业投资企业采取股权投资方式投资于未上市的中小高新技术企业2年以上的，可以按照其投资额的70%在股权持有满2年的当年抵扣该创业投资企业的应纳税所得额；当年不足抵扣的，可以在以后纳税年度结转抵扣。

（六）减计收入

企业综合利用资源，生产符合国家产业政策规定的产品所取得的收入，可以在计算应纳税所得额时减计收入。

减计收入，是指企业以《资源综合利用企业所得税优惠目录》规定的资源作为主要原材料，生产国家非限制和禁止并符合国家和行业相关标准的产品所取得的收入，减按90%计入收入总额。

（七）税额抵免

企业购置用于环境保护、节能节水、安全生产等专用设备的投资额，可以按一定比例实行税额抵免。

税额抵免，是指企业购置并实际使用《环境保护专用设备企业所得税优惠目录》、《节能节水专用设备企业所得税优惠目录》和《安全生产专用设备企业所得税优惠目录》规定的环境保护、节能节水、安全生产等专用设备的，该专用设备的投资额的 10%可以从企业当年的应纳税额中抵免；当年不足抵免的，可以在以后 5 个纳税年度结转抵免。享受该规定的企业所得税优惠的企业，应当实际购置并自身实际投入使用前款规定的专用设备；企业购置上述专用设备在 5 年内转让、出租的，应当停止享受企业所得税优惠，并补缴已经抵免的企业所得税税款。

第二节　企业所得税纳税筹划

一、企业"实物捐赠"业务的所得税筹划

企业将自产、委托加工的产品或外购的原材料、固定资产等实物用于对外捐赠，根据现行所得税法的规定，应分解为按公允价值视同对外销售和捐赠两项业务进行所得税处理，即企业对外捐赠资产应视同销售计算缴纳企业所得税。那么，捐赠实物的商品价值或实物捐赠额应如何确定？在实际工作中，会计核算和税法处理是不一致的。会计上是按捐赠实物的商品成本价确定捐赠额，而税法则要求将捐赠实物按公允价值视同对外销售，并对公允价值与商品成本之间的差额征收企业所得税。这样一来，实物捐赠在实物价值的确认上就产生了差异。其结果是，企业税前可扣除的捐赠额是会计确认的商品成本额，而计税额则是实物的公允价值，会计和税法实行不同的价值确认标准，给企业在税收利益上带来了损失。对此，企业有无变通的途径来消除差异，避免这种损失呢？下面通过案例分析。

【例 4-1】某粮食加工企业 2012 年会计利润 2 600 万元，该年度向公益性社会机构捐赠自产面粉 400 吨，面粉的市场销售价值 136 万元，生产成本 100 万元。该公司会计及税务处理如下：

《企业会计准则第 14 号——收入》规定，收入指企业在日常活动中形成的、会导致所有者权益增加的、与所有者投入资本无关的经济利益的总流入。销售商品收入同时满足下列条件的，才能予以确认：①企业已将商品所有权上的主要风险和报酬转移给购货方；②企业既没有保留通常与所有权相联系的继续管理权，也没有对已售出的商品实施有效控制；③收入的金额能够可靠地计量；④相关的经济利益很可能流入企业；⑤相关的已发生或将发生的成本能够可靠地计量。该企业以实物对外捐赠行为并非企业的日常经营活动，而是与企业经营活动无关的营业外支出，它不会由于对外捐赠业务而导致经济利益流入企业或增加企业的所有者权益。因此，该实物捐赠行为不能满足收入准则有关确认收入的条件和要求，此捐赠支出在进行会计核算时不能作为收入处理，应该按企业的商品成本结转"营业外支出"，并根据增值税的规定按市场销售价值计算增值税（适用增值税税率为 13%）。

借：营业外支出　　　　　　　　　　　　　　　　117.68 万元
　　贷：库存商品　　　　　　　　　　　　　　　　100 万元

应缴税费——应缴增值税（销项税额）　　　　　　　　　17.68万元

根据《企业所得税法实施条例》第二十五条的规定，企业发生非货币性资产交换，以及将货物、财产、劳务用于捐赠、偿债、赞助、集资、广告、样品、职工福利或者利润分配等用途的，应当视同销售货物、转让财产或者提供劳务，但国务院财政、税务主管部门另有规定的除外。

该企业2012年度企业所得税汇算清缴时，应根据《国家税务总局关于中华人民共和国企业所得税年度纳税申报表的补充通知》（国税函〔2008〕1081号）文件的规定，对外捐赠的面粉400吨应根据市场销售价格，确认视同销售收入136万元并填入附表一"收入明细表"的第15行；商品成本100万元确认为视同销售成本，填入附表二"成本费用明细表"的第14行；视同收入和成本再通过附表三"纳税调整项目明细表"的第2行和第21行计算出主表第23行，"捐赠视同销售的应纳税所得"36万元，该企业应为捐赠而发生的视同销售所得缴纳企业所得税9万元（即36×25%）。

该捐赠属于公益性捐赠，符合税法的规定，并且没有超过《企业所得税法》第九条"企业发生的公益性捐赠支出，在年度利润总额12%以内的部分，准予在计算应纳税所得额时扣除"的规定，该捐赠支出117.68万元可通过附表三"纳税调整项目明细表"的第28行在所得税前全额扣除。

通过上述分析可见，税法所规定的实物捐赠视同对外销售货物行为，不符合会计准则确认收入的条件，会计只能按捐赠实物的商品成本确认企业的捐赠额，而税法要求按捐赠货物的公允价值确认视同销售收入，依据捐赠货物的商品成本确认视同销售成本，这样就产生了税收上的视同销售应纳税所得。但视同销售货物的所得并不包括在会计确认的捐赠金额中，所以，企业还要对没有经济利益流入的视同销售所得承担纳税义务。

筹划方法：该企业能否既达到捐赠目的，同时又不多缴税呢？纳税人不妨将向公益性社会机构捐赠实物，改为先向公益性社会机构销售货物，货款作应收账款处理，然后再把应收公益性社会机构的销售款捐赠给该机构。如此操作的会计和税务处理如下：

（1）销售面粉

借：应收账款——公益性社会机构　　　　　　　　　153.68万元

　　贷：主营业务收入　　　　　　　　　　　　　　　　136万元

　　　　应缴税费——应缴增值税（销项税额）　　　　　17.68万元

（2）结转商品成本

借：主营业务成本　　　　　　　　　　　　　　　　100万元

　　贷：库存商品　　　　　　　　　　　　　　　　　　100万元

（3）捐赠应收账款

借：营业外支出　　　　　　　　　　　　　　　　　153.68万元

　　贷：应收账款——公益性社会机构　　　　　　　　153.68万元

第四章　企业所得税纳税筹划

税务处理：

企业捐赠的"应收账款"支出 153.68 万元，没有超过税法规定的捐赠比例，应填入附表三"纳税调整项目明细表"的第 28 行，可在缴纳所得税前全额扣除。

通过对上述案例的分析，该企业应将实物捐赠改为销售货物和对外捐赠两项业务，由原来的捐赠实物改为捐赠销售款，并分别进行会计处理。这样，既能实现捐赠做善事的目的，同时又能减轻企业的税收负担。

二、非居民企业转让股权业务的所得税筹划

（一）通过间接转让，将股权转让所得确认为境外所得

【例 4-2】居民企业甲为非居民企业 A 的全资子公司，由于需要，A 将甲的股权全部转让给非居民企业 C，依照税法规定，A 应就股权转让所得缴纳所得税。

筹划方法：设立非居民企业 B，成为 A 的全资子公司，同时将甲设为 B 的全资子公司，从而让 A 通过 B 间接控股甲。然后由 A 将 B 的股权转让给 C，这样 A 通过转让 B 股权，达到了间接转让甲股权的目的。

政策依据：①确定境外所得。《企业所得税法实施条例》第七条规定，权益性投资资产转让所得按照被投资企业所在地确定。由于 B 位于境外，A 转让 B 股权的所得就是境外所得。②境外所得一般不纳税。《企业所得税法》第三条规定，除了发生在境外且与其境内所设机构、场所有实际联系的所得外，非居民企业其他境外所得都不在境内缴纳企业所得税。案例中，A 直接控股 B，其取得的境外所得，不在境内缴纳所得税。

注意要点：《国家税务总局关于加强非居民企业股权转让所得企业所得税管理的通知》（国税函〔2009〕698 号）规定，境外投资方（实际控制方）通过滥用组织形式等安排间接转让中国居民企业股权，且不具有合理的商业目的，规避企业所得税纳税义务的，主管税务机关上报税务总局审核后，可以按照经济实质，对该股权转让交易重新定性，否定被用作税收安排的境外控股公司的存在。因此，在进行纳税筹划时，一定要考虑其是否同时具有合理商业目的，否则筹划可能会被税务机关否定。

（二）通过改变股权比例来满足税收协定的不征税条件

【例 4-3】在香港注册的非居民企业 A，持有中国居民企业甲 30% 的股权，A 计划将甲的股权全部转让。依照税法规定，A 应就股权转让所得缴纳所得税。

筹划方法：A 先转让超过 5% 的股权，然后在 12 个月后，再转让剩余股权（不足 25%）。

政策依据：《国家税务总局关于执行〈内地和香港特别行政区关于对所得避免双重征税和防止偷漏税的安排〉第二议定书有关问题的通知》（国税函〔2008〕685 号）规定，一方居民转让其在另一方居民公司资本中的股份或其他权利取得的收益

141

的，如果该收益人在转让行为前的 12 个月内，曾经直接或间接参与该公司至少 25%的资本，可以在该另一方征税。因此，A 第一次转让 5%以上股权，应在大陆征税，而第二次转让不足 25%的股权时，不在大陆征税。有类似协定规定的国家或地区较多，比如美国、新加坡等，都可以采用这种筹划方式。以美国为例，《中华人民共和国政府和美利坚合众国政府关于对所得避免双重征税和防止偷漏税的协定》第十二条第五款规定，转让第四款所述以外的其他股票取得的收益，该项股票又相当于参与缔约国一方居民公司的股权的 25%，可以在该缔约国征税。

注意要点：在计算不足 25%的股权时，除了考虑直接控股外，有些国家或地区还要考虑是否存在间接参股的情况。

（三）筹划为在协定规定的转让者居住国征税

【例 4-4】非居民企业 A，持有中国境内居民企业甲 40%的股权，A 计划将甲股权全部转让。依照税法规定，A 应就股权转让所得缴纳所得税。

筹划方法：可以考虑将 A 设立在一个财产收益税负较低的国家，并且该国家与中国的税收协定规定，应由转让者为其居民的缔约国征税。

政策依据：①完全由转让者居住国征税。此类国家很少，比如古巴。《中华人民共和国政府和古巴共和国政府关于对所得避免双重征税和防止偷漏税的协定》第十三条第四款规定，转让第一款、第二款和第三款所述财产以外的其他财产取得的收益，应仅在转让者为其居民的缔约国征税。②一般由转让者居住国征税。此类国家也不多，比如土库曼斯坦、埃塞俄比亚。以土库曼斯坦为例，《中华人民共和国政府和土库曼斯坦政府对所得避免双重征税和防止偷漏税的协定》第十三条第四款规定，缔约国一方居民转让股份取得的收益，如果该股份价值的 50%（不含）以上直接或间接来自位于缔约国另一方的不动产，可以在该缔约国另一方征税。第五款规定，转让第一款至第四款所述财产以外的其他财产取得的收益，应仅在转让者为其居民的缔约国一方征税。

注意要点：这种筹划，一般在投资之初就要选择好相应的国家，该非居民企业就直接注册在协定规定由转让者居住国征税的国家。如果在投资成立后再筹划，会涉及较多税收风险。

（四）通过先分配（或转股）后转让的方法来筹划

【例 4-5】在新加坡注册的非居民企业 A，持有中国居民企业甲 100%的股权，2014 年 1 月将甲企业全部股权转让给居民企业 B。假设股权投资成本 4 000 万美元，转让价为 6 000 万美元，转让时，甲企业有未分配利润（2008 年以后形成）和盈余公积都是 1 000 万美元。不考虑其他因素，预提所得税为（6 000－4 000）×10%＝200（万美元）。

筹划方法：甲先分配未分配利润 1 000 万美元，然后 A 再转让股权。考虑到已分配利润，此时股权转让价调整为 5 000 万美元。

政策依据：《新加坡共和国政府和中华人民共和国政府关于对所得避免双重征

第四章 企业所得税纳税筹划

税和防止偷漏税的协定》第十条第二款规定，在受益所有人是公司（合伙企业除外），并直接拥有支付股息公司至少25%资本的情况下，不应超过股息总额的5%。因此，案例中对甲分配股息，A适用5%的税率，所得税为1 000×5%＝50（万美元）。此时股权转让所得税为（5 000－4 000）×10%＝100（万美元）。筹划后，所得税合计150万美元，比筹划前少50万美元。这种筹划方法，主要考虑到股息所得与股权转让所得之间的税率差异。此外，如果分配的是2008年以前未分配利润，由于免征所得税，采取此筹划方法会更划算。

注意要点：用此方法筹划时，还可以考虑将未分配利润和盈余公积转增股本。对转增的股本，除了投资方按股息缴纳所得税外，应增加投资方该项长期投资的计税基础。但需要注意的是，依据公司法的规定，法定公积金转为资本时，所留存的该项公积金不得少于转增前公司注册资本的25%。本案例中，如果甲注册资本是4 000万美元，则留存的公积金就应不低于1 000万美元。

综上所述，非居民企业转让股权的纳税筹划，必须在合法的前提下进行，而且非居民企业还要按规定履行相关手续，才能享受税收协定待遇。因此，此类纳税筹划实施起来往往并不容易，企业需且行且谨慎。

三、企业享受政策性搬迁税收优惠的所得税筹划

《国家税务总局公告》2013年第11号规定，凡在国家税务总局2012年第40号公告生效前已经签订搬迁协议且尚未完成搬迁清算的企业政策性搬迁项目，企业在重建或恢复生产过程中购置的各类资产，可以作为搬迁支出，从搬迁收入中扣除。但购置的各类资产，应剔除该搬迁补偿收入后，作为该资产的计税基础，并按规定计算折旧或费用摊销。

根据该公告的规定，2012年9月30日前已签订搬迁协议，但在2012年企业所得税汇算清缴前尚未完成搬迁清算的，按《国家税务总局公告》2013年第11号执行。即如果搬迁所得（搬迁收入－国家税务总局2012年第40号公告第八条所述搬迁支出）－重置资产>0，在搬迁完成年度，计入应纳税所得额，重置资产不再计提折旧和摊销费用；如果搬迁所得>0，但搬迁所得－重置资产≤0，只能递减至0；如果搬迁所得≤0，在搬迁完成年度以实际金额计入应纳税所得额，重置资产不得在当期扣除，可按规定计算折旧或摊销费用。

【例4-6】甲企业因社会公共利益的需要进行整体搬迁，且该搬迁符合政策性搬迁条件，2012年9月30日前已签订搬迁协议，但在2012年企业所得税汇算清缴前尚未完成搬迁清算。期间，甲企业取得政策性搬迁收入16 000万元，符合国家税务总局公告2012年第40号第八条所述的搬迁支出2 000万元（资产原值3 000万元，折旧摊销及清理费用1 000万元，下同），购置土地5 200万元，建造房屋3 600万元，购置设备3 200万元（房屋、设备的残值率均为5%，下同）。

甲企业的税务处理如下：

搬迁所得=搬迁收入16 000-搬迁支出2 000=14 000（万元）。

搬迁所得-重置资产=14 000-（5 200+3 600+3 200）=2 000（万元），在搬迁完成年度计入应纳税所得额，重置资产不再计提折旧或摊销费用，即重置资产可以税前扣除的计提折旧或摊销费用为零。

【例4-7】 乙企业因社会公共利益的需要进行整体搬迁，且该搬迁符合政策性搬迁条件，2012年9月30日前已签订搬迁协议，但在2012度企业所得税汇算清缴前，尚未完成搬迁清算。期间，乙企业取得政策性搬迁收入11 000万元，符合《国家税务总局公告》2012年第40号第八条所述的搬迁支出2 000万元，购置土地5 200万元，建造房屋3 600万元，购置设备3 200万元。

乙企业的税务处理如下：

搬迁所得=搬迁收入11 000-搬迁支出2 000=9 000（万元）。

搬迁所得-重置资产=9 000-（5 200+3 600+3 200）=-3 000（万元）。即可以计提折旧或摊销费用的重置资产的计税基础为3 000万元。

关于如何对可以计提折旧或摊销费用的3 000万元重置资产的计税基础在各项资产之间进行分配，《国家税务总局公告》2013年第11号并未作出规定，在此提出如下两种方案：

第一种方案：采用可以计提折旧或摊销费用的重置资产占全部重置资产的比例计算。

可以计提折旧或摊销费用的重置资产占全部重置资产的比例=3 000÷（5 200+3 600+3 200）=25%。

假设土地使用权按50年摊销，则每年摊销费用为104万元；房屋按20年计提折旧，则每年折旧费用为171万元；设备按10年计提折旧，则每年折旧费用为304万元。这样，会计上每年重置资产可以计提折旧和摊销的费用合计579万元（即104+171+304）。

每年可以税前扣除的固定资产折旧和土地使用权摊销费用=579×25%=144.75（万元）。

（1）如果乙企业执行《企业会计准则》，由于会计上已将收到的政府补助确认为递延收益，按年度计算的计提折旧和摊销费用的金额从递延收益转入营业外收入，税务上每年可按144.75万元作纳税调整减少处理。

（2）如果乙企业执行《企业会计制度》，由于会计上对所有重置资产直接计提折旧和摊销费用，则应对重置资产不再计提折旧和摊销费用的434.25万元（即579-144.75）作纳税调整增加。

第二种方案：由企业按重置资产，自选折旧或摊销最低年限短的某一类或几类资产计提折旧或摊销费用。

（1）如果乙企业执行《企业会计准则》，由于会计上已将收到的政府补助确认为递延收益，所有重置资产按年度计算的计提折旧和摊销费用的金额，从递延收益转入营业外收入，因此税务上，每年企业所得税汇算清缴前，可以计提折旧或摊销费用，作纳税调整减少处理。乙企业自选设备类资产，作可以税前扣除的固定资产折旧为285万元（即304×3 000÷3 200）。如果重置资产发生变动，其金额应当作相应调整。

（2）如果乙企业执行《企业会计制度》，由于会计上对所有重置资产直接计提折旧和摊销费用，因此应当对重置资产不再计提折旧和摊销费用的金额作纳税调整增加。由于都是选择折旧或摊销最低年限短的某一类或几类资产作为可以计提折旧或摊销费用的资产，所以在结果上能达到异曲同工的效果，只不过是将其相应的计提折旧和摊销费用294万元（即104+171+200×304÷3 200）作纳税调整增加，可以税前扣除的固定资产折旧仍为285万元（即579-294）。

方案建议：

《国家税务总局公告》2013年第11号是在改变国税函〔2009〕118号文件优惠政策的情况下发布的，是一个过渡性质的政策。由于重置资产税前可以计提折旧和摊销费用总额在原理上是等额的，只不过在计提和摊销的时间、每年金额上有所差异，即形成暂时性差异。为便于企业充分利用资金时间价值，节省资金成本，企业应当选用第二种方案。税务机关应当允许企业从上述两种方案中自行选用。

此外，由于政策性搬迁享受企业所得税优惠政策属于税收征管的备案项目，因此企业为享受政策性搬迁企业所得税优惠政策，除应当按照税务机关的要求进行备案管理以外，还应当对整个搬迁项目（包括搬迁收入、搬迁支出、重置资产按发生时间、内容、金额、记账凭证等）建立管理台账。同时，企业须对所有重置资产建立明细账册，包括编号、名称、单位、规格、购进时间、记账时间、会计凭证、提取折旧、摊销费用和资产变动记录，便于税务机关管理和检查。

四、股权投资收益的纳税筹划

企业股权投资取得的收益，主要有以下两种：第一，企业通过股权投资，从被投资企业所得税后累计未分配利润和累计盈余公积金中分配取得的股息、红利性质的投资收益。第二，企业因转让或处置股权投资的收入，减除股权投资成本后的余额，为企业股权投资转让所得或损失。根据《企业所得税法》的规定，企业取得的股息、红利等权益性投资收益为应纳税收入，符合条件的居民企业之间的股息、红利等权益性投资收益为免税收入；转让企业股权取得的收入为应纳税所得，缴纳企业所得税。但何时确认股权转让的纳税义务？股权转让的应纳税所得额如何确认？股权转让的损失何时可以扣除？在此作如下分析：

（一）股权转让的纳税义务发生及应纳税所得的确认

对何时确认股权转让的纳税义务，如何确认股权转让行为的应纳税所得，企业所得税法和条例仅作了一般性规定。《国家税务总局关于贯彻落实企业所得税法若干税收问题的通知》（国税函〔2010〕79号）文件对此作了明确：企业转让股权收入，应于转让协议生效且完成股权变更手续时，确认收入的实现。转让股权收入扣除为取得该股权所发生的成本后，为股权转让所得。企业在计算股权转让所得时，不得扣除被投资企业未分配利润等股东留存收益中按该项股权所可能分配的金额。

【例4-8】2006年，甲企业用现金出资1 200万元（持股比例为60%），乙企业以实物出资800万元（持股比例为40%），共同设立A公司，A公司注册资本2 000万元。2009年12月，A公司所有者权益总额为2 600万元，其中实收资本2 000万元，未分配利润600万元，A公司成立后一直未进行利润分配。2009年12月，甲企业将持有的A公司股权以1 580万元的价款全部转让给B公司，并与受让方签订转让协议（协议签订之日生效），2010年1月完成股权的变更手续（本例中的企业均为居民企业）。

由于现行税法对股息、红利收益和股权转让收益实行不一样的税收待遇，所以，甲企业在股权转让过程中，被投资企业A公司所获得的利润是否向股东进行分配，这将影响甲企业股权转让所得或损失额的确认并产生税负差异。

1. 情况一：甲企业在A公司没有向股东分配利润的情况下转让股权

《企业所得税法实施条例》第十六条规定，企业所得税法所称转让财产收入，是指企业转让固定资产、生物资产、无形资产、股权、债权等财产所取得的收入。甲企业转让股权取得的1 580万元为财产转让收入，根据国税函〔2010〕79号关于转让协议生效且完成股权变更手续时点的规定，即虽然2009年12月份签订协议并已生效，但该企业于2010年1月份才完成股权的变更手续，因此，股权转让收入确认的时点应为2010年1月份。《企业所得税法实施条例》第七十一条规定，企业在转让或者处置投资资产时，投资资产的成本准予扣除。通过支付现金方式取得的投资资产，以购买价款为成本。甲企业的投资资产成本为1 200万元。根据国税函〔2010〕79号文件的规定，甲企业在计算股权转让所得时，不得扣除被投资企业未分配利润等股东留存收益中按该项股权所可能分配的金额。

甲企业股权转让的应纳税所得为380万元（即1 580-1 200）。

股权转让应纳所得税额为95万元（即380×25%）。

2. 情况二：A公司向股东分配利润后，甲企业转让股权

根据《企业所得税法》第二十六条的规定，企业取得的符合条件的居民企业之间的股息、红利等权益性投资收益为免税收入，不征企业所得税。

2009年12月，A公司将未分配利润600万元向股东进行分配，利润分配后甲企业股权转让应纳税所得为20万元［即1 580-（600×60%）-1 200］。

股权转让应纳所得税额为5万元（即20×25%）。

甲企业在A公司利润分配后转让股权比利润分配前转让股权少缴企业所得税90万元（即95-5）。

由此说明，体现在留存收益中的税后利润对居民企业来说，虽然为免税收入，但是，如果不进行利润分配而随着股权一并转让，就不视为免税收入，因此，在甲公司取得的股权转让收入1 580万元中，所含的股息、红利收益360万元（即600×60%）也由免税收入变成了应税收入，多缴了所得税。

（二）股权投资损失的确认

企业对外进行股权投资所发生的损失如何在所得税前扣除，自企业所得税法实施后，引起了大家的关注和争议。《国家税务总局关于印发〈企业资产损失税前扣除管理办法〉的通知》（国税发〔2009〕88号）文件对此从资产损失角度作了规定，企业发生的股权（权益）性投资资产损失，应在按税收规定实际确认或者实际发生的当年申报扣除，不得提前或延后扣除。

【例4-9】甲企业2009年度应纳税所得1 000万元（不包括转让A公司股权的损失），A公司2009年12月份会计账面未分配利润600万元，2009年12月份，由于该企业尚有其他不良资产，甲企业只能将持有的A公司股权以1 250万元的价款转让给B公司。假设甲企业与B公司在年度内签订转让协议并完成股权的变更手续。

1. 甲企业在A公司没有向股东分配利润的情况下转让股权

甲企业转让A公司股权投资所得为50万元（即1 250-1 200）；

应纳税所得1 050万元（即1 000+50）；

应纳所得税262.5万元（即1 050×25%）。

2. 甲企业在A公司向股东分配利润后转让股权

甲企业转让A公司股权投资损失为-310万元〔即1 250-（600×60%）-1 200〕；

根据国税发〔2009〕88号文件的规定，甲企业2009年发生的股权投资损失应该在本年度确认并在税前扣除。

应纳税所得690万元（即1 000-310）；

应纳所得税172.5万元（即690×25%）；

甲企业在A公司利润分配后转让股权比利润分配前转让股权少缴企业所得税90万元（即262.5-172.5）。

通过上例可以看出，企业转让股权时，无论是股权转让收益还是股权转让损失，被投资企业的未分配利润分配与否都是投资企业能否享受所得税优惠的关键，在不影响被投资企业其他经济利益的情况下，投资企业在发生股权转让行为时，应尽量要求被投资企业对获取的利润进行分配，以减少企业的税收负担。

五、企业分设公司的所得税筹划

《企业所得税法》第四十三条规定：企业发生的与生产经营活动有关的业务招

待费支出，按照发生额的60%扣除，但最高不得超过当年销售（营业）收入的5‰。第四十四条规定：企业发生的符合条件的广告费和业务宣传费支出，不超过当年销售（营业）收入15%的部分，准予扣除；超过部分，准予在以后纳税年度结转扣除。费用扣除规定了限额，企业超标就要进行纳税调整。

【例4-10】某企业的数据如下：某生产企业某年度实现销售净收入20 000万元，企业当年发生业务招待费160万元，发生广告费和业务宣传费3 500万元。根据税收政策规定的扣除限额计算如下：

业务招待费超标：160-（160×60%）=64（万元）

广告费和业务宣传费超标：3 500-20 000×15%=500（万元）

超标部分应缴纳企业所得税税额：（64+500）×25%=141（万元）

费用超标的原因是企业的收入"低"，如果收入基数提高了，那么费用的扣除额也就多了。问题是企业没有那么大的市场份额，是无法靠市场销售立马提高收入的。在这个条件下的节税技巧就是：拆分企业的组织结构，也就是通过分设企业来增加扣除限额，从而增加税前的扣除费用，减轻企业所得税。

筹划方法：我们可将企业的销售部门分离出去，成立一个独立核算的销售公司。企业生产的产品以18 000万元卖给销售公司，销售公司再以20 000万元对外销售。费用在两个公司分配：生产企业与销售公司的业务招待费各分80万元，广告费和业务宣传费分别为1 500万元和2 000万元。由于增加了独立核算的销售公司这样一个新的组织形式，也就增加了扣除限额；因最后对外销售仍是20 000万元，没有增值，所以不会增加增值税的税负。这样，在整个利益集团的利润总额不变的情况下，业务招待费、广告费和业务宣传费分别以两家企业的销售收入为依据计算扣除限额，结果如下：

生产企业：

业务招待费的发生额为80万元，扣除限额=80×60%=48（万元）

超标：80-48=32（万元）

广告费和业务宣传费的发生额为1 500万元，而扣除限额=18 000×15%=2 700（万元）

生产企业就招待费用大于扣除限额32万元，需做纳税调整。

销售公司：

业务招待费的发生额为80万元，扣除限额=80×60%=48（万元）

超标：80-48=32（万元）

广告费和业务宣传费的发生额为2 000万元，而扣除限额=20 000×15%=3 000（万元）

也是招待费用超标32万元，需做纳税调整。

两个企业调增应纳税所得额64万元（即32+32），应纳税额为：64×25%=16（万元）。

第四章 企业所得税纳税筹划

两个企业比一个企业节约企业所得税125万元（即141-16）。

需要注意的是，案例中的交易价格会影响两个公司的企业所得税，即生产企业以多少价款把产品卖给销售公司，才能保证两个企业都不亏损？如果一方亏损一方盈利，那亏损一方的亏损额就产生不了抵税作用，盈利的一方则必须多缴企业所得税。所以，一定要仔细核算交易价格，以免发生不必要的损失。

如果生产企业和销售公司是关联企业，那么在确定交易价格时，也要注意有关关联交易的限制规定，以免在受到税务机关稽查时说不清楚。但在实务中，产品大都有批发价和零售价，并且还可以根据批量大小，确定不同的批发价。所以，生产企业和销售公司确定交易价格时有很大的筹划空间。

通过这个案例，可以看出，对于国家税法限制的费用，我们可以通过新设企业、增加扣除限额的途径来解决。但前提条件是不能违法，并且要测算好相关的数据，不要"按下葫芦浮起瓢"，这边节约了税金，那边却又多缴了税金。

六、企业以销定产中的所得税筹划

企业经营决策任务之一就是正确预测分析市场需求的类型及发展趋势。据此，须结合自身的生产能力、资金运转速度和税负轻重等因素，计划企业的生产量和销售方式，以期取得最大利润。以销定产的经营决策，由于增值税、企业所得税以及折旧"税收挡板"的共同作用，因而合理安排企业的产销结构，能够使企业享受纳税筹划的收益。

【例4-11】某汽车钢圈厂生产轿车钢圈卖给某汽车制造厂配套使用。经预测，销路好时，从1994年开始，以后10年中，每年可销售8万只钢圈，概率是0.4；销路差时，则每年只销售4万只钢圈，概率是0.6。该汽车制造厂希望钢圈厂供给配套钢圈。

洽谈协议为：

（1）如果保证供应，则汽车制造厂在10年内不再购置其他厂的钢圈。每只钢圈价格为150元。

（2）如果钢圈厂每年只能供应4万只钢圈，则售价降低3%。

（3）如果每年固定供应8万只钢圈，则售价降低5%。超过4万只但不足8万只，也按此价收购。

钢圈厂根据上述协议，分析了本厂的情况：

（1）如果要达到年产4万只，需将成型车间改建，投资50万元，由企业自有资金解决。1994年年初改建，年底可完工。

（2）如果要达到年产量8万只，需扩建成型车间，投资800万元，除了自有资金50万元外，其余资金由贷款解决，年利率6%，也可于1994年初开工，年底完工。

(3) 钢圈厂现有生产轿车钢圈的固定资产 1 000 万元，年折旧率 20%，每年分摊管理费 10 万元，车间改建后每只钢圈的变动成本 75 元，扩建后可下降 8%。

(4) 经市场预测，1994 年后的 10 年内，其他汽车制造厂也需要钢圈，预计每年需求量最大可达 3.2 万只，概率是 0.6，需求量最少也要 1.2 万只，概率是 0.4，每只售价 150 元。另外，需缴纳 6% 增值税和 33% 所得税。

该厂财务部门根据掌握的材料，对市场销售情况做了全面的分析，提出了三个可行性方案供厂长选择。

方案一：

用自有资金投资 50 万元改建车间，年生产 4 万只钢圈，全部卖给汽车制造厂，则：

产品单价=150（1-3%）=145.50（元/只）

产品销售=145.50×4=582（万元）

年固定费用=（年固定资产+新增投资）×折旧率+应摊管理费=（1 000+50）×20%+10=220（万元）

年变动成本总额=75×4=300（万元）

年销售总成本=固定费用+变动成本总额=220+300=520（万元）

年销售利润=销售收入-销售总成本-增值税=582-520-582×6%=27.08（万元）

年应纳税金=年销售利润×33%=27.08×33%=8.93（万元）

年税后利润=年销售利润-年应纳税金=27.08-8.93=18.15（万元）

投资回收期=投资额÷年税后利润=50÷18.15=2.76（年）

方案二：

贷款 750 万元，自有资金 50 万元，总投资 800 万元扩建车间，年生产 8 万只钢圈，全部卖给该汽车制造厂，则：

产品价格=150（1-5%）=142.50（元/只）

年销售额=142.50×8=1 140（万元）

年固定费用=（1 000+800）×20%+10=370（万元）

年变动成本总额=75（1-8%）×8=552（万元）

年销售总成本=370+552=922（万元）

年销售利润=1 140-922-114×6%=149.60（万元）

年应纳税金=149.60×33%=49.37（万元）

年税后利润=149.60-49.37=100.23（万元）

投资回收期=800÷100.23=7.98（年）

方案三：

扩建成型车间，达到 8 万只钢圈的年生产能力，一部分产品供应汽车制造厂，一部分卖给其他厂。

每年供应汽车制造厂钢圈数量=4×0.6+8×0.4=5.6（万只）

销售额=150（1-5%）5.6=798（万元）

每年供应给其他厂钢圈数量=3.2×0.6+1.2×0.4=2.4（万只）

销售额=150×2.4=360（万元）

年总销售额=798+360=1 158（万元）

年销售利润=1 158-922-1 158×6%=166.52（万元）

年应纳税金=166.52×33%=54.95（万元）

年税后利润=166.52-54.95=111.57（万元）

投资回收期=800÷111.57=7.17（年）

我们比较三种方案的优劣，从中科学选择最佳方案。列表指标如下表4-1所示。

表4-1 方案分析

指标	单位	方案一	方案二	方案三
1. 产量	万只	4	8	8
2. 投资	万元	50	800	750
其中：贷款		0	750	750
3. 销售额	万元	582	1 140	1 158
4. 总费用	万元	520	922	922
5. 销售利润	万元	27.08	149.60	166.52
6. 所得税	万元	8.93	49.37	54.95
7. 税后利润	万元	18.15	100.23	111.57
8. 投资回收期	年	2.76	7.98	7.17

从上表4-1中可以看出，无论从税后利润，还是从投资回收期比较，都可得出方案三是最佳选择的结论，即扩建成型车间，达到8万只钢圈的年生产能力，一部分产品供应汽车制造厂，一部分卖给其他厂家，这样的产销结构是最优选择。

七、企业集团公益性捐赠的所得税筹划

【例4-12】2008年汶川大地震发生后，某企业集团决定通过本县民政部门向汶川地震灾区捐款200万元。该集团下属企业中，只有两家公司具备捐赠该项赈灾款项的经济实力。甲、乙两公司预计2008年实现税前会计利润1 000万元和800万元，如何进行捐赠，既能够实现捐赠200万元的目标，又能够把集团费用降到最低，摆在了集团决策者的面前。

《中华人民共和国企业所得税法实施条例》第五十一条规定："企业所得税法第九条所称公益性捐赠，是指企业通过公益性社会团体或者县级以上人民政府及其部

门，用于《中华人民共和国公益事业捐赠法》规定的公益事业的捐赠。"该集团所属企业捐赠用于汶川大地震救助，且通过该县民政局渠道捐赠，完全符合公益性捐赠的条件，属于公益性捐赠。该条例第五十三条规定："企业发生的公益性捐赠支出，不超过年度利润总额12%的部分，准予扣除。"该集团所属企业的捐赠在不超过2008年年度利润总额12%的标准内准予扣除。根据财政部、国家税务总局〔2008〕62号文《关于认真落实抗震救灾及灾后重建税收政策问题的通知》第一条（二）的规定，"企业发生的公益性捐赠，按企业所得税法及其实施条例的规定在计算缴纳所得税时准予扣除"。根据该文件精神，该集团所属企业用于抗震救灾捐赠没有特殊规定，仍然执行公益性捐赠12%的扣除规定。

根据以上规定，制订如下纳税筹划方案：

方案一：由甲企业单独捐赠

1. 准予扣除标准120万元

2008年甲企业预计实现利润总额1 000万元，12%以内部分的公益性捐赠准予扣除，准予扣除标准为120万元。

准予扣除标准＝1 000万元×12%＝120（万元）

2. 不准扣除部分80万元

公益性捐赠120万元准予在所得税前扣除，其余部分不得扣除。

不准扣除部分＝200－120＝80（万元）

3. 增加税务负担20万元

不准扣除的公益性捐赠80万元，根据新的企业所得税法，企业所得税率为25%，由此增加税务负担20万元。

增加的税务负担＝80×25%＝20（万元）

甲企业除捐赠200万元外，还要负担20万元的企业所得税，因此该集团需实际支付资金220万元。

方案二：由乙企业单独捐赠

1. 准予扣除标准96万元

2008年乙企业预计实现利润总额800万元，12%以内部分的公益性捐赠准予扣除，准予扣除标准为96万元。

准予扣除标准＝800×12%＝96（万元）

2. 不准扣除部分104万元

公益性捐赠96万元准予在所得税前扣除，其余部分不得扣除。

不准扣除部分＝200－96＝104（万元）

3. 增加税务负担26万元

不准扣除的公益性捐赠104万元，根据新的企业所得税法，企业所得税率为25%，由此增加税务负担26万元。

增加的税务负担＝104×25%＝26（万元）

乙企业除捐赠200万元外，还要负担26万元的企业所得税，因此该集团需实际支付资金226万元。

方案三：由甲、乙企业共同捐赠

1. 甲企业在准予扣除标准范围内捐赠，其余部分由乙企业捐赠

（1）甲企业捐赠120万元；

2008年甲企业预计实现利润总额1 000万元，12%以内部分的公益性捐赠准予扣除，准予扣除标准为120万元，甲企业实际捐赠120万元，准予全额扣除，不用缴纳所得税。

（2）乙企业捐赠80万元

2008年乙企业预计实现利润总额1 000万元，12%以内部分公益性捐赠准予扣除，准予扣除标准为96万元，乙企业实际捐赠80万元，准予全额扣除，不用缴纳所得税。

由此，除甲、乙两企业共同捐赠200万元外，该集团不需再支付任何额外税款。

2. 乙企业在允许扣除标准范围内捐赠，其余部分由甲企业捐赠

（1）乙企业捐赠96万元

2008年乙企业预计实现利润总额800万元，12%以内部分的公益性捐赠准予扣除，准予扣除标准为96万元，乙企业实际捐赠96万元，准予全额扣除，不用缴纳所得税。

（2）甲企业捐赠104万元

2008年甲企业预计实现利润总额1 000万元，12%以内部分的公益性捐赠准予扣除，准予扣除标准为120万元，甲企业实际捐赠104万元，准予全额扣除，不用缴纳所得税。

由此，除甲、乙两企业共同捐赠200万元外，该集团不需再支付任何额外税款。

其实，甲、乙企业在各自允许扣除标准范围内捐赠，只要双方捐赠的数额合计为200万元，就不会增加集团的税务负担。道理同上。

根据以上分析，方案一，该集团除捐赠200万元以外，还需负担20万元的所得税；方案二，该集团除捐赠200万元以外，还需负担26万元的所得税；方案三，该集团除捐赠200万元以外，不需负担任何所得税。显而易见，方案三对该集团来说，无疑是最优选择。

八、企业混合性投资业务的所得税筹划

"混合性投资业务"属于一项金融创新业务，主要存在于房地产行业，并被许多信托公司运用。由于房地产项目银行借款的自有资金比例要求和借款担保不足的现实问题，同时也出于对房地产项目的高回报率的市场预期，信托公司以股权投资形式入股房地产项目公司，约定持股期间的固定投资收益比例，一定期间以后再由

项目公司或其股东回购信托公司持有的股份"混合性投资业务"兼具权益性投资和债权性投资双重性质。为统一该类业务的税务处理口径，国家税务总局于2013年7月15日发布《关于企业混合性投资业务企业所得税处理问题的公告》（《国家税务总局公告》2013年第41号）（以下简称41号文），对该类业务的各项收入和扣除的税务处理作了明确规定。对于符合41号文第一条规定的所有条件的"混合性投资业务"，根据"实质重于形式"的原则，对于投资期间收取或支付的利息和投资收回支付或付出的对价均按照债权投资方式进行税务处理。在投资期间，投资企业收取的固定利息或利润，计入其应纳税所得额计算缴纳企业所得税，而被投资企业支付的固定利息或利润，确认利息支付并依法扣除。投资收回时，双方按回赎价与投资成本之间的差额确认为各自的债务重组损益，分别计入当期应纳税所得额或作为债务重组损失扣除。

但是，在对投资期间的利息进行税务处理时，41号文规定投资企业收取的利息收入需要全部并入其当期应纳税所得额计算缴纳企业所得税，而被投资企业支出的利息部分，需要根据《企业所得税法实施条例》第三十八条及《国家税务总局关于企业所得税若干问题的公告》（2011年第34号）规定的限定利率，在当期进行税前扣除。34号文规定可以扣除的利息支出为根据银行同期同类贷款利率计算的部分，实际情况是，"混合性投资业务"年化利润率往往是银行同期贷款利率的2~3倍，高的甚至超过4倍。如此产生的税务风险是投资方收到的利息需要全额缴纳企业所得税，而被投资方支付的利息只能扣除根据银行贷款利率计算的金额，其余部分需要进行纳税调整。房地产行业"混合性投资业务"，投资规模一般在2~3亿元，按这个比例计算，投资企业每年将有几千万的利息支出不能税前扣除，税务损失高达几百万元甚至上千万元。

尽管"混合性投资业务"约定了投资期间的固定利息或利润，投资方没有承担被投资企业的风险，与债券投资没有本质区别，但其毕竟具有权益性投资的某些特征，因此41号文将投资企业的利息支出限定在根据银行同期同类贷款利率计算的金额范围内，造成同一笔业务双重征税的问题，加重了投资企业的税务负担。

仔细研读41号文，发现上述税务负担完全可以利用41号文第二条第（二）项予以规避。41号文第二条第（二）项关于投资收回的税务处理，按照债权投资的处理思路，投资企业相当于债权人，被投资企业相当于债务人，投资赎回支付的对价和投资成本之间的差额，根据国家税务总局对41号文的解读，如果实际赎价高于投资成本，被投资企业应将赎价与投资成本之间的差额，在赎回当期确认为债务重组损失，并准予在税前全额扣除，不存在纳税调整的问题。因此，投资双方在达成"混合性投资业务"协议时，可以将投资期间支付的固定利息或利润限定在根据银行同期贷款利率计算的范围内，超过部分全部计入赎回投资的对价，这样被投资企业支付的全部利息和对价均能在税前扣除。

【例4-13】假设A企业接受B企业"混合性"投资，由B企业向A企业增资

2.5亿元，双方约定年化收益率为15%，二年后A企业应以2.8亿元的对价赎回该项投资。假设银行同类贷款利率为6%，双方所得税缴纳情况如下：

（1）B企业在投资期间及投资收回时取得的利息收入和债务重组收入为25 000×15%×2+28 000-25 000=10 500（万元）

B企业该项投资业务需缴纳的企业所得税为10 500×25%=2 625（万元）

（2）A企业投资期间支付的利息及债务重组损失为25 000×15%×2+28 000-25 000=10 500（万元）

A企业可以税前扣除的利息支出及债务重组损失为25 000×6%×2+28 000-25 000=6 000（万元）

A企业需做纳税调增的金额为10 500-6 000=4 500（万元）

A企业应补缴企业所得税为4 500×25%=1 125（万元）

按照本书纳税筹划方案，双方应修改投资协议，投资总额不变，年化收益率改为6%，二年后赎回的价格为3.25亿元，双方所得税缴纳情况如下：

（1）B企业在投资期间及投资收回时取得的利息收入和债务重组收入为25 000×6%×2+32 500-25 000=10 500（万元）

B企业该项投资业务需缴纳的企业所得税为10 500×25%=2 625（万元）

（2）A企业投资期间支付的利息及债务重组损失为25 000×6%×2+32 500-25 000=10 500（万元）

A企业可以税前扣除的利息支出及债务重组损失为25 000×6%×2+32 500-25 000=10 500（万元）

A企业需做纳税调增的金额为10 500-10 500=0

A企业应补缴企业所得税为（10 500-10 500）×25%=0

通过纳税筹划，B企业的税务不变，A企业税负减少1 125万元。

九、软件生产企业所得税筹划

软件生产企业享受多项税收优惠政策，把优惠政策用好用足，是纳税筹划的关键。总体来说，软件生产企业所得税筹划应把握以下两点：

（一）合理安排获利年度

财政部、国家税务总局《关于企业所得税若干优惠政策的通知》（财税〔2008〕1号）规定，新办软件生产企业享受自获利年度起企业所得税"两免三减半"的优惠政策。合理安排获利年度也就成了筹划的核心。

【例4-14】假设某新办软件生产企业连续6年的应纳税所得额分别为10万元、-10万元、510万元、600万元、500万元、600万元。前两年免税，第三年～第五年应纳所得税（510-10+600+500）×25%÷2=200（万元），第六年应纳所得税600×25%=150（万元），共纳税350万元。

如果企业有意识地进行利润控制，使前3年的应纳税所得额分别为-10万元、-20万元、540万元，后3年不变，总利润水平并没有改变，则前两年亏损，第三年进入获利年度，第三年~第四年免税，第五年~第六年应纳所得税（500+600）×25%÷2=137.5（万元）。不仅节省所得税325-137.5=187.5（万元），而且为第七年留有1年减半优惠期。

那么，企业该如何推迟获利年度呢？一般应从收入和扣除两方面着手。

收入方面：国家税务总局《关于确认企业所得税收入若干问题的通知》（国税函〔2008〕875号）第一条规定了企业销售商品确认收入实现需同时满足的4个条件。软件生产企业可以通过对已售出的软件实施有效控制，从而推迟收入确认。国税函〔2008〕875号文件还规定，为特定客户开发软件的收费，应根据开发的完工进度确认收入。对软件生产企业来说，控制完工进度也不是难事。

扣除方面：除通用的税前扣除最大化筹划方法外，软件生产企业可以重点考虑加速折旧和加大前期职工培训费投入。财税〔2008〕1号文件规定，软件生产企业的职工培训费用，可按实际发生额在计算应纳税所得额时扣除。

当然，进入获利年度后，可以考虑职工培训费的反向筹划安排，即结转到减半优惠期乃至以后扣除，实现节税最大化。国家税务总局《关于企业所得税执行中若干税务处理问题的通知》（国税函〔2009〕202号）规定，软件生产企业应准确划分职工教育经费中的职工培训费支出，对于不能准确划分的以及准确划分后职工教育经费中扣除职工培训费用的余额，一律按照《企业所得税法实施条例》第四十二条规定的比例扣除。如果企业进入免税期后，有意不进行准确划分，职工培训费就只扣除不超过工资、薪金总额2.5%的部分，超过部分结转到以后年度，从免税期结转到减半优惠期，乃至结转到无优惠期。

必须注意的是，筹办期间不计算为亏损年度。国家税务总局《关于贯彻落实企业所得税法若干税收问题的通知》（国税函〔2010〕79号）第七条规定，企业自开始生产经营的年度，为开始计算企业损益的年度。企业从事生产经营之前进行筹办活动期间发生的筹办费用支出，不得计算为当期的亏损。但国家税务总局《关于企业所得税若干税务事项衔接问题的通知》（国税函〔2009〕98号）第九条规定，只要《企业所得税法》中筹办费用未明确列作长期待摊费用，企业就可以在开始经营之日的当年一次性扣除。这同样有利于推迟获利年度。

（二）适时提出高新技术企业认定申请

从企业所得税筹划的角度看，软件生产企业同时认定高新技术企业，不能达到进一步节税的目的。即使在减半期内，软件生产企业的所得税率实际为25%÷2=12.5%，低于高新技术企业15%的优惠税率。国家税务总局《关于进一步明确企业所得税过渡期优惠政策执行口径问题的通知》（国税函〔2010〕157号）第一条第（二）项规定，居民企业软件生产企业同时被认定为高新技术企业，可以选择适用高新技术企业的15%税率，也可以选择依照25%的法定税率减半征税，但不能享受

15%税率的减半征税。也就是说，不能重叠享受优惠政策。

"两免三减半"属于定期优惠政策，优惠政策到期后怎么办？一些企业也许会想到"翻新"之策，注销老企业，设立新企业，再来一次"两免三减半"。但是，财政部、国家税务总局《关于享受企业所得税优惠政策的新办企业认定标准的通知》（财税〔2006〕1号）、国家税务总局《关于缴纳企业所得税的新办企业认定标准执行口径等问题的补充通知》（国税发〔2006〕103号）杜绝了企业"翻新"套取优惠政策的可能性。所以，企业的最佳选择是"两免三减半"期满之后，能够转而享受高新技术企业15%的优惠税率。由于《高新技术企业认定管理办法》（国科发火〔2008〕172号）规定高新技术企业资格有效期为3年，通过复审有效期延长3年，6年后就得重新提出认定。因此，过早认定高新技术企业没有实质意义，在企业享受最后1年减半优惠时，提出高新技术企业认定申请较为合适，从而顺利实现两种优惠政策的衔接。

十、企业收入确认时间的所得税筹划

《企业所得税法实施条例》以及国税函〔2008〕875号都对应税收入的确认条件进行了比较详细的规定。比如说股息、红利等权益性投资收益，除国务院财政、税务主管部门另有规定外，按照被投资方作出利润分配决定的日期确认收入的实现；对于利息、租金、特许权使用费收入，应当按照合同约定的债务人、承租人、特许权使用人应付利息、租金、特许权使用费的日期确认收入的实现；销售商品需要安装和检验的，在购买方接受商品以及安装和检验完毕时确认收入，如果安装程序比较简单，可在发出商品时确认收入；销售商品采用支付手续费方式委托代销的，在收到代销清单时确认收入；对于艺术表演、招待宴会和其他特殊活动的收费，凡收费涉及几项活动的，预收的款项应合理分配给每项活动，分别确认收入；对于收取的会员费，凡申请入会或加入会员后，会员在会员期内不再付费就可得到各种服务或商品，或者以低于非会员的价格销售商品或提供服务的，该会员费应在整个受益期内分期确认收入。

根据现行税收法律政策对收入确认时间的规定，纳税人可以从以下几个方面考虑开展筹划：对于投资收益，纳税人不妨与被投资方协商，尽可能在年初进行分配，而不在年末分配；对于租金收入，则应当采取预收方式，并尽可能在合同上约定在每个月（季、年）初的某个时间为应收租金日期，进而延迟收入的实现；对于需要安装或者检测的商品销售，应当在合同中明确规定相关收入在安装与检测后确认收入；对于会员费收入，应当尽量考虑与后续的服务发生关联，特别是在合同中约定会员费与以后的服务相关；如此等等，都可以在一定程度上降低、减少或延迟收入。

【例4-15】某企业将其闲置的房产出租，与承租方签订房屋出租合同中约定：租赁期为2008年9月至2009年9月；租金200万元，承租方应当于2008年12月

20 日和 2009 年 6 月 20 日支付房租，各支付租金 100 万元。那么，按照这样的合同，企业应当于 2008 年 12 月 20 日将 100 万元的租金确认为收入，并在 2009 年 5 月 31 日前计算缴纳企业所得税；同时在 2009 年 6 月 20 日也将 100 万元的租金确认为收入，并在 2009 年 7 月 15 日前计算预缴企业所得税。如果纳税人修改一下租金的支付时间或者方法，那么情况将大为改观：其一，将支付时间分别改为 2009 年 1 月以及 7 月，那么就可以轻松地将与租金相关的两笔所得的纳税义务延迟一年和一个季度；其二，不修改房租的支付时间，但只是将"支付"房租改为"预付"，同时约定承租期末进行结算，那么相关的收入确认可以得到更长时间的延迟。

复习思考题

1. 企业如何利用不同组织形式进行企业所得税的纳税筹划？
2. 递延纳税的所得税纳税筹划方法有哪些？

案例分析题

1. 个人投资者李先生欲投资设立一小型工业企业，预计年应纳税所得额为 18 万元。该企业人员及资产总额均符合小型微利企业条件，适用 20% 的企业所得税税率。计算分析李先生以什么身份纳税比较合适。

2. 某企业为树立良好的社会形象，决定通过当地民政部门向某贫困地区捐赠 300 万元，2009 年和 2010 年预计企业会计利润分别为 1 000 万元和 2 000 万元，企业所得税率为 25%。该企业制订了两个方案：方案一，2009 年年底将 300 万元全部捐赠；方案二，2009 年年底捐赠 100 万元，2010 年年底再捐赠 200 万元。请从纳税筹划角度来分析两个方案中哪个更有利。

第五章　个人所得税纳税筹划

学习目标

(1) 了解个人所得税的征收管理；
(2) 熟悉个人所得税的纳税人、征税范围、税率、个人所得税计算、税收优惠；
(3) 掌握个人所得税纳税筹划的方法。

重点和难点

(1) 个人所得税应纳税所得额的确定；
(2) 个人所得税纳税筹划方法的运用。

本章内容

本章主要介绍个人所得税的纳税人、征税范围、税率、应纳税所得额、应纳税额、税收优惠的税法规定和个人所得税纳税筹划的具体方法及案例。

第一节　个人所得税概述

个人所得税是以自然人取得的各类应税所得为征税对象而征收的一种所得税。现行个人所得税的基本规范是1980年9月10日第五届全国人民代表大会第三次会议制定、2011年6月30日第十一届全国人民代表大会常务委员会第二十一次会议第六次修订的《中华人民共和国个人所得税法》(以下简称《个人所得税法》),从2011年9月1日起施行。

一、个人所得税纳税人

一般来说,个人所得税以所得人为纳税义务人,以支付所得的单位或个人为扣缴义务人。所谓个人,包括中国公民、个体工商业户、个人独资企业、合伙企业投资者、外籍个人以及中国香港地区、澳门地区、台湾地区同胞等。上述纳税义务人依据住所和居住时间两个标准,区分为居民纳税人和非居民纳税人,分别承担不同的纳税义务。

(一) 居民纳税义务人

居民纳税义务人负有无限纳税义务。其所取得的应纳税所得,无论是来源于中国境内还是中国境外的任何地方,都要在中国缴纳个人所得税。根据《个人所得税法》的规定,居民纳税义务人是指在中国境内有住所,或者无住所而在中国境内居住满1年的个人。

所谓在中国境内有住所的个人,是指因户籍、家庭、经济利益关系,而在中国境内习惯性居住的个人。这里所说的习惯性居住,是判定纳税义务人属于居民还是非居民的一个重要依据。它是指个人因学习、工作、探亲等原因消除之后,没有理由在其他地方继续居留时,所要回到的地方,而不是指实际居住或在某一个特定时期内的居住地。一个纳税人因学习、工作、探亲、旅游等原因,原来是在中国境外居住的,但是在这些原因消除之后,如果必须回到中国境内居住的,则中国为该人的习惯性居住地。尽管该纳税义务人在一个纳税年度内甚至连续几个纳税年度,都未在中国境内居住过1天,他仍然是中国居民纳税义务人,应就其来自全球的应纳税所得向中国缴纳个人所得税。

所谓在境内居住满1年,是指在一个纳税年度(即公历当年1月1日起至当年12月31日止,下同)内,在中国境内居住满365日。在计算居住天数时,对临时离境应视同在华居住,不扣减其在华居住的天数。这里所说的临时离境,是指在一个纳税年度内,一次不超过30日或者多次累计不超过90日的离境。综上可知,个人所得税的居民纳税义务人包括以下两类:

(1) 在中国境内定居的中国公民和外国侨民。但不包括虽具有中国国籍,却并没有在中国大陆定居,而是侨居海外的华侨和居住在中国香港地区、澳门地区、台湾地区的同胞。

(2) 从公历当年1月1日起至当年12月31日止,居住在中国境内的外国人、海外侨胞和中国香港地区、澳门地区、台湾地区同胞,如果在一个纳税年度内,一次离境不超过30日,或者多次离境累计不超过90日的,仍应被视为全年在中国境内居住，从而判定为居民纳税义务人。例如，一个外籍人员从 2012 年 10 月起到中国境内的公司任职，在 2013 年纳税年度内，曾于 3 月 7~12 日离境回国，向其总公司述职，12 月 23 日又离境回国欢度圣诞节和元旦。这两次离境时间相加，没有超过 90 日的标准，应视作临时离境，不扣减其在华居住天数。因此，该纳税义务人应为居民纳税义务人。

现行税法中关于"中国境内"的概念，是指中国大陆地区，目前还不包括中国香港地区、澳门地区和台湾地区。

（二）非居民纳税义务人

非居民纳税义务人，是指不符合居民纳税义务人判定标准（条件）的纳税义务人。非居民纳税义务人承担有限纳税义务，即仅就其来源于中国境内的所得，向中国缴纳个人所得税。《个人所得税法》规定，非居民纳税义务人是在中国境内无住所又不居住或者无住所而在境内居住不满 1 年的个人。也就是说，非居民纳税义务人，是指习惯性居住地不在中国境内，而且不在中国居住，或者在一个纳税年度内，在中国境内居住不满 1 年的个人。在现实生活中，习惯性居住地不在中国境内的个人，只有外籍人员、华侨或中国香港地区、澳门地区和台湾地区同胞。因此，非居民纳税义务人，实际上只能是在一个纳税年度中，没有在中国境内居住，或者在中国境内居住不满 1 年的外籍人员、华侨或中国香港地区、澳门地区、台湾地区同胞。

【例 5-1】约翰、怀特与亨利均系美国人，而且都是美国哈顿发展有限公司高级雇员。因工作需要，约翰与怀特于 2012 年 12 月 9 日被美国总公司派往中国分公司工作。2013 年 2 月 8 日亨利也被派往中国工作。期间，各自因工作需要，三人均回国述职一段时间，约翰于 2013 年 7 月至 8 月回国 2 个月，怀特与亨利于 2013 年 9 月回国 20 天。

2013 年 12 月 20 日，公司发放年终工资薪金。约翰领得中国分公司支付的工资、薪金 10 万元人民币，美国总公司支付的工资薪金 1 万美元。怀特与亨利均领得中国分公司支付的工资、薪金 12 万元人民币和美国总公司支付的工资薪金 1 万美元。

假设不考虑相关的税收优惠，中国分公司代扣代缴个人所得税时，约翰与亨利两人仅就中国分公司支付的所得缴纳个人所得税，而怀特先生则来自中国分公司与美国总公司的所得均缴纳个人所得税。怀特先生不明白，问财务人员，财务人员的答复是：怀特先生是居民纳税人，而约翰与亨利是非居民纳税人。请问财务人员的处理是否正确？

本案例涉及居民纳税人与非居民纳税人的概念。在本案例中，约翰一次性出境 2 个月，超过 30 天，为非居民纳税人；亨利在 2013 年 2 月才来中国，在 1 个纳税年度内居住未满 1 年，也为非居民纳税人；而怀特在 2013 年除临时离境 20 天外，其余时间都在中国，为居民纳税人，其全部所得均应缴纳个人所得税，所以财务人员的处理是正确的。

二、个人所得税征税范围

个人所得税的征税对象是个人取得的应税所得，包括现金、实物、有价证券和其他形式的经济利益。下列各项个人所得，应纳个人所得税。

（一）工资、薪金所得

工资、薪金所得，是指个人因任职或者受雇而取得的工资、薪金、奖金、年终加薪、劳动分红、津贴、补贴以及与任职或者受雇有关的其他所得。

一般来说，工资、薪金所得属于非独立个人劳动所得。所谓非独立个人劳动，是指个人所从事的是由他人指定、安排并接受管理的劳动，工作或服务于公司、工厂、行政事业单位的人员（私营企业主除外）均为非独立劳动者。他们从上述单位取得的劳动报酬，是以工资、薪金的形式体现的。在这类报酬中，工资和薪金的收入主体略有差异。通常情况下，把直接从事生产、经营或服务的劳动者（工人）的收入称为工资，即所谓"蓝领阶层"所得；而将从事社会公职或管理活动的劳动者（公职人员）的收入称为薪金，即所谓"白领阶层"所得。但实际立法过程中，各国都从简便易行的角度考虑，将工资、薪金合并为一个项目计征个人所得税。

除工资、薪金以外，奖金、年终加薪、劳动分红、津贴、补贴也被确定为工资、薪金范畴。其中，年终加薪、劳动分红不分种类和取得情况，一律按工资、薪金所得课税。津贴、补贴等则有例外。根据我国目前个人收入的构成情况，规定对于一些不属于工资、薪金性质的补贴、津贴或者不属于纳税人本人工资、薪金所得项目的收入，不予征税。这些项目包括：

（1）独生子女补贴。

（2）执行公务员工资制度未纳入基本工资总额的补贴、津贴差额和家属成员的副食品补贴。

（3）托儿补助费。

（4）差旅费津贴、误餐补助。其中，误餐补助是指按照财政部规定，个人因公在城区、郊区工作，不能在工作单位或返回就餐的，根据实际误餐顿数，按规定的标准领取的误餐费。单位以误餐补助名义发给职工的补助、津贴不能包括在内。

奖金是指所有具有工资性质的奖金，免税奖金的范围在税法中另有规定。

对于企业减员增效和行政事业单位、社会团体在机构改革过程中实行内部退养办法人员所取得收入如何征税问题，现行规定如下：

个人在办理内部退养手续后从原任职单位取得的一次性收入，应按办理内部退养手续后至法定离退休年龄之间的所属月份进行平均，并与领取当月的"工资、薪金"所得合并后减除当月费用扣除标准，以余额为基数确定适用税率，再将当月工资、薪金加上取得的一次性收入，减去费用扣除标准，按适用税率计征个人所得税。

个人在办理内部退养手续后至法定离退休年龄之间重新就业取得的"工资、薪金"所得，应与其从原任职单位取得的同一月份的"工资、薪金"所得合并，并依法自行向主管税务机关申报缴纳个人所得税。

退休人员再任职取得的收入，在减除按税法规定的费用扣除标准后，按"工资、薪金所得"应税项目缴纳个人所得税。

另外，公司职工取得的用于购买企业国有股权的劳动分红，按"工资、薪金所得"项目计征个人所得税。

出租汽车经营单位对出租车驾驶员采取单车承包或承租方式运营，出租车驾驶员从事客货营运取得的收入，按工资、薪金所得征税。

在商品营销活动中，企业和单位对营销成绩突出的雇员以培训班、研讨会、工作考察等名义组织旅游活动，通过免收旅游费、差旅费对个人实行奖励的，应根据所发生费用的全额并入营销人员当期的工资、薪金所得，按照"工资、薪金所得"项目征收个人所得税，并由提供上述费用的企业和单位代扣代缴。若为非雇员，则按"劳务报酬所得"项目征收个人所得税，并由提供上述费用的企业和单位代扣代缴。

(二) 个体工商户的生产、经营所得

个体工商户的生产、经营所得，是指：

(1) 个体工商户从事工业、手工业、建筑业、交通运输业、商业、饮食业、服务业、修理业及其他行业所取得的收入。

(2) 个人经政府有关部门批准，取得执照，从事办学、医疗、咨询以及其他有偿服务活动所取得的收入。

(3) 上述个体工商户和个人取得的与生产、经营有关的各项应税收入。

(4) 其他个人从事个体工商业生产、经营取得的收入。

(5) 个人独资企业和合伙企业比照上述规定执行。

出租车属个人所有，但挂靠出租汽车经营单位或企事业单位，驾驶员向挂靠单位缴纳管理费的，或出租汽车经营单位将出租车所有权转移给驾驶员的，出租车驾驶员从事客货运营取得的收入，比照个体工商户的生产、经营所得项目征税。

个体工商户和从事生产、经营的个人，取得与生产、经营活动无关的其他各项应税所得，应分别按照其他应税项目的有关规定，计算征收个人所得税。如取得银行存款的利息、对外投资取得的股息，应按"股息、利息、红利所得"税目的规定单独计征个人所得税。

个体工商户或个人专营种植业、养殖业、饲养业、捕捞业，其经营项目属于农业税、牧业税征税范围的，目前暂不征收个人所得税。

(三) 对企事业单位的承包经营、承租经营的所得

对企事业单位的承包经营、承租经营所得，是指个人承包经营或承租经营以及转包、转租取得的收入。承包项目可分多种，如生产经营、采购、销售、建筑安装等各种承包。转包包括全部转包或部分转包。

（四）劳务报酬所得

劳务报酬所得，指个人独立从事各种非雇佣的各种劳务所取得的收入。内容如下：

（1）设计：指按照客户的要求，代为制订工程、工艺等各类设计业务。

（2）装潢：指接受委托，对物体进行装饰、修饰，使之美观或具有特定用途的作业。

（3）安装：指按照客户要求，对各种机器、设备的装配、安置以及与机器、设备相连的附属设施的装设和被安装机器设备的绝缘、防腐、保温、油漆等工程作业。

（4）制图：指受托按实物或设想物体的形象，依体积、面积、距离等，用一定比例绘制成平面图、立体图、透视图等的业务。

（5）化验：指受托用物理或化学的方法，检验物质的成分和性质等业务。

（6）测试：指利用仪器仪表或其他手段代客对物品的性能和质量进行检测试验的业务。

（7）医疗：指从事各种病情诊断、治疗等医护业务。

（8）法律：指受托担任辩护律师、法律顾问，撰写辩护词、起诉书等法律文书的业务。

（9）会计：指受托从事会计核算的业务。

（10）咨询：指对客户提出的政治、经济、科技、法律、会计、文化等方面的问题进行解答、说明的业务。

（11）讲学：指应邀（聘）进行讲课、作报告、介绍情况等业务。

（12）新闻：指提供新闻信息、编写新闻消息的业务。

（13）广播：指从事播音等劳务。

（14）翻译：指受托从事中、外语言或文字的翻译（包括笔译和口译）的业务。

（15）审稿：指对文字作品或图形作品进行审查、核对的业务。

（16）书画：指按客户要求，或自行从事书法、绘画、题词等业务。

（17）雕刻：指代客镌刻图章、牌匾、碑、玉器、雕塑等业务。

（18）影视：指应邀或应聘在电影、电视节目中出任演员，或担任导演、音响、化妆、道具、制作、摄影等与拍摄影视节目有关的业务。

（19）录音：指用录音器械代客录制各种音响带（盘）的业务，或者应邀演讲、演唱、采访而被录音的服务。

（20）录像：指用录像器械代客录制各种图像、节目的业务，或者应邀表演、采访被录像的业务。

（21）演出：指参加戏剧、音乐、舞蹈、曲艺等文艺演出活动的业务。

（22）表演：指从事杂技、体育、武术、健美、时装、气功以及其他技巧性表演活动的业务。

（23）广告：指利用图书、报纸、杂志、广播、电视、电影、招贴、路牌、橱窗、霓虹灯、灯箱、墙面及其他载体，为介绍商品、经营服务项目、文体节目或通告、声明等事项所做的宣传和提供相关服务的业务。

（24）展览：指举办或参加书画展、影展、盆景展、邮展、个人收藏品展、花鸟虫鱼展等各种展示活动的业务。

（25）技术服务：指利用一技之长进行技术指导、提供技术帮助的业务。

（26）介绍服务：指介绍供求双方商谈，或者介绍产品、经营服务项目等服务的业务。

（27）经纪服务：指经纪人通过居间介绍，促成各种交易和提供劳务等服务的业务。

（28）代办服务：指代委托人办理受托范围内的各项事宜的业务。

（29）其他劳务：指上述列举的28项劳务项目之外的各种劳务。

在实际操作过程中，还可能出现难以判定一项所得是属于工资、薪金所得，还是属于劳务报酬所得的情况，这两者的区别主要看是否存在雇佣与被雇佣的关系。工资、薪金所得属于非独立个人劳务活动，即在机关、团体、学校、部队、企业、事业单位及其他组织中任职、受雇而得到的报酬；而劳务报酬所得，则是个人独立从事各种技艺、提供各项劳务所取得的报酬，一般不存在雇佣关系。

个人担任公司董事、监事，且不在公司任职、受雇的，其担任董事、监事职务所取得的董事、监事费收入，属于劳务报酬的性质，按劳务报酬所得项目征税；但个人在公司任职、受雇，同时兼任董事、监事的，应将董事费、监事费收入与个人工资收入合并，统一按工资、薪金所得项目缴纳个人所得税。

（五）稿酬所得

稿酬所得，是指个人因其作品以图书、报刊形式出版、发表而取得的报酬。将稿酬所得独立划归一个征税项目，而对不以图书、报刊形式出版、发表的翻译、审稿、书画所得归为劳务报酬所得，主要是考虑了出版、发表作品的特殊性。第一，它是一种依靠较高智力创作的精神产品；第二，它具有普遍性；第三，它与社会主义精神文明和物质文明密切相关；第四，它的报酬相对偏低。因此，稿酬所得应当与一般劳务报酬相区别，并给予适当优惠照顾。

（六）特许权使用费所得

特许权使用费所得，是指个人提供专利权、商标权、著作权、非专利技术以及其他特许权的使用权取得的报酬。提供著作权的使用权取得的报酬，不包括稿酬所得。

专利权，是由国家专利主管机关依法授予专利申请人或其权利继承人在一定期间内实施其发明创造的专有权。对于专利权，许多国家只将提供他人使用取得的收入列入特许权使用费，而将转让专利权所得列为资本利得税的征税对象。我国没有开征资本利得税，故将个人提供和转让专利权取得的报酬，都列入特许权使用费所得征收个人所得税。

165

商标权，即商标注册人享有的商标专用权。著作权即版权，是作者依法对文学、艺术和科学作品享有的专有权。个人提供或转让商标权、著作权、专有技术或技术秘密、技术诀窍所取得的报酬，应当依法缴纳个人所得税。

（七）利息、股息、红利所得

利息、股息、红利所得，是指个人因拥有债权、股权而取得的利息、股息、红利收入。利息，是指个人因拥有债权而取得的利息，包括存款利息、贷款利息和各种债券的利息。按税法规定，个人取得的利息收入，除国债和国家发行的金融债券利息外，应当依法缴纳个人所得税。股息、红利，是指个人因拥有股权而取得的股息、红利。按照一定的比率对每股发给的息金叫股息；公司、企业应分配的利润，按股份分配的叫红利。股息、红利所得，除另有规定外，都应当缴纳个人所得税。

除个人独资企业、合伙企业以外的其他企业的个人投资者，以企业资金为本人、家庭成员及其相关人员支付与企业生产经营无关的消费性支出及购买汽车、住房等财产性支出，视为企业对个人投资者的红利分配，依照"利息、股息、红利所得"项目计征个人所得税。

企业的上述支出不允许在所得税前扣除。

纳税年度内个人投资者从其所投资企业（个人独资企业、合伙企业除外）借款，在该纳税年度终了后既不归还又未用于企业生产经营的，其未归还的借款可视为企业对个人投资者的红利分配，可依照"利息、股息、红利所得"项目计征个人所得税。

自2008年10月9日（含）起，暂免征收储蓄存款利息所得的个人所得税。

（八）财产租赁所得

财产租赁所得，是指个人出租建筑物、土地使用权、机器设备、车船以及其他财产取得的收入。

个人取得的财产转租收入，属于"财产租赁所得"的征税范围，由财产转租人缴纳个人所得税。在确认纳税义务人时，应以产权凭证为依据；对无产权凭证的，由主管税务机关根据实际情况确定。产权所有人死亡，在未办理产权继承手续期间，该财产出租而有租金收入的，以领取租金的个人为纳税义务人。

（九）财产转让所得

财产转让所得，是指个人转让有价证券、股权、建筑物、土地使用权、机器设备、车船以及其他财产取得的收入。

在现实生活中，个人进行的财产转让主要是个人财产所有权的转让。财产转让实际上是一种买卖行为，当事人双方通过签订、履行财产转让合同，形成财产买卖的法律关系，使出让财产的个人从对方取得价款（收入）或其他经济利益。财产转让所得因其性质的特殊性，需要单独列举项目征税。对个人取得的各项财产转让所得，除股票转让所得外，都要征收个人所得税。具体规定为：

1. 股票转让所得

鉴于我国目前证券市场还不健全，对股票转让所得的计算、征税办法和纳税期限的确认等都需要做深入研究,因此对股票转让所得暂不征收个人所得税。

2. 量化资产股份转让

集体所有制企业在改制为股份合作制企业时,对职工个人以股份形式取得的拥有所有权的企业量化资产,暂缓征收个人所得税;待个人将股份转让时,就其转让收入额,减除个人取得该股份时实际支付的费用支出和合理转让费用后的余额,按"财产转让所得"项目计征个人所得税。

3. 个人出售自有住房

(1) 根据个人所得税法的规定,个人出售自有住房取得的收入应按照"财产转让所得"项目征收个人所得税。应纳税所得额按下列原则确定:

① 个人出售除已购公有住房以外的其他自有住房,其应纳税所得额按照个人所得税法的有关规定确定。

② 个人出售已购公有住房,其应纳税所得额为个人出售已购公有住房的销售价,减除住房面积标准的经济适用房价款、原支付超过住房面积标准的房价款、向财政或原产权单位缴纳的所得收益以及税法规定的合理费用后的余额。

已购公有住房是指城镇职工根据国家和县级(含县级)以上人民政府有关城镇住房制度改革政策的规定,按照成本价(或标准价)购买的公有住房。

经济适用住房价格按县级(含县级)以上地方人民政府规定的标准确定。

③ 职工以成本价(或标准价)出资的集资合作建房、安居工程住房、经济适用住房以及拆迁安置住房,比照已购公有住房确定应纳税所得额。

(2) 为鼓励个人换购住房,对出售自有住房并拟在现住房出售后1年内按市场价重新购房的纳税人,其出售现住房所应缴纳的个人所得税,视其重新购房的价值可全部或部分予以免税。具体办法为:

① 个人出售现住房所应缴纳的个人所得税税款,应在办理产权过户手续前,以纳税保证金形式向当地主管税务机关缴纳。税务机关在收取纳税保证金时,应向纳税人正式开具"中华人民共和国纳税保证金收据",并纳入专户存储。

② 个人出售现住房后1年内重新购房的,按照购房金额大小相应退还纳税保证金。购房金额大于或等于原住房销售额(原住房为已购公有住房的,原住房销售额应扣除已按规定向财政或原产权单位缴纳的所得收益,下同)的,全部退还纳税保证金;购房金额小于原住房销售额的,按照购房金额占原住房销售额的比例退还纳税保证金,余额作为个人所得税缴入国库。

③ 个人出售现住房后1年内未重新购房的,所缴纳的纳税保证金全部作为个人所得税缴入国库。

④ 个人在申请退还纳税保证金时,应向主管税务机关提供合法、有效的售房、购房合同和主管税务机关要求提供的其他有关证明材料,经主管税务机关审核确认后,方可办理纳税保证金退还手续。

⑤ 跨行政区域售、购住房又符合退还纳税保证金条件的个人,应向纳税保证金

缴纳地主管税务机关申请退还纳税保证金。

（3）对个人转让自用5年以上并且是家庭唯一生活用房所取得的收入，继续免征个人所得税。

（4）个人现自有住房房产证登记的产权人为1人，在出售后1年内又以产权人配偶名义或产权人夫妻双方名义按市场价重新购房的，产权人出售住房所得应缴纳的个人所得税，可以全部或部分予以免税；以其他人名义按市场价重新购房的，产权人出售住房所得应缴纳的个人所得税，不予免税。

（十）偶然所得

偶然所得，是指个人得奖、中奖、中彩以及其他偶然性质的所得。得奖是指参加各种有奖竞赛活动，取得名次而得到的奖金；中奖、中彩是指参加各种有奖活动，如有奖销售、有奖储蓄，或者购买彩票，经过规定程序，抽中、摇中号码而取得的奖金。偶然所得应缴纳的个人所得税税款，一律由发奖单位或机构代扣代缴。

（十一）经国务院财政部门确定征税的其他所得

除上述列举的各项个人应税所得外，其他确有必要征税的个人所得，由国务院财政部门确定。个人取得的收入，难以界定应纳税所得项目的，由主管税务机关确定。

三、个人所得税税率

（一）工资、薪金所得适用税率

工资、薪金所得，适用七级超额累进税率，税率为3%～45%（见表5-1）。

表5-1　　　　　　　　　工资、薪金所得个人所得税税率

级数	全月应纳税所得额 含税级距	全月应纳税所得额 不含税级距	税率（%）	速算扣除数（元）
1	不超过1 500元的	不超过1 455元的	3	0
2	超过1 500元至4 500元的部分	超过1 455元至4 155元的部分	10	105
3	超过4 500元至9 000元的部分	超过4 155元至7 755元的部分	20	555
4	超过9 000元至35 000元的部分	超过7 755元至27 255元的部分	25	1 005
5	超过35 000元至55 000元的部分	超过27 255元至41 255元的部分	30	2 755
6	超过55 000元至80 000元的部分	超过41 255元至57 505元的部分	35	5 505
7	超过80 000元的部分	超过57 505元的部分	45	13 505

注：本表所称全月应纳税所得额是指依照税法的规定，以每月收入额减除有关费用后的余额。

（二）个体工商户的生产、经营所得和对企事业单位的承包经营、承租经营适用税率

（1）个体工商户的生产、经营所得和对企事业单位的承包经营、承租经营所

得，适用 5%~35% 的超额累进税率（见表 5-2）。

表 5-2　　　　个体工商户的生产、经营所得和对企事业单位的
承包经营、承租经营所得个人所得税税率表

级数	全年应纳税所得额 含税级距	全年应纳税所得额 不含税级距	税率（%）	速算扣除数（元）
1	不超过 15 000 元的	不超过 14 250 元的	5	0
2	超过 15 000 元至 30 000 元的部分	超过 14 250 元至 27 750 元的部分	10	750
3	超过 30 000 元至 60 000 元的部分	超过 27 750 元至 51 750 元的部分	20	3 750
4	超过 60 000 元至 100 000 元的部分	超过 51 750 元至 79 750 元的部分	30	9 750
5	超过 100 000 元的部分	超过 79 750 元的部分	35	14 750

注：本表所称全年应纳税所得额，对个体工商户的生产、经营所得来源，是指以每一纳税年度的收入总额，减除成本、费用以及损失后的余额；对企事业单位的承包经营、承租经营所得来源，是指以每一纳税年度的收入总额，减除必要费用后的余额。

（2）个人独资企业和合伙企业的个人投资者取得的生产经营所得，也适用 5%~35% 的五级超额累进税率。

（三）稿酬所得适用税率

稿酬所得适用比例税率，税率为 20%，并按应纳税额减征 30%，故其实际税率为 14%。

（四）劳务报酬所得适用税率

劳务报酬所得适用比例税率，税率为 20%。对于劳务报酬所得一次收入畸高的，可以实行加成征收。

根据《个人所得税法实施条例》的规定，"劳务报酬所得一次收入畸高"，是指个人一次取得的劳务报酬，其应纳税所得额超过 20 000 元。对应纳税所得额超过 20 000~50 000 元的部分，依照税法规定计算应纳税额后再按照应纳税额加征五成；超过 50 000 元的部分，加征十成。因此，劳务报酬所得实际上适用 20%、30%、40% 的三级超额累进税率（见表 5-3）。

表 5-3　　　　　　　劳务报酬所得个人所得税税率表

级数	每次应纳税所得额	税率（%）	速算扣除数（元）
1	不超过 20 000 元的部分	20	0
2	超过 20 000~50 000 元的部分	30	2 000
3	超过 50 000 元的部分	40	7 000

注：本表所称每次应纳税所得额，是指每次收入额减除费用 800 元（每次收入额不超过 4 000 元时）或者减除 20% 的费用（每次收入额超过 4 000 元时）后的余额。

169

（五）特许权使用费所得，利息、股息、红利所得，财产租赁所得，财产转让所得，偶然所得和其他所得适用税率

特许权使用费所得，利息、股息、红利所得，财产租赁所得，财产转让所得，偶然所得和其他所得，适用比例税率，税率为20%。

自2008年10月9日起暂免征收储蓄存款利息的个人所得税。对个人出租住房取得的收入，减按10%的税率征收个人所得税。

四、应纳税所得额的规定

由于个人所得税的应税项目不同，并且取得某项所得所需费用也不相同，因此，计算个人应纳税所得额，需按不同应税项目分项计算。以某项应税项目的收入额减去税法规定的该项费用减除标准后的余额，为该项应纳税所得额。

（一）每次收入的确定

依据《个人所得税法》的相关规定，对纳税义务人的征税方法有三种：一是按年计征，如个体工商户和承包、承租经营所得；二是按月计征，如工资、薪金所得；三是按次计征，如劳务报酬所得，稿酬所得，特许权使用费所得，利息、股息、红利所得，财产租赁所得，偶然所得和其他所得等7项所得。在按次征收情况下，由于扣除费用依据每次应纳税所得额的大小分别规定了定额和定率两种标准，因此，无论是从正确贯彻税法的立法精神，维护纳税义务人的合法权益方面来看，还是从避免税收漏洞，防止税款流失，保证国家税收收入方面来看，如何准确划分"次"都是十分重要的。对于劳务报酬所得等7个项目的"次"，《个人所得税法实施条例》中做出了明确规定。具体是：

（1）劳务报酬所得，根据不同劳务项目的特点，分别规定为：

①只有一次性收入的，以取得该项收入为一次。例如从事设计、安装、装潢、制图、化验、测试等劳务。这往往是接受客户的委托，按照客户的要求，完成一次劳务后取得收入。因此，这是属于只有一次性的收入，应以每次提供劳务取得的收入为一次。

②属于一事项连续取得收入的，以1个月内取得的收入为一次。例如，某歌手与卡拉OK厅签约，在1年内每天到卡拉OK厅演唱一次，每次演出后付酬50元。在计算其劳务报酬所得时，应视为同一事项的连续性收入，应以其1个月内取得的收入为一次计征个人所得税，而不能以每天取得的收入为一次。

（2）稿酬所得，以每次出版、发表取得的收入为一次。这具体又可细分为：

①同一作品再版取得的报酬，应视为另一次稿酬所得计征个人所得税。

②同一作品先在报刊上连载，然后再出版，或先出版，再在报刊上连载的，应视为两次即连载作为一次，出版作为另一次。

③同一作品在报刊上连载取得收入的，以连载完成后取得的所有收入合并为一

次,计征个人所得税。

④同一作品在出版和发表时,以预付稿酬或分次支付稿酬等形式取得的稿酬收入,应合并计算为一次。

⑤同一作品出版、发表后,因添加印数而追加稿酬的,应与以前出版、发表时取得的稿酬合并计算为一次,计征个人所得税。

(3) 特许权使用费所得,以某项使用权的一次转让所取得的收入为一次。一个纳税义务人,可能不仅拥有一项特许权利,每一项特许权的使用权也可能不止一次地向他人提供。因此,对特许权使用费所得的"次"的界定,明确为每一项使用权的每次转让所取得的收入为一次。如果该次转让取得的收入是分笔支付的,则应将各笔收入相加为一次的收入,计征个人所得税。

(4) 财产租赁所得,以1个月内取得的收入为一次。

(5) 利息、股息、红利所得,以支付利息、股息、红利时取得的收入为一次。

(6) 偶然所得,以每次收入为一次。

(7) 其他所得,以每次收入为一次。

(二) 费用减除标准

(1) 工资、薪金所得,以每月收入额减除费用3 500元后的余额为应纳税所得额,外籍人士扣除费用标准为4 800元。

(2) 个体工商户的生产、经营所得,以每一纳税年度的收入总额,减除成本、费用以及损失后的余额为应纳税所得额。成本、费用,是指纳税义务人从事生产、经营所发生的各项直接支出和分配计入成本的间接费用以及销售费用、管理费用、财务费用;所说的损失,是指纳税义务人在生产、经营过程中发生的各项营业外支出。

从事生产、经营的纳税义务人未提供完整、准确的纳税资料,不能正确计算应纳税所得额的,由主管税务机关核定其应纳税所得额。

个人独资企业的投资者以全部生产经营所得为应纳税所得额。合伙企业的投资者按照合伙企业的全部生产经营所得和合伙协议约定的分配比例,确定应纳税所得额;合伙协议没有约定分配比例的,以全部生产经营所得和合伙人数量平均计算每个投资者的应纳税所得额。

上述所称生产经营所得,包括企业分配给投资者个人的所得和企业当年留存的所得(利润)。

(3) 对企事业单位的承包经营、承租经营所得,以每一纳税年度的收入总额,减除必要费用后的余额为应纳税所得额。每一纳税年度的收入总额,是指纳税义务人按照承包经营、承租经营合同规定分得的经营利润和工资、薪金性质的所得;所说的减除必要费用,是指按月减除3 500元。

(4) 劳务报酬所得、稿酬所得、特许权使用费所得、财产租赁所得,每次收入不超过4 000元的,减除费用800元;4 000元以上的,减除20%的费用,其余额为应纳税所得额。

（5）财产转让所得，以转让财产的收入额减除财产原值和合理费用后的余额，为应纳税所得额。财产原值，是指：

①有价证券，为买入价以及买入时按照规定缴纳的有关费用。

②建筑物，为建造费或者购进价格以及其他有关费用。

③土地使用权，为取得土地使用权所支付的金额、开发土地的费用以及其他有关费用。

④机器设备、车船，为购进价格、运输费、安装费以及其他有关费用。

⑤其他财产，参照以上方法确定。

纳税义务人未提供完整、准确的财产原值凭证，不能正确计算财产原值的，由主管税务机关核定其财产原值。

合理费用，是指卖出财产时按照规定支付的有关费用。

（6）利息、股息、红利所得，偶然所得和其他所得，以每次收入额为应纳税所得额。对个人投资者从上市公司取得的股息、红利所得，暂减按50%计入个人应纳税所得额，计征个人所得税。

（三）应纳税所得额的其他规定

（1）个人将其所得通过中国境内的社会团体、国家机关向教育和其他社会公益事业以及遭受严重自然灾害地区、贫困地区捐赠，捐赠额未超过纳税义务人申报的应纳税所得额30%的部分，可以从其应纳税所得额中扣除。

个人通过非营利的社会团体和国家机关向红十字事业、农村义务教育、公益性青少年活动场所的捐赠，准予在缴纳个人所得税前的所得额中全额扣除。

（2）个人的所得（不含偶然所得和经国务院财政部门确定征税的其他所得）用于资助非关联的科研机构和高等学校研究开发新产品、新技术、新工艺所发生的研究开发经费，经主管税务机关确定，可以全额在下月（工资、薪金所得）或下次（按次计征的所得）或当年（按年计征的所得）计征个人所得税时，从应纳税所得额中扣除，不足抵扣的，不得结转抵扣。

（3）个人取得的应纳税所得，包括现金、实物和有价证券。所得为实物的，应当按照取得的凭证上所注明的价格计算应纳税所得额；无凭证的实物或者凭证上所注明的价格明显偏低的，由主管税务机关参照当地的市场价格核定应纳税所得额。所得为有价证券的，由主管税务机关根据票面价格和市场价格核定应纳税所得额。

五、个人所得税应纳税额的计算

依照税法规定的适用税率和费用扣除标准，各项所得的应纳税额，应分别计算如下：

第五章　个人所得税纳税筹划

1. 工资、薪金所得应纳税额的计算

（1）一般工资、薪金所得应纳税额的计算公式为：

应纳税额=应纳税所得额×适用税率-速算扣除数

=（每月收入额-减除费用标准）×适用税率-速算扣除数

工资、薪金所得适用的速算扣除数见表5-1。

【例5-2】中国公民王海2013年5月工资薪金收入4 500元，计算其当月应纳个人所得税税额。

应纳税所得额=4 500-3 500=1 000（元）

应纳税额=1 000×3%-0=30（元）

（2）全年一次性年终奖金计征个人所得税的方法：

全年一次性奖金是指行政机关、企事业单位等扣缴义务人根据其全年经济效益和对雇员全年工作业绩的综合考核情况，向雇员发放的一次性奖金。一次性奖金也包括年终加薪、实行年薪制和绩效工资办法的单位根据考核情况兑现的年薪和绩效工资。

纳税人取得全年一次性奖金，单独作为1个月工资、薪金所得计算纳税，由扣缴义务人发放时代扣代缴。具体计税方法如下：

先将雇员当月内取得的全年一次性奖金，除以12个月，按其商数确定适用税率和速算扣除数。

如果在发放年终一次性奖金的当月，雇员当月工资薪金所得高于（或等于）税法规定的费用扣除额（3 500元）。其计算公式如下：

应纳税额=雇员当月取得全年一次性奖金×适用税率-速算扣除数

如果在发放年终一次性奖金的当月，雇员当月工资薪金所得低于税法规定的费用扣除额，应将全年一次性奖金减除"雇员当月工资薪金所得与费用扣除额的差额"后的余额，按上述办法确定全年一次性奖金的适用税率和速算扣除数。其计算公式如下：

应纳税额 =（雇员当月取得全年一次性奖金-雇员当月工资薪金所得与费用扣除额的差额）×适用税率-速算扣除数

在一个纳税年度内，对每一个纳税人，该计税办法只允许采用一次。

实行年薪制和绩效工资的单位，个人取得年终兑现的年薪和绩效工资按上述规定执行。

雇员取得除全年一次性奖金以外的其他各种名目奖金，如半年奖、季度奖、加班奖、先进奖、考勤奖等，一律与当月工资、薪金收入合并，按税法规定缴纳个人所得税。

取得不含税全年一次性奖金收入个人所得税的计算方法：按照不含税的全年一次性奖金收入除以12的商数，查找相应适用税率A和速算扣除数A。

含税的全年一次性奖金收入=（不含税的全年一次性奖金收入-速算扣除数A）

+（1-适用税率A）

按含税的全年一次性奖金收入除以12的商数，重新查找适用税率B和速算扣除数B。

应纳税额=含税的全年一次性奖金收入×适用税率B-速算扣除数B

如果纳税人取得不含税全年一次性奖金收入的当月工资薪金所得低于税法规定的费用扣除额，应先将不含税全年一次性奖金减去当月工资薪金所得低于税法规定费用扣除额的差额部分后，再按照上述规定处理。

根据企业所得税和个人所得税的现行规定，企业所得税的纳税人、个人独资和合伙企业、个体工商户为个人支付的个人所得税款，不得在所得税前扣除。

【例5-3】中国公民小李2013年3月领到工资5 000元，同时领得2012年年终奖20 000元，请问2013年3月小李应缴的个人所得税是多少？

工资应纳个人所得税 =（5 000-3 500）×3%-0=45（元）

年终奖应纳个人所得税要先计算适用税率，用20 000÷12=1 666.67（元），则适用税率为10%，速算扣除数为105元，所以：

年终奖的个人所得税=20 000×10%-105=1 895（元）

因此，小李2013年3月应纳个人所得税合计为1 940元。

2. 个体工商户的生产、经营所得应纳税额的计算

个体工商户的生产、经营所得应纳税额的计算公式为：

应纳税额=应纳税所得额×适用税率-速算扣除数
　　　　=（全年收入总额-成本、费用以及损失）×适用税率-速算扣除数

个体工商户的生产、经营所得适用的速算扣除数见表5-2。

3. 对企事业单位的承包经营、承租经营所得应纳税额的计算

对企事业单位的承包经营、承租经营所得，其个人所得税应纳税额的计算公式为：

应纳税额=应纳税所得额×适用税率-速算扣除数
或　　　=（纳税年度收入总额-必要费用）×适用税率-速算扣除数

4. 劳务报酬所得应纳税额的计算

对劳务报酬所得，其个人所得税应纳税额的计算公式为：

（1）每次收入不足4 000元的：

应纳税额=应纳税所得额×适用税率=（每次收入额-800）×20%

（2）每次收入在4 000元以上的：

应纳税额=应纳税所得额×适用税率=每次收入额×（1-20%）×20%

（3）每次收入的应纳税所得额超过20 000元的：

应纳税额=应纳税所得额×适用税率-速算扣除数
=每次收入额×（1-20%）×适用税率-速算扣除数

劳务报酬所得适用的速算扣除数见表5-3。

【例5-4】歌星刘某一次取得表演收入 40 000 元，请计算其应纳个人所得税税额。

应纳税额=40 000×（1-20%）×30%-2 000=7 600（元）

5. 稿酬所得应纳税额的计算

稿酬所得应纳税额的计算公式为：

（1）每次收入不足 4 000 元的：

应纳税额=应纳税所得额×适用税率×（1-30%）
　　　　=（每次收入额-800）×20%×（1-30%）

（2）每次收入在 4 000 元以上的：

应纳税额=应纳税所得额×适用税率×（1-30%）
　　　　=每次收入额×（1-20%）×20%×（1-30%）

【例5-5】某作家取得一次稿酬收入 20 000 元，请计算其应缴纳的个人所得税税额。

应纳税额=20 000×（1-20%）×20%×（1-30%）=2 240（元）

6. 特许权使用费所得应纳税额的计算

特许权使用费所得应纳税额的计算公式为：

（1）每次收入不足 4 000 元的：

应纳税额=应纳税所得额×适用税率=（每次收入额-800）×20%

（2）每次收入在 4 000 元以上的：

应纳税额=应纳税所得额×适用税率=每次收入额×（1-20%）×20%

7. 利息、股息、红利所得应纳税额的计算

利息、股息、红利所得应纳税额的计算公式为：

应纳税额=应纳税所得额×适用税率=每次收入额×20%

但来自上市公司的股息所得减半征收个人所得税；国债利息、储蓄存款利息免征个人所得税。

【例5-6】张先生是自由职业者，2013 年 8 月取得如下收入：从 A 上市公司取得股息 16 000 元，从 B 非上市公司取得股息 7 000 元，兑现 8 月 10 日到期的 1 年期银行储蓄存款利息 1 500 元。计算张先生上述所得应缴纳的个人所得税税额。

应纳个人所得税=16 000×20%×50%+7 000×20%=3 000（元）

8. 财产租赁所得应纳税额的计算

财产租赁所得应纳税额的计算公式为：

（1）每次（月）收入不超过 4 000 元的：

应纳税额=［每次（月）收入额-准予扣除项目-修缮费用（800 元为限）-800 元］×20%

（2）每次（月）收入超过 4 000 元的：

应纳税额=［每次（月）收入额-准予扣除项目-修缮费用（800 元为限）］×

（1-20%）×20%

9. 财产转让所得应纳税额的计算

（1）一般情况下财产转让所得应纳税额的计算。

财产转让所得应纳税额的计算公式为：

应纳税额=应纳税所得额×适用税率=（收入总额-财产原值-合理税费）×20%

【例5-7】李某建房一幢，造价36 000元，支付费用2 000元。该人转让房屋，售价60 000元，在卖房过程中按规定支付交易费等有关费用2 500元，其应纳个人所得税税额的计算过程为：

应纳税所得额=60 000-（36 000+2 000）-2 500=19 500（元）

应纳税额=19 500×20%=3 900（元）

（2）个人销售无偿受赠不动产应纳税额的计算。

①受赠人取得赠与人无偿赠与的不动产后，再次转让该项不动产的，在缴纳个人所得税时，以财产转让收入减除受赠、转让住房过程中缴纳的税金及有关合理费用后的余额为应纳税所得额，按20%的适用税率计算缴纳个人所得税。

②在受赠和转让住房过程中缴纳的税金，按相关的规定处理。

10. 偶然所得应纳税额的计算

偶然所得应纳税额的计算公式为：

应纳税额=应纳税所得额×适用税率=每次收入额×20%

【例5-8】陈某在参加商场的有奖销售过程中，中奖所得共计价值20 000元。陈某领奖时告知商场，从中奖收入中拿出4 000元通过教育部门向某希望小学捐赠。请计算陈某在商场代扣代缴个人所得税后可得中奖金额。

（1）根据税法有关规定，陈某的捐赠额可以全部从应纳税所得额中扣除（因为4 000÷20 000=20%，小于捐赠扣除比例30%）

（2）应纳税所得额=偶然所得-捐赠额=20 000-4 000=16 000（元）

（3）应纳税额（即商场代扣税款）=应纳税所得额×适用税率=16 000×20%=3 200（元）

（4）陈某实际可得金额=20 000-4 000-3 200=12 800（元）

11. 其他所得应纳税额的计算

其他所得应纳税额的计算公式为：

应纳税额=应纳税所得额×适用税率=每次收入额×20%

12. 应纳税额计算中的特殊问题

（1）特定行业职工取得的工资、薪金所得的计税方法

为了照顾采掘业、远洋运输业、远洋捕捞业因季节、产量等因素的影响，职工的工资、薪金收入呈现较大幅度波动的实际情况，对这三个特定行业的职工取得的工资、薪金所得，可按月预缴，年度终了后30日内，合计其全年工资、薪金所得，再按12个月平均并计算实际应纳的税款，多退少补。其公式为：

第五章 个人所得税纳税筹划

应纳所得税额=〔（全年工资、薪金收入÷12-费用扣除标准）×税率-速算扣除数〕×12

(2) 关于个人取得公务交通、通信补贴收入征税问题

个人因公务用车和通信制度改革而取得的公务用车、通信补贴收入，扣除一定标准的公务费用后，按照"工资、薪金"所得项目计征个人所得税。按月发放的，并入当月"工资、薪金"所得计征个人所得税；不按月发放的，分解到所属月份并与该月份"工资、薪金"所得合并后计征个人所得税。

公务费用扣除标准，由省级地方税务局根据纳税人公务交通、通信费用实际发生情况调查测算，报经省级人民政府批准后确定，并报国家税务总局备案。

(3) 关于失业保险费（金）征税问题

城镇企业事业单位及其职工个人按照《失业保险条例》规定的比例，实际缴付的失业保险费，均不计入职工个人当期工资、薪金收入，免予征收个人所得税；超过《失业保险条例》规定的比例缴付失业保险费的，应将其超过规定比例缴付的部分计入职工个人当期的工资、薪金收入，依法计征个人所得税。

具备《失业保险条例》规定条件的失业人员，领取的失业保险金，免予征收个人所得税。

(4) 关于支付各种免税之外的保险金的征税方法

企业为员工支付各项免税之外的保险金，应在企业向保险公司缴付（即该保险落到被保险人的保险账户）时并入员工当期的工资收入，按"工资、薪金所得"项目计征个人所得税，税款由企业负责代扣代缴。

(5) 关于企业改组改制过程中个人取得的量化资产征税问题

对职工个人以股份形式取得的量化资产仅作为分红依据，不拥有所有权的企业量化资产，不征收个人所得税。

对职工个人以股份形式取得的拥有所有权的企业量化资产，暂缓征收个人所得税；待个人将股份转让时，就其转让收入额，减除个人取得该股份时实际支付的费用支出和合理转让费用后的余额，按"财产转让所得"项目计征个人所得税。

对职工个人以股份形式取得的企业量化资产参与企业分配而获得的股息、红利，应按"利息、股息、红利所得"项目征收个人所得税。

(6) 对个人因解除劳动合同取得经济补偿金的征税方法

企业依照国家有关法律规定宣告破产，企业职工从该破产企业取得的一次性安置费收入，免征个人所得税。

个人因与用人单位解除劳动关系而取得的一次性补偿收入（包括用人单位发放的经济补偿金、生活补助费和其他补助费用），其收入在当地上年职工平均工资3倍数额以内的部分，免征个人所得税；超过3倍数额部分的一次性补偿收入，可视为一次取得数月的工资、薪金收入，允许在一定期限内平均计算。方法为：以超过3倍数额部分的一次性补偿收入，除以个人在本企业的工作年限数（超过12年的按

177

12年计算），以其商数作为个人的月工资、薪金收入，按照税法规定计算缴纳个人所得税。个人在解除劳动合同后又再次任职、受雇的，已纳税的一次性补偿收入不再与再次任职、受雇的工资薪金所得合并计算补缴个人所得税。

个人领取一次性补偿收入时按照国家和地方政府规定的比例实际缴纳的住房公积金、医疗保险费、基本养老保险费、失业保险费，可以在计征其一次性补偿收入的个人所得税时予以扣除。

（7）个人因购买和处置债权而取得收入征收个人所得税的方法

个人通过招标、竞拍或其他方式购置债权以后，通过相关司法或行政程序主张债权而取得的收入，应按照"财产转让所得"项目缴纳个人所得税。

（8）个人兼职和退休人员再任职取得收入个人所得税的征税方法

个人兼职取得的收入应按照"劳务报酬所得"应税项目缴纳个人所得税；退休人员再任职取得的收入，在减除按个人所得税法规定的费用扣除标准后，按"工资、薪金所得"应税项目缴纳个人所得税。

（9）纳税人收回转让的股权征收个人所得税的方法

股权转让合同履行完毕、股权已作变更登记，且所得已经实现的，转让人取得的股权转让收入应当依法缴纳个人所得税。转让行为结束后，当事人双方签订并执行解除原股权转让合同、退回股权的协议，是另一次股权转让行为，对前次转让行为征收的个人所得税款不予退回。

股权转让合同未履行完毕，因执行仲裁委员会做出的解除股权转让合同及补充协议的裁决、停止执行原股权转让合同，并原价收回已转让股权的，由于其股权转让行为尚未完成，收入未完全实现，随着股权转让关系的解除，股权收益不复存在，纳税人不应缴纳个人所得税。

（10）个人取得有奖发票奖金征免个人所得税

个人取得单张有奖发票奖金所得不超过800元（含800元）的，个人购买福利彩票、赈灾彩票、体育彩票一次中奖收入在10 000元以下的（含10 000元），暂免征收个人所得税；个人取得单张有奖发票奖金所得超过800元的，彩票收入超过10 000元的，应全额按照个人所得税法规定的"偶然所得"项目征收个人所得税。税务机关或其指定的有奖发票兑奖机构，是有奖发票奖金所得个人所得税的扣缴义务人，应依法认真做好个人所得税代扣代缴工作。

六、个人所得税税收优惠

（一）免征个人所得税的优惠

（1）省级人民政府、国务院部委和中国人民解放军军以上单位以及外国组织颁发的科学、教育、技术、文化、卫生、体育、环境保护等方面的奖金。

（2）国债和国家发行的金融债券利息。这里所说的国债利息，是指个人持有中

第五章 个人所得税纳税筹划

华人民共和国财政部发行的债券而取得的利息；所说的国家发行的金融债券利息，是指个人持有经国务院批准发行的金融债券而取得的利息。

（3）按照国家统一规定发给的补贴、津贴。这是指按照国务院规定发给的政府特殊津贴和国务院规定免纳个人所得税的补贴、津贴。

（4）福利费、抚恤金、救济金。这里所说的福利费，是指根据国家有关规定，从企业、事业单位、国家机关、社会团体提留的福利费或者工会经费中支付给个人的生活补助费；所说的救济金，是指国家民政部门支付给个人的生活困难补助费。

（5）保险赔款。

（6）军人的转业费、复员费。

（7）按照国家统一规定发给干部、职工的安家费、退职费、退休工资、离休工资、离休生活补助费。

（8）依照我国有关法律规定应予免税的各国驻华使馆、领事馆的外交代表、领事官员和其他人员的所得。

（9）中国政府参加的国际公约以及签订的协议中规定免税的所得。

（10）企业和个人按照省级以上人民政府规定的比例提取并缴付的住房公积金、基本医疗保险金、基本养老保险金、失业保险金，不计入个人当期的工资、薪金收入，免予征收个人所得税。超过规定的比例缴付的部分计征个人所得税。

个人领取原提存的住房公积金、医疗保险金、基本养老保险金时，免予征收个人所得税。

（11）个人转让自用达5年以上并且是唯一的家庭居住用房取得的收入。

（12）对被拆迁人按照国家有关城镇房屋拆迁管理办法规定的标准取得的拆迁补偿款，免征个人所得税。

（二）减征个人所得税的优惠

（1）残疾、孤老人员和烈属的所得。

（2）因严重自然灾害造成重大损失的。

（3）其他经国务院财政部门批准减税的。

（三）非居民纳税人的减免税优惠

在中国境内无住所，但是居住1年以上5年以下的个人，其来源于中国境外的所得，经主管税务机关批准，可以只就由中国境内公司、企业以及其他经济组织或者个人支付的部分缴纳个人所得税；居住超过5年的个人，从第6年起，应当就其来源于中国境内外的全部所得缴纳个人所得税。

个人在中国境内居住满5年，是指个人在中国境内连续居住满5年，即在连续5年中的每一纳税年度内均居住满1年。

在中国境内无住所，但是在一个纳税年度中在中国境内连续或者累计居住不超过90日的个人，其来源于中国境内的所得，由境外雇主支付并且不由该雇主在中国境内的机构、场所负担的部分，免予缴纳个人所得税。

七、境外所得的税额扣除

在对纳税人的境外所得征税时，会存在其境外所得已在来源国家或者地区缴税的实际情况。基于国家之间对同一所得应避免双重征税的原则，我国在对纳税人的境外所得行使税收管辖权时，对该所得在境外已纳税额采取了分不同情况从应征税额中予以扣除的做法。

税法规定，纳税义务人从中国境外取得的报酬，允许其在应纳税额中扣除已在境外缴纳的个人所得税额。但扣除额不得超过该纳税义务人境外所得依照我国税法规定计算的应纳税额。

对这条规定需要解释的是：

（1）税法所说的"已在境外缴纳的个人所得税额"，是指纳税义务人从中国境外取得的收入，依照该收入来源国家或者地区的法律应当缴纳并且实际已经缴纳的税额。

（2）税法所说的"依照本法规定计算的应纳税额"，是指纳税义务人从中国境外取得的收入，区别不同国家或者地区和不同应税项目，依照我国税法规定的费用减除标准和适用税率计算的应纳税额；同一国家或者地区内不同应税项目，依照我国税法计算的应纳税额之和，为该国家或者地区的扣除限额。

纳税义务人在中国境外的国家或者地区实际已经缴纳的个人所得税额，低于依照上述规定计算出的该国家或者地区扣除限额的，应当在中国缴纳差额部分的税款；超过该国家或者地区扣除限额的，其超过部分不得在本纳税年度的应纳税额中扣除，但是可以在以后纳税年度的该国家或者地区扣除限额的余额中补扣，补扣期限最长不得超过5年。

【例5-9】某纳税人在2 013纳税年度从A、B两国取得应税收入。其中，在A国一公司任职，取得工资、薪金收入69 600元（平均每月5 800元），因提供一项专利技术使用权，一次取得特许权使用费收入3 000元，该两项收入在A国缴纳个人所得税5 000元；因在B国出版著作，获得稿酬收入（版税）15 000元，并在B国缴纳该项收入的个人所得税1 720元。其抵扣计算方法如下：

（1）A国所纳个人所得税的抵减：

按照我国税法规定的费用减除标准和税率，计算该纳税义务人从A国取得的应税所得应纳税额，该应纳税额即为抵减限额。

①工资、薪金所得的应纳税额：

每月应纳税额为：（5 800-4 800）×3%-0=30（元）

全年应纳税额为：30×12=360（元）

②特许权使用费所得的应纳税额

应纳税额：30 000×（1-20%）×20%=4 800（元）

根据计算结果，该纳税义务人从 A 国取得应税收入在 A 国缴纳的个人所得税额的抵减限额为 5 160 元（即 360 + 4 800）。其在 A 国实际缴纳个人所得税 5 000 元，低于抵减限额，可以全额抵扣，并需在中国补缴差额部分的税款，计 160 元（即 5 160 - 5 000）。

（2）B 国所纳个人所得税的抵减：

按照我国税法的规定，该纳税义务人从 B 国取得的稿酬收入，应减除 20% 的费用，就其余额按 20% 的税率计算应纳税额并减征 30%，计算结果为：

[15 000×（1-20%）×20%]×（1-30%）= 1 680（元）

即其抵扣限额为 1 680 元。该纳税义务人的稿酬所得在 B 国实际缴纳个人所得税 1 720 元，超出抵减限额 40 元，不能在本年度扣除，但可在以后 5 个纳税年度的该国减除限额的余额中补减。

综合上述计算结果，该纳税义务人在本纳税年度中的境外所得，应在中国补缴个人所得税 160 元。其在 B 国缴纳的个人所得税未抵减完的 40 元，可按我国税法规定的前提条件补减。

（3）纳税义务人依照税法的规定申请扣除已在境外缴纳的个人所得税额时，应当提供境外税务机关填发的完税凭证原件。

（4）为了保证正确计算扣除限额及合理扣除境外已纳税额，税法要求：在中国境内有住所，或者无住所而在境内居住满 1 年的个人，从中国境内和境外取得的收入，应当分别计算应纳税额。

八、个人所得税的征收管理

个人所得税的纳税办法，有自行申报纳税和代扣代缴两种。

（一）自行申报纳税

自行申报纳税，是由纳税人自行在税法规定的纳税期限内，向税务机关申报取得的应税所得项目和数额，如实填写个人所得税纳税申报表，并按照税法规定计算应纳税额，据此缴纳个人所得税的一种方法。

1. 自行申报纳税的纳税义务人

（1）年所得 12 万元以上的；

（2）从中国境内两处或者两处以上取得工资、薪金所得的；

（3）从中国境外取得所得的；

（4）取得应税所得，没有扣缴义务人的；

（5）国务院规定的其他情形。

其中，年所得 12 万元以上的纳税人，无论取得的各项所得是否已足额缴纳了个人所得税，均应当按照本办法的规定，于纳税年度终了后向主管税务机关办理纳税申报；其他情形的纳税人，均应当按照自行申报纳税管理办法的规定，于取得所得后向主管税务机关办理纳税申报。同时需注意的是，年所得12万元以上的纳税人，不包括在中国境内无住所，且在一个纳税年度中在中国境内居住不满1年的个人；从中国境外取得所得的纳税人，是指在中国境内有住所，或者无住所而在一个纳税年度中在中国境内居住满1年的个人。

2. 自行申报纳税的申报期限

（1）年所得12万元以上的纳税人，在纳税年度终了后3个月内向主管税务机关办理纳税申报。

（2）个体工商户和个人独资、合伙企业投资者取得的生产、经营所得应纳的税款，分月预缴的，纳税人在每月终了后7日内办理纳税申报；分季预缴的，纳税人在每个季度终了后7日内办理纳税申报；纳税年度终了后，纳税人在3个月内进行汇算清缴。

（3）纳税人年终一次性取得对企事业单位的承包经营、承租经营所得的，自取得收入之日起30日内办理纳税申报；在1个纳税年度内分次取得承包经营、承租经营收入的，在每次取得收入后的次月7日内申报预缴；纳税年度终了后3个月内汇算清缴。

（4）从中国境外取得收入的纳税人，在纳税年度终了后30日内向中国境内主管税务机关办理纳税申报。

（5）除以上规定的情形外，纳税人取得其他各项收入须申报纳税的，在取得收入的次月7日内向主管税务机关办理纳税申报。

3. 自行申报纳税的申报方式

纳税人可以采取数据电文、邮寄等方式申报，也可以直接到主管税务机关申报，或者采取符合主管税务机关规定的其他方式申报。纳税人采取邮寄方式申报的，以邮政部门挂号信函收据作为申报凭据，以寄出的邮戳日期为实际申报日期。

纳税人也可以委托有税务代理资质的中介机构或者他人代为办理纳税申报。

4. 自行申报纳税的申报地点

（1）个人所得税自行申报的，其申报地点一般为收入来源地主管税务机关。

（2）从两处或者两处以上取得工资、薪金所得的，选择并固定向其中一处单位所在地主管税务机关申报。

（3）从中国境外取得所得的，向中国境内户籍所在地主管税务机关申报。

（4）个体工商户向实际经营所在地主管税务机关申报。

（5）个人独资、合伙企业投资者兴办两个或两个以上企业的，区分不同情形确定纳税申报地点：兴办的企业全部是个人独资性质的，分别向各企业的实际经营管理所在地主管税务机关申报；兴办的企业中含有合伙性质的，向经常居住地主管税务机关申报；兴办的企业中含有合伙性质，个人投资者经常居住地与其兴办企业的经营管理所在地不一致的，选择并固定向其参与兴办的某一合伙企业的经营管理所在地主管税务机关申报；除以上情形外，纳税人应当向取得收入所在地主管税务机

第五章　个人所得税纳税筹划

关申报。

（6）扣缴义务人应向其主管税务机关进行纳税申报。

纳税人不得随意变更纳税申报地点，因特殊情况需变更纳税申报地点的，应报原主管税务机关备案。

（二）代扣代缴纳税

代扣代缴，是指按照税法规定负有扣缴税款义务的单位或者个人，在向个人支付应纳税所得时，应计算应纳税额，从其所得中扣除并缴入国库，同时向税务机关报送扣缴个人所得税报告表。这种方法，有利于控制税源、防止漏税和逃税。

1. 扣缴义务人

凡支付个人应纳税所得的企业（公司）、事业单位、机关、社团组织、军队、驻华机构、个体户等单位或者个人，为个人所得税的扣缴义务人。

这里所说的驻华机构，不包括外国驻华使领馆和联合国及其他依法享有外交特权和豁免的国际组织驻华机构。

2. 扣缴义务人的义务及应承担的责任

扣缴义务人应指定支付应纳税所得的财务会计部门或其他有关部门的人员为办税人员，由办税人员具体办理个人所得税的代扣代缴工作；扣缴义务人的法定代表人（或单位主要负责人）、财会部门的负责人及具体办理代扣代缴税款的有关人员，共同对依法履行代扣代缴义务负法律责任；同一扣缴义务人的不同部门支付应纳税所得时，应报办税人员汇总。

扣缴义务人在代扣税款时，必须向纳税人开具税务机关统一印制的代扣代收税款凭证，并详细注明纳税人姓名、工作单位、家庭住址和居民身份证或护照号码（无上述证件的，可用其他能有效证明身份的证件）等个人情况。对工资、奖金所得和利息、股息、红利所得等，因纳税人数众多，不便一一开具代扣代缴税款凭证的，经主管税务机关同意，可不开具代扣代缴税款凭证，但应通过一定形式告知纳税人已扣缴税款。纳税人为持有完税依据而向扣缴义务人索取代扣代缴税款凭证的，扣缴义务人不得拒绝。

扣缴义务人对纳税人的应扣未扣的税款，其应纳税款仍然由纳税人缴纳，扣缴义务人应承担应扣未扣税款50%以上至3倍的罚款。

3. 代扣代缴期限

扣缴义务人每月所扣的税款，应当在次月7日内缴入国库，并向主管税务机关报送扣缴个人所得税报告表、代扣代缴税款凭证和包括每一纳税人姓名、单位、职务、收入、税款等内容的支付个人收入明细表以及税务机关要求报送的其他有关资料。

183

第二节 个人所得税纳税筹划

一、个人所得税纳税筹划的基本思路

我国现行的个人所得税将个人的十一项所得作为课税对象，如工资薪金所得、劳务报酬所得、稿酬所得、财产租赁所得、特许权使用费所得、利息、股息、红利所得、偶然所得，等等。这些项目分别规定了不同的费用扣除标准、适用不同的税率和不同的计税方法。这就为纳税人进行纳税筹划提供了潜在的空间。

个人所得税的纳税筹划不能盲目进行，必须遵循一定的思路。根据我国现行个人所得税的相关规定，个人所得税纳税筹划的基本思路如下：

(一) 充分考虑影响应纳税额的因素

影响个人所得税的应纳税额的因素有两个，即应纳税所得额和税率。因此，要降低税负，无非是运用合理又合法的方法减少应纳税所得额，或者通过周密的设计和安排，使应纳税所得额适用较低的税率。应纳税所得额是个人取得的收入扣除费用、成本后的余额。在实行超额累进税率的条件下，费用扣除越多，所适用的税率越低。在实行比例税率的情况下，可将所得进行合理的归属，使其适用较低的税率。

(二) 充分利用不同纳税人的不同纳税义务的规定

根据国际通行的住所标准和时间标准，我国个人所得税的纳税人分为居民纳税人和非居民纳税人。居民纳税人的纳税义务是无限的，就其境内外所得纳税，而非居民纳税人的纳税义务是有限的，只就其境内所得纳税。因此，对纳税人身份的不同界定，也为居民提供了纳税筹划的空间。

(三) 充分利用个人所得税的税收优惠政策

税收优惠是税收制度的基本要素之一，国家为了实现税收调节功能，在税种设计时，一般都有税收优惠条款，纳税人充分利用这些条款，可以达到减轻税负的目的。个人所得税方面也规定了一些税收优惠条款，如高等院校与科研机构个人技术转让与技术参股免征个人所得税的税收优惠等。这也可以成为纳税人进行纳税筹划的突破口。

二、工资薪金所得的纳税筹划

由于我国对于工资薪金所得采取的是七级超额累进税率，使得收入越高，适用的税率越高，税收负担也越重。在每一级的边缘地带，收入可能只相差一元，但是所承担的个人所得税的税收负担就会相差很大。通过采取一定的合法的手段进行纳税筹划，可以避免此类事项的发生。具体方法主要有：

(一) 均衡收入筹划法

个人所得税通常采用超额累进税率，纳税人的应税所得越多，其适用的最高边

际税率就越高,从而纳税人收入的平均税率和实际有效税率就可能提高。所以,在纳税人一定时期内收入总额既定的情况下,其分摊到各个纳税期内的收入应尽量均衡,不能大起大落,以避免增加纳税人的税收负担。

【例5-10】甲企业为季节性生产企业,该企业职工实行计件工资,其一年中只有6个月生产。在这期间职工平均工资为每月5 000元,当地准予扣除的月费用标准为3 500元。请为该企业职工工资进行纳税筹划。

若按企业的实际情况,在生产的6个月中,企业每位职工每月应缴个人所得税为45元[即(5 000-3 500)×3%],6个月每人应纳个人所得税共计270元。若企业将每名职工年工资30 000元(即5 000×6)平均分摊到各月,即在不生产的月份照发工资每月2 500元(即30 000÷12),则该企业职工工资收入达不到起征额,年应纳个人所得税额为0。

(二)费用转移筹划法

因个人所得税按照应纳税额=应纳税所得额×适用税率-速算扣除数的公式来计算,所以在各档税率不变的条件下,可以通过将个人收入转为企业费用的方式使得自己适用较低的税率,同时计税的基数也变小了。如企业提供住所,提供差旅费、津贴、误餐补助,企业提供员工福利设施,等等。

【例5-11】某公司财务经理李先生,2013年月工资为10 000元,因工作需要,需租住一套住房,每月需要支付房租2 000元。假如李先生自己付房租,每月须缴纳的个人所得税=[(10 000-3 500)×20%-555]=745(元)。如果公司为李先生免费提供住房,将每月工资降为8 000元,那么此时李先生每月须缴纳的个人所得税=[(8 000-3 500)×10%-105]=345(元)。经过纳税筹划,李先生可以节税400元。

这对于纳税人来说,只是改变了自己收入的形式,自己能够享受到的收入的效用并没有减少。同时,由于这种以福利抵减收入的方式相应地减少了其承担的税收负担,这样一来,纳税人就能享受到比原来更多的收入的效用。而对企业来讲,只是费用支出科目的变化,并未减少税前扣除额,也没有利益损失。

(三)与劳务报酬转换筹划法

税法规定,工资薪金所得的费用扣除额为3 500元,劳务报酬所得单次收入不超过4 000元的,扣除800元;超过4 000元的,为20%的费用扣除。因此,在某些情况下将工资、薪金所得与劳务报酬所得转换,就会节约税收,因而对其进行纳税筹划就具有一定的可能性。

【例5-12】李先生2014年3月份从A公司获得工资类收入2 700元,由于单位工资太低,李先生同月在B公司找了一份兼职工作,收入为每月3 300元。请按工资与劳务报酬转换的思路进行个人所得税的纳税筹划。

方案一:如果李先生与B公司没有固定的雇佣关系,则按照税法规定,工资、薪金所得与劳务报酬所得应分开计算征收。

则：工资、薪金应缴纳个税=0

劳务报酬所得应缴纳个税=（3 300-800）×20%=500（元）

李先生5月份共缴纳个税=500（元）

方案二：如果李先生与B公司建立起固定的雇佣关系，与原雇佣单位A解除雇佣关系。

来源于原单位的2 700元则被视为劳务报酬，

应缴纳个税=（2 700-800）×20%=380（元）

B公司支付的3 300元作为工资薪金收入，应缴纳个税=0（元）

方案三：

如果李先生与A、B公司均建立固定的雇佣关系，

李先生应缴纳个税=（2 700+3 300-3 500）×10%-105=145（元）

（四）同时领取工资、年终奖金时的纳税筹划

分析工资与奖金增减变动对纳税额的影响，寻找工资、奖金增减变化平衡点，合理确定年终奖金发放数额的范围，确定怎样发年终奖金能够使纳税人的税负最轻。依据年终奖金在一个年度内只能使用一次的规定，把年终奖金分解成两个部分，一部分以年终奖金的形式单独发放，另一部分以月奖、季度奖、半年奖、年终奖等形式并入工资发放，则可进行纳税筹划。

【例5-13】假设甲企业以发放奖金月份工资、薪金总额为26 000元（月工资8 000元，奖金18 000元）为基点，计算工资、奖金变动对纳税额的影响。当薪金由26 000元增加4 500元（加一档税率工资）至30 500元时，是计入工资还是计入奖金？

方案一：计入工资，工资由8 000元增至12 500元，工资纳税额1 245元〔即（12 500-3 500）×20%-555〕，奖金纳税额540元（即18 000×3%），累计纳税额1 785元。

方案二：计入奖金，工资纳税额345元〔即（8 000-3 500）×10%-105〕，奖金纳税额2 145元〔即（18 000+4 500）×10%-105〕，累计纳税额2 490元。

结论是：增加的薪金应该计入工资而不是奖金。

当薪金由26 000元增加30 500元（再加一档税率工资）至56 500元时，是计入工资还是计入奖金？

方案一：计入工资，工资由8 000元增至38 500元，工资纳税额7 745元〔即（38 500-3 500）×25%-1 005〕，奖金纳税额540元不变（即18 000×3%），累计纳税8 285元（计算方法设定为公式5-1）。

方案二：计入奖金，工资纳税额345元〔即（8 000-3 500）×10%-105〕不变，奖金纳税额4 745元〔即（18 000+30 500）×10%-105〕，累计纳税额5 090元（计算方法设定为公式5-2）。

结论是：增加薪金应该计入奖金范围。

工资与奖金在此段范围内增减变动的纳税临界点在哪里？假定纳税临界点的薪金总额为 A，则有：公式 5-1=公式 5-2。

[（A-3 500-18 000）×25%-1 005] +（18 000×3%）= [（8 000-3 500）×10%-105] + [（A-8 000）×10%-105]，A=35 200 元。

即薪金在 26 000~56 500 元范围变动时，纳税平衡点为 35 200 元。当薪金总额等于 35 200 元时，增加的部分计入工资或计入奖金纳税额相等；薪金总额小于 35 200 元时，增加部分应该计入工资发放；薪金总额大于 35 200 元时，增加部分应该计入奖金发放。

结论：从以上的分析可以看出，年终奖金的发放数额范围是（0，18 000]，[27 200，54 000]，[108 000，160 250]，[420 000，565 000]，[660 000，960 000]。范围之外的年终奖需要并入工资发放，否则纳税人要承担较多的税负。需要注意的是，这里的方案是在事先不知道年终奖数额的情况下，把年终奖与当月工资相结合进行的纳税筹划。如果能够事先确定年终奖的数额，可以把工资与奖金之间适用税率相差较大的月份工资继续分配至其他月份，降低月工资的适用税率，应该可以获得更好的节税效果。

（五）利用税收优惠政策

税法相关规定：企业和个人按照国家或地方政府规定的比例提取并向指定机构实际缴付的住房公积金、医疗保险金、基本养老保险金，不计入个人当期的工资、薪金收入，免予征收个人所得税。个人领取预存的住房公积金、医疗保险金、基本养老保险金时，免予征收个人所得税。单位可充分利用上述政策，利用当地政府规定的住房公积金、社会保险费的最高缴存比例为职工缴纳住房公积金、社会保险费等，为职工建立一种长期储备。

三、劳务报酬所得的纳税筹划

我国关于劳务报酬所得适用20%的税率，但是对于一次性收入偏高的情况实行加成征收，实际上也就是三级的超额累进税率。因此根据劳务报酬所得的特点，劳务报酬进行纳税筹划的基本思路为：一是合同上最好将费用开支的责任归于企业一方，如交通费、住宿费、伙食费等，因为这样可以减少个人劳务报酬应纳税所得额，由于这部分费用从减少的应得报酬中得到补偿，显然不会额外增加企业负担。二是将一次劳务活动分为几次去做，这样就可以使每次的应纳税所得额相对较少。我国税法对劳务报酬所得实行的是20%的比例税率，但对一次收入畸高的，实行加成征收。超额累进税率的一个重要特点就是随着应纳税所得额的增加，应纳税额占应纳税所得额的比重越来越大。而分散收入就可以达到节省税收的目的。三是在合同中一定要明确税款由谁支付，税款支付方不同，最终得到的实际收益也会不一样。在劳务报酬合同中忽视上述几方面的内容，将不利于节省税款。因此，寻找最佳税负，可将每一次的劳务报酬所得安排在较为合理税率的范围内，减轻税负。

【例5-14】某专家为一上市公司提供咨询服务，按合同约定，该上市公司每年付给该专家咨询费60 000元。如果按一人一次申报纳税的话，其应纳税所得额如下：

一次性申报应纳税所得额＝60 000－60 000×20%＝48 000（元）

应纳税额＝48 000×30%－2 000＝12 400（元）

如果是按每月分3次、每次20 000元申报纳税，则其应纳税额如下：

按月申报应纳税所得额＝20 000－20 000×20%＝16 000（元）

应纳税额＝16 000×20%＝3 200（元）

全月应纳税额＝3 200×3＝9 600（元）

两者相比节约税收＝12 400－9 600＝2 800（元）

四、稿酬所得的纳税筹划

根据个人所得税法的规定，稿酬所得按次纳税，以每次出版、发表后取得的收入为一次。但对于不同的作品可以分开计税。同时还规定，两个或两个以上的个人共同取得稿酬所得的，每个人都可以按其所得的收入分别按税法规定进行费用扣除。这些规定为纳税人提供了纳税筹划的空间。

（一）系列丛书法

如果某些著作可以分解成几个部分，以系列著作的形式出版，则该著作被认定为几个单独的作品，分别计算纳税，这在某些情况下可以节省纳税人不少税款。值得说明的是，这种发行方式应使每本书的人均稿酬低于4 000元（根据税法规定，在稿酬所得低于4 000元时，实际抵扣标准大于20%）。

【例5-15】某教授准备出版一本关于人力资源管理的著作，预计可以获得稿酬10 000元。

如果以1本书的形式出版该著作，则该教授应纳税额＝10 000元×（1－20%）×20%×（1－30%）＝1 120（元）。如果该著作可以分解成4本以系列丛书的形式出版，则该教授应纳税总额＝[（10 000÷4）－800]×20%×（1－30%）×4＝952（元）。由此可见，经过筹划，该教授可少缴税款168元。

（二）著作组法

如果一项稿酬所得预计数额较大，可以通过著作组法，即一本书由多个人共同撰写。与上述方法一样，这种筹划方法也是利用低于4 000元稿酬的800元费用抵扣，该项抵扣的效果大于20%的标准。著作组法不仅有利于加快创作速度、集思广益、扩大发行量、积累著作成果，而且可以达到节税的目的。使用这种筹划方法，虽然达到了节税的目的，但每个人的最终收入可能会比单独创作时少。因此，这种筹划方法一般用在著作任务较多的时候，如成立长期合作的著作组，或将自己的亲属列为著作组成员。

结论：纳税人应尽量避免一次性取得大额收入，在合法的前提下将所得均衡分摊或分解，增加扣除次数，降低应纳税所得额。在实行累进税率时，还可以避免档次爬升现象的出现。

五、股息、利息、红利所得的纳税筹划

（一）投资于专项基金

国务院《从储蓄存款利息所得征收个人所得税实施方法》第五条规定："对个人取得的教育储蓄存款利息所得以及国务院财政部门确定的其他专项储蓄存款或者储蓄性专项基金存款的利息所得，免征个人所得税。"根据这一规定，教育储蓄、住房公积金、医疗保险金、基本养老保险金、失业保险基金，按一定限额或比例存入银行个人账户所得的利息收入免征个人所得税。这为纳税人进行纳税筹划提供了有利的条件。具体做法是将个人的存款按教育基金或其他免税基金的形式存入金融机构。这样不仅可以少缴税款，而且也为子女教育、家庭正常生活秩序提供了保障。

（二）投资于国债

个人所得税法规定，个人取得的国债和国家发行的金融债券，利息所得免税。这样，个人在进行投资理财时，购买国债不失为一个较好的选择。

（三）股息、红利以股票股利形式发放

对于个人持有的股票、债券而取得的股利、红利所得，税法规定予以征收个人所得税。但各国为了鼓励企业和个人进行投资和再投资，规定以股票形式发放股利免缴个人所得税。这样，在预测企业发展前景非常乐观、股票具有较大升值潜力的情况下，就可以将本该领取的股息、红利所得留在企业，作为再投资。这种筹划方法，既可以免缴个人所得税，又可以更好地促进企业的发展，使得自己的股票价值更为可观。当股东需要现金时，可以将分得的股票股利出售，获得的资本利得免缴个人所得税。

六、个人所得捐赠的纳税筹划

根据我国现行个人所得税法的规定，个人将其所得向教育事业和其他公益事业捐赠，捐赠额未超过纳税义务人申报的应纳税所得额30%的部分，可以从其应纳税所得额中扣除。这一规定也给个人纳税筹划带来一定的空间。

（一）同一纳税项目所得进行捐赠的筹划

同一纳税项目所得进行捐赠的筹划，即指若所得为一项，根据捐赠限额的多少分次安排捐赠数额，可以降低个人所得税税负。

【例5-16】某公司职员小杨2013年10月份、11月份取得的工资薪金收入分别为5 000元。现打算10月份对外捐赠2 000元。如何为其进行纳税筹划？

若10月份对外捐赠2 000元,则相关个人所得税计算如下:

允许税前扣除的捐赠限额 =(5 000-3 500)×30%=450(元)

10月应纳个人所得税税额 =(5 000-3 500-450)×3%=31.50(元)

11月应纳个人所得税税额 =(5 000-3 500)×3%=45(元)

两个月应纳个人所得税税额=31.50+45=76.50(元)

现对捐赠行为进行分次捐赠,在捐赠总额2 000元不变的情况下,10月份捐赠1 000元,11月份捐赠1 000元。

10月份允许税前扣除的捐赠限额 =(5 000-3 500)×30%=450(元)

10月份应纳个人所得税税额 =(5 000-3 500-450)×3%=31.50(元)

11月份应纳个人所得税税额 =(5 000-3 500-450)×3%=31.50(元)

两个月应纳个人所得税数额=31.50+31.50=63(元)

同是捐赠2 000元,分次捐赠后比第一次捐赠降低税负13.50元。

(二)不同纳税项目所得进行捐赠的筹划

如果纳税人打算捐赠且当期收入来源于不同的应税项目,纳税人就应当对捐赠额进行适当的划分,即将捐赠额分散在各个应税所得项目当中,以便达到最大限度地享受税前扣除、降低税负的目的。

总之,随着我国经济的发展,个人所得税对我们生活的影响会越来越大,其地位也必将越来越重要。在进行纳税筹划时,每个纳税人都必须在法律法规允许的范围内合理预期应纳税所得,这是基本的前提。在此基础上通过纳税筹划保障纳税人利益最大化。筹划时,注意以下几点:

一是我国个人所得税实行分类课征的制度,各类所得在课税中是完全分离的。这样,同样一笔收入当它被归属为不同的收入项目时,其税收负担是不同的。这就给纳税人提供了纳税筹划的空间。二是尽量将劳务报酬所得分次计算,这样做对纳税人的好处体现在两个方面:次数越多,纳税人可以减除费用的次数就越多;将一次的所得分为多次,可以降低每次的收入额,在取得收入之前扣除。三是在计算劳务报酬所得税时,税收规定的28个项目是分别计算的。纳税人如果同时取得不同项目的劳务报酬所得,应当分别减除费用,分别计算缴纳个人所得税,否则会增加纳税人的税收负担。

复习思考题

1. 个人居民纳税人与非居民纳税人如何判断?
2. 缴纳个人所得税的所得有哪些类型?
3. 工资薪金的纳税筹划方法有哪些?
4. 劳务报酬的纳税筹划方法有哪些?
5. 股息、红利的纳税筹划方法有哪些?

第五章 个人所得税纳税筹划

案例分析题

1. 2013年7月，某高校钱教授与海南一家中外合资企业签约，双方约定由钱教授给该外资企业的经理层人士讲课，讲课时间是10天。关于讲课的劳务报酬，双方约定：企业支付给钱教授讲课费50 000元人民币，税费、往返交通费、住宿费、伙食费等一律由钱教授自负。钱教授在上课期间发生费用共计9 000元，其中：往返飞机票3 000元，住宿费5 000元，伙食费1 000元。要求：①根据上述条件，在不增加企业支出的情况下，为钱教授所获得讲课费提出纳税筹划的具体方案；②假设关于讲课的劳务报酬，双方约定：企业支付给钱教授讲课费35 000元人民币，往返交通费、住宿费、伙食费、个税等一律由企业承担，钱教授在上课期间发生费用共计9 000元，计算企业的支出总额是多少。{提示：税后收入换算为含税收入的计算公式为：含税收入=（税后收入-速算扣除数）÷[1-（1-20%）×税率]}

2. 2012年11月，某明星与A企业签订了一份一年的形象代言合同。合同中规定，该明星在2012年12月到2013年12月期间为A企业提供形象代言劳务，每年亲自参加企业安排的四次（每季度一次）广告宣传活动，并且允许企业利用该明星的姓名、肖像。A企业分两次支付代言费用，每次支付100万元（不含税），合同总金额为200万元。由A企业负责代扣代缴该明星的个人所得税（假设仅考虑个人所得税）。由于在签订的合同中没有明确具体划分各种所得所占的比重，因此应当统一按照劳务报酬所得征收个人所得税。一次支付代言费税后金额100万元，换算为含税收入1 460 294.12元，A企业应扣缴个人所得税=1 460 294.12×（1-20%）×40%-7 000=460 294.12元，两次一共代扣个税920 588.24元。要求：请对该项合同进行纳税筹划以降低该明星税负。

3. 某高校教师每月基本工资4 000元（已扣除"五险一金"），预计全年课时费40 000元，年终奖16 000元。基本工资按月发放，课时费可以选择下列方式发放：①预支方式，预支部分课时费与基本工资一起发放，将基本工资与预支课时费合并计算个人所得税；②与年终奖一起发放，按年终奖计税方法计算个人所得税。要求：为该教师提出纳税筹划的具体方案。

第六章　其他税种的纳税筹划

学习目标

（1）掌握财产税的纳税筹划；
（2）熟悉资源税的纳税筹划；
（3）掌握行为税的纳税筹划。

重点和难点

（1）房产税的纳税筹划；
（2）资源税的纳税筹划；
（3）印花税的纳税筹划。

本章内容

本章主要介绍房产税、车船税、契税、资源税、印花税、土地增值税纳税筹划的具体方法。

第一节 财产税的纳税筹划

财产税类是指以各种财产为征税对象的税收体系。财产税类税种的课税对象是财产的收益或财产所有人的收入,主要包括房产税、车船税、契税、遗产和赠与税等税种。下面主要针对房产税、车船税、契税的纳税筹划作一简述。

一、房产税的纳税筹划

房产税是指以房产为征税对象,依据房产余值或房产租金收入向房产所有人或经营人征收的一种财产税。房产税的筹划主要围绕以下几个方面进行:合理确定房产原值进行纳税筹划;用足税收优惠政策进行纳税筹划;利用选址进行纳税筹划;投资联营和融资租赁房产的纳税筹划。

(一)利用合理确定房产原值进行纳税筹划

房产税是以房产价格或房产租金收入为计税依据的。房产税采用比例税率,分为从价计缴、从租计缴两种方式。一种是房产税依照房产原值一次减除10%~30%后的余值按1.2%的税率计算缴纳。第二种是按照房产出租的租金收入按12%征税。

【例6-1】某企业想兴建一座花园式工厂,除厂房、办公用房外,还包括厂区围墙、水塔、变电站、停车场、露天凉亭、游泳池、喷泉设施等建筑物,总造价1亿元。如果1亿元都作为房产原值的话,该企业自工厂建成的次月起就应缴纳房产税,扣除比例为30%时,每年应纳税额为:

应纳税额=10 000×(1-30%)×1.2%=84(万元)

即只要该工厂存在,每年就要缴纳84万元的房产税。该企业感到税负沉重。请问能否为该企业进行适当的筹划,降低其税负呢?

如果该企业将除厂房、办公用房外的建筑物,如停车场、喷泉设施等建成露天的,并且把这些独立建筑物的造价同厂房、办公用房的造价分开,在会计账簿上单独记载,那么这部分建筑物的造价就可以不计入房产原值,不缴纳房产税。

假设经估算,除厂房、办公用房外的建筑物的造价为3 000万元,独立出来后,每年可以少缴房产税:

3 000×(1-30%)×1.2%=25.20(万元)

(二)利用税收优惠政策进行纳税筹划

依据房产税的相关规定,以下行为享受减免税优惠待遇:

(1)国家机关、人民团体、军队自用的房产免征房产税。

(2)由国家财政部门拨付事业经费的单位,其本身业务范围内使用的房产免征房产税。

(3) 宗教寺庙、公园、名胜古迹自用的房产免征房产税。

(4) 个人所有的非营业用的房产免征房产税。个人所有的非营业用房，主要是指居民住房，不分面积多少，一律免征房产税。对个人拥有的营业用房或者出租的房产，不属于免税房产，应照章纳税。

(5) 经财政部批准免税的其他房产等。

(三) 利用选址进行纳税筹划

税法规定：房产税仅就位于城市、县城、建制镇、工矿区的房产，依据房产余值或房产租金收入征收。除上述范围外的房产，无论是经营自用还是对外出租，均不征房产税；同时，也无须缴纳城镇土地使用税，城市维护建设税按最低档税率1%计算征收。

【例6-2】某服装厂新建于2012年初，在工厂筹建时，该厂负责人就考虑到房产税、城镇土地使用税等的纳税筹划问题，将厂址选在离镇不远的农村，该厂拥有土地面积3万平方米，房产原值40万元。请计算由于将厂址定在农村，给企业带来的节税额（该镇土地使用税的征收标准为1元/平方米，房产原值减除比例为30%）。

由于该厂将厂址选在农村，该企业就无须缴纳房产税、城镇土地使用税，城市维护建设税按最低税率1%征收。所以，

节省的房产税 = 400 000 × (1-30%) × 1.2% = 3 360（元）

节省的城镇土地使用税 = 30 000 × 1 = 30 000（元）

节省的城市维护建设税 = 360 000 × (5%-1%) = 14 400（元）

合计节税47 760元（即3 360+14 400+30 000）。

(四) 投资联营和融资租赁房产的筹划

税法规定，对投资联营房产，如果投资者参与投资利润分红、共担风险，按房产余值作为计税依据计征房产税；以房产投资，收取固定收入，不承担联营风险的，由出租方按租金收入作为计税依据计征房产税；对融资租赁房屋计征房产税时，以房屋余值而不是以租金收入作为计税依据。

【例6-3】新盛制药有限公司2013年年初将自己拥有的原值为150万元的A厂房以融资租赁的方式租给一家制药公司，租赁期为1年，每月租赁费3万元；将另一厂房B（原值150万元）与西南制药公司投资联营，双方在合同中明确规定投资者每月可取得收入3万元，不参与投资利润分红、不共担风险。请据此计算新盛制药有限公司全年应纳的房产税。

融资租赁厂房，应按厂房的余值（扣除比例假设为30%），从价计征，所以该部分应纳的房产税为：

150 × (1-30%) × 1.2% = 1.26（万元）

将厂房用于投资联营，但只收取固定收入，不参与投资利润分红、不共担风险的，以固定收入按租金计征房产税，应纳房产税为：

第六章 其他税种的纳税筹划

3×12%×12＝4.32（万元）

合计两项应纳的房产税总额＝1.26+4.32＝5.58（万元）

二、车船税的纳税筹划

车船税是在我国境内对拥有或者管理车辆、船舶的纳税人，依法征收的一种财产税。车船税的筹划主要围绕以下几个方面进行：利用选择购买车船进行纳税筹划；分别核算纳税筹划法；利用税收优惠进行纳税筹划。

（一）利用选择购买车船进行纳税筹划

我国税法对船舶税额采取分类分级、全国统一的固定税额。

税法对船舶采用的是全额累进税额，因而产生了应纳车船税相对吨位数变化的临界点。在临界点上下，吨位数相差不大，但临界点两边的税额却有很大变化。因此，可利用选择购买车船进行纳税筹划。

【例6-4】假定有两种船，一种船的净吨位是1 500吨，另一种船的净吨位是1 501吨。第一种船适用税额为2.20元/吨，其每年应缴纳车船使用税税额为：

应纳税额＝1 500×2.20＝3 300（元）

另一种船由于适用税额为3.20元/吨，则每年应缴纳车船使用税税额为：

应纳税额＝1 501×3.20＝4 803.2（元）

可见，虽然第一种船的净吨位数仅比第二种船少1吨，但由于其税额的全额累进功能，致使其每年应纳的车船税的税额有较大的变化，购买第一种船每年能为公司节省车船税1 503.2元。

（二）分别核算纳税筹划法

税法规定：免税单位与纳税单位合并办公，所用车辆能划分者分别征免车船税，不能划分者，应一律照章征收车船税；企业办的各类学校、医院、托儿所、幼儿园自用的车船，如果能够明确划分清楚是完全自用的，可免征车船税；划分不清的，应照征车船税；企业内部行驶的车辆，不领取行驶执照，也不上公路行驶的，可免征车船税。

【例6-5】某企业自己创办一所学校，该企业共有八辆3吨的载货汽车，四辆乘人汽车（每车可乘25人）。其中有两辆载货汽车经常在学校里使用，三辆乘人汽车也基本用于学校师生组织各项活动。当地规定上述规格的载货汽车单位税额每净吨位60元，乘人汽车单位税额每辆320元。

如果不能划分清楚，则该企业应纳车船使用税税额为：

应纳税额＝8×3×60+4×320＝2 720（元）

如果能够准确划分，则该企业应纳车船使用税税额为：

应纳税额＝6×3×60+1×320＝1 400（元）

本例中，准确划分适用不同税目税率及免税项目的课税对象，可节省税额

1 320元。

（三）利用税收优惠进行纳税筹划

车船税税法中的主要优惠政策有：

(1) 非机动车船（不包括非机动驳船）、拖拉机；

(2) 捕捞、养殖渔船；

(3) 军队、武警专用的车船；

(4) 警用车船；

(5) 按照有关规定已经缴纳船舶吨税的船舶；

(6) 依照我国有关法律和我国缔结或者参加的国际条约的规定应当予以免税的外国驻华使馆、领事馆和国际组织驻华机构及其有关人员的车船；

(7) 免税单位与纳税单位合并办公，所用的车船能划分者，分别免税和征税；不能划分者，一律照章纳税等。

如果企业或个人的车船以恰当的方式出现，便可以节省这笔税款。

三、契税的纳税筹划

契税是以所有权发生转移变动的不动产为征税对象，向产权承受人征收的一种财产税。契税的筹划主要围绕以下几个方面进行：充分利用税收优惠进行纳税筹划；利用等价交换进行纳税筹划；利用隐性赠与进行纳税筹划；利用合理确定计税依据进行纳税筹划；利用准确把握缴纳办法进行纳税筹划。

（一）充分利用税收优惠进行纳税筹划

在进行契税的纳税筹划时，应充分利用下列税收优惠政策：

(1) 国家机关、事业单位、社会团体、军事单位承受土地、房屋用于办公、教学、医疗、科研和军事设施的，免税。

(2) 城镇职工按规定第一次购买公有住房的，免税。

(3) 因不可抗力灭失住房而重新购买住房的，酌情准予减税或者免税。

(4) 土地、房屋被县级以上人民政府征用、占用后，重新承受土地房屋权属的，由省级人民政府确定是否免税。

(5) 承受荒山、荒沟、荒丘、荒滩土地使用权，并用于农、林、牧、渔业生产的，免税。

(6) 对个人购买普通住房，且该住房属于家庭（成员范围包括购房人、配偶以及其未成年子女，下同）唯一住房的，减半征收契税。对个人购买90平方米及以下普通住房，且该住房属于家庭唯一住房的，减按1%税率征收契税。

（二）利用等价交换进行纳税筹划

【例6-6】A、B、C三位当事人，A和C各拥有一套价值80万元的房屋，B想购买A的房屋，A也想购买C的房屋后出售其原有房屋。

第六章 其他税种的纳税筹划

方案一：如果不进行纳税筹划，A 购买 C 的住房应缴纳契税，其计算如下（假定税率为 5%）：

A 应纳税额 = 80×5% = 4（万元）

同样，当 A 向 B 出售其住所时，B 也应缴纳契税，税款为：

B 应纳税额 = 80×5% = 4（万元）

交易的全部税额为 8 万元。

方案二：如果三方进行一下调整，先由 A 和 C 交换房屋，再由 C 将房屋出售给 B，这同样可以达到上述买卖的结果，但应纳税款就会有天壤之别。因为 A 和 C 交换房屋所有权为等价交换，没有价格差别，不用缴纳契税。只是在 C 将房屋出售给 B 时，应由 B 缴纳契税。其计算如下：

B 应纳税额 = 80×5% = 4（万元）

方案二较方案一可以节省税款 4 万元。

（三）利用隐性赠与进行纳税筹划

【例6-7】某男士向其女儿赠送一套住房，该套住房市价 80 万元。契税的适用税率是 5%，则该男士或其女儿要支付的契税税额为：

应纳税额 = 80×5% = 4（万元）

假如并不办理房产转移手续，则就可以节省 4 万元的税款。

（四）利用合理确定计税依据进行纳税筹划

税法规定：契税计税依据为不动产的价格；国有土地使用权出让、土地使用权出售、房屋买卖，计税依据为成交价格；土地使用权赠与、房屋赠与的计税依据，由契税缴纳机关参照土地使用权出售、房屋买卖的市场价格核定；土地使用权交换、房屋交换，计税依据为所交换的土地使用权、房屋的价格的差额；以划拨方式取得土地使用权的，经批准转让房地产时，由房地产转让者补交契税，计税依据为补交的土地使用权出让费用或土地收益。

（五）利用准确把握纳税时间进行纳税筹划

契税的纳税义务发生时间，为纳税人签订土地、房屋权属转移合同的当天，或者纳税人取得其他具有土地、房屋权属转移合同性质凭证的当天。纳税人应当自纳税义务发生之日起十日内向土地、房屋所在地的契税缴纳机关办理纳税申报，并在契税缴纳机关核定的期限内缴纳税款。应纳税额以人民币计算。转移土地、房屋权属以外汇结算的，按照纳税义务发生之日中国人民银行公布的人民币市场汇率中间价折合成人民币计算。

第二节　资源税的纳税筹划

资源税是指对在我国境内开采应税矿产品或者生产盐的单位和个人，以其销售或自用的数量为计税依据，采用从量定额的办法征收的一种税。资源税的筹划主要围绕以下几个方面进行：不同应税产品要分开核算；充分利用税收优惠政策；利用折算比进行纳税筹划。

一、分开核算不同应税产品进行纳税筹划

根据《资源税暂行条例》的规定，纳税人的减税、免税项目，应当单独核算课税数量；未单独核算或者不能准确提供减、免税产品课税数量的，不予减税或者免税。同时还规定，纳税人开采或生产不同税目应税产品的，应当分别核算不同税目应税产品的课税数量；未分别核算或者不能准确提供不同税目应税产品的课税数量的，从高适用税额缴税。

【例6-8】某煤矿在2013年8月份开采销售煤炭1 000吨，开采销售天然气200 000立方米。已知该煤矿适用税额为1.2元/吨，天然气的适用税额为4元/千立方米。由于煤炭与天然气很容易分开核算，根据税法，煤炭开采时产生的天然气免税，则当月应缴资源税为：

1 000×1.2=1 200（元）

可以节税：200×4=800（元）

二、利用税收优惠进行纳税筹划

《资源税暂行条例规定》，符合下列情况之一的，可以减征或者免征资源税：

（1）开采原油过程中用于加热、修井的原油，免税。

（2）纳税人开采或者生产应税产品过程中，因意外事故、自然灾害等人力不可抗拒的原因遭受重大损失的，由省、自治区、直辖市人民政府给予减税或免税照顾。

（3）对岩金原矿已缴纳过资源税，选冶后形成的尾矿进行再利用的，只要纳税人能够在统计、核算上清楚地反映，并在堆放等具体操作上能够同应税原矿明确区隔开，不再计征资源税。尾矿与原矿如不能划分清楚的，应按原矿计征资源税。

（4）对地面抽采煤层气暂不征收资源税。这里所称煤层气是指赋存于煤层及其围岩中与煤炭资源伴生的非常规天然气，也称煤矿瓦斯。

（5）我国油气田稠油、高凝油和高含硫天然气资源税减征40%；三次采油资源税减征30%；低丰度油气田资源税暂减征20%；深水油气田资源税减征30%；油田范围内运输稠油过程中用于加热的原油、天然气免征资源税。

(6) 自 2012 年 2 月 1 日起,对冶金矿山铁矿石资源,暂减按规定税率标准的 80%征收。

(7) 国务院规定的其他减免税项目。

三、利用折算比例进行纳税筹划

税法规定:纳税人不能准确提供应税产品销售数量或移送使用数量的,以应税产品的产量或主管税务机关确定的折算比,换算成的数量为课税数量。具体规定如下:对于连续加工前无法正确计算原煤移送使用数量的煤炭,可按加工产品的综合回收率,将加工产品实际销量和自用量折算成原煤数量,作为课税数量;对金属和非金属矿原矿,因无法准确掌握纳税人移送使用原矿数量的,可将其精矿按选矿比折算成原矿数量,作为课税数量。

由于税务机关确定折算比一般是按同行业的平均水平确定的,如果纳税人的加工技术相对落后,估算的实际综合回收率或选矿比相对同行业平均水平略低,就无须准确核算并提供应税产品的销售数量或移送使用数量;反之就要准确核算,这样可以达到节税的目的。

【例6-9】某企业生产煤炭并连续加工生产某种煤炭制品,生产出的最终产品为 1 000 吨,同行业综合回收率为 40%。由于该企业采用的加工技术相对落后,使得其产品的加工生产综合回收率较同行业企业低,仅为 25%。该企业煤炭的资源税额为每吨 1 元。

在确知自己企业综合回收率相对较低、不能准确提供应税产品销售数量或移送数量,税务机关在根据同行企业的平均综合回收率折算应税产品数量时,就会相对少算课税数量,减轻纳税义务。资源税采用的是从量定额缴税,课税数量的减少会明显地减少应纳资源税额。

企业实际课税数量是 1 000÷25% = 4 000(吨),税务机关认定数量为 1 000÷40% = 2 500(吨)。

企业应纳资源税额 = 4 000×1 = 4 000(元)

企业实际缴纳资源税额 = 2 500×1 = 2 500(元)

按照税务机关核定的折算数量比实际数量减少资源税纳税义务 1 500 元。

四、恰当利用结算方式进行纳税筹划

依据资源税的有关规定,不同的结算方式,使得纳税义务发生的时间有较大差异。

(1) 采用分期收款结算方式销售的,其纳税义务发生时间为销售合同规定的收款日期当天。

(2) 采用预收货款结算方式的,其纳税义务发生时间为发出应税产品的当天。

(3) 采用其他结算方式的，其纳税义务发生时间则为收讫销售款项或取得索取款项凭据的当天。

(4) 纳税人自产自用应税产品的，其纳税义务发生时间为移送使用应税产品的当天。

● 第三节 特定目的及行为税的纳税筹划

特定目的及行为税是指国家为达到对特定对象和行为发挥调节作用而征收的税种。我国的特定目的及行为税，是在经济体制改革过程中，根据宏观经济调控的需要而陆续设立的，主要包括城市维护建设税、印花税、土地增值税、筵席税等。本节主要针对印花税、土地增值税的纳税筹划进行说明。

一、印花税的纳税筹划

印花税是指对经济活动和经济交往中书立、使用、领受具有法律效力凭证的单位和个人征收的一种税。印花税的筹划主要从以下方面进行：利用税收优惠政策的规定进行纳税筹划；利用模糊金额进行纳税筹划；利用压缩金额进行纳税筹划；利用参与人数进行纳税筹划；利用分开核算进行纳税筹划；利用借款方式进行纳税筹划；利用最少转包进行纳税筹划；利用征管的有关规定进行纳税筹划。

（一）利用减免税优惠进行纳税筹划

（1）对已缴纳印花税的凭证的副本或者抄本免税；

（2）对财产所有人将财产赠给政府、社会福利单位、学校所立的书据免税；

（3）对国家指定的收购部门与村民委员会、农民个人书立的农副产品收购合同免税；

（4）对无息、贴息贷款合同免税；

（5）对外国政府或者国际金融组织向我国政府及国家金融机构提供优惠贷款所书立的合同免税；

（6）对房地产管理部门与个人签订的用于生活居住的租赁合同免税；

（7）对农牧业保险合同免税；

（8）对特殊货运凭证免税，等等。

（二）利用模糊金额进行纳税筹划

对于在签订时无法确定计税金额的合同的征税问题，税法规定：在签订合同时先按定额 5 元贴花，以后结算时再按实际金额计税补贴印花，则是利用模糊金额进行的纳税筹划。

【例6-10】某设备租赁公司欲和某生产企业签订一租赁合同，租金每年 200

第六章 其他税种的纳税筹划

万元。

如果在签订合同时明确规定年租金 200 万元，则两企业均应缴纳印花税。

各自应纳印花税税额=200×0.1%＝0.20（万元）

如果两企业在签订合同时仅规定每天的租金数，而不具体确定租赁合同的执行时限，那么两企业只需各自先缴纳 5 元钱的印花税，余下部分等到最终结算时才缴纳。企业通过延迟纳税，获得了货币的时间价值，企业得到了利益。

（三）利用压缩金额进行纳税筹划

印花税税则规定，经济合同的纳税人是订立合同的双方或多方当事人，其计税依据是合同所载的金额。因而出于共同利益，双方或多方当事人可以经过合理筹划，压缩合同的记载金额，达到少缴税款的目的。

【例 6-11】某电子企业与某工厂签订加工承揽合同，受托加工一批电子部件，由电子企业提供原材料 3 000 万元，同时收取加工费 150 万元。请问如何计算双方应纳的印花税金额？

如果合同中未分别记载加工费金额和原材料金额，则双方应纳的印花税均为：

（3 000+150）×0.05%＝1.575（万元）

如果合同中分别记载加工费金额和原材料金额，则双方应纳的印花税均为：

3 000×0.03%+150×0.05%＝0.975（万元）

显然，如果合同分别记载加工费金额和原材料金额，那么原材料金额部分将适用 0.03%的税率，双方都可以节约 0.6 万元（即 1.575-0.975）税款。

（四）利用参与人数进行纳税筹划

利用参与人数进行纳税筹划，其思路就是尽量减少书立使用各种凭证的人数，使更少的人缴纳印花税，使当事人的总体税负下降，从而达到少缴税款的目的。

（五）利用分开核算进行纳税筹划

税法规定，同一凭证，因载有两个或两个以上经济事项而适用不同税目税率，如分别记载金额，应分别计算应纳税额，相加后按合计税额贴花；如未分别记载金额的，按税率高的计税贴花。

【例 6-12】某煤矿 2013 年 8 月与铁道部门签订运输合同，所载运输费及保管费共计 300 万元。该合同中涉及货物运输合同和仓储保管合同两个税目，而两者税率不相同，货物运输合同的税率为 0.05%，仓储保管合同的税率为 0.1%。

未分开核算时，因未分开记载金额，应按税率高的计税贴花，即按 0.1%税率计算应贴印花。此时，

应纳印花税税额=300×0.1%＝0.30（万元）

分开核算时，假定运输合同列明，含货物运输费 260 万元、仓储保管费 40 万元，则：

应纳印花税税额=（260×0.05%）+（40×0.1%）＝0.17（万元）

企业通过简单的纳税筹划，使得订立合同的双方均节省 1 300 元税款。

（六）利用借款方式进行纳税筹划

借款方式筹划法是指利用一定的筹资技术使企业达到最大获利水平和最小税负的方法。

【例6-13】某企业A因资金紧张，急需一笔为期一年的借款100万元。企业有两种选择：一是从某商业银行借款100万元，二是从企业B同业拆借100万元，年利率都是6%。在两笔贷款利率相同时，企业从银行贷款需要缴纳50元印花税，而同业拆借则无需缴纳印花税，由此可节税50元。

（七）利用最少转包进行纳税筹划

根据印花税的规定，建筑安装工程承包合同的计税依据为合同上记载的承包金额，其适用税率为0.3‰。施工单位将自己承包的建设项目分包或者转包给其他施工单位所签订的分包合同或者转包合同，应按照新的分包合同或者转包合同上所记载的金额再次计算应纳税额。因为印花税是一种行为性质的税种，只要有应税行为发生，就应按税法的相关规定纳税。

（八）利用征管的有关规定进行纳税筹划

关于印花税的缴纳，《印花税暂行条例》有以下规定：

（1）应税凭证所载金额为外国货币的，应按照凭证书立当日国家外汇管理局公布的外汇牌价折合人民币，然后计算应纳税额。

（2）应纳税额不足1角的，免纳印花税；1角以上的，其税额尾数不满5分的不计，满5分的按1角计算。

（3）商品购销活动中，采用以货换货方式进行商品交易签订的合同，是反映既购又销双重经济行为的合同。对此，应按合同所载的购销合计金额计税贴花。

（4）对国内各种形式的货物联运，凡在起运地统一结算全程运费的，应以全程运费作为计税依据，由起运地运费结算双方缴纳印花税；凡分程结算运费的，应以分程的运费作为计税依据，分别由办理运费结算的各方缴纳印花税。

（5）对国际货运，凡由我国运输企业运输的，不论在我国境内还是境外起运或中转分程运输的，我国运输企业所持的一份运费结算凭证，均按本程运费计算应纳税额；托运方所持的一份运输结算凭证，按全程运费计算应纳税额。

二、土地增值税的纳税筹划

土地增值税是指对转让国有土地使用权、地上建筑物及其附着物并取得增值性收入的单位和个人征收的一种税。土地增值税的筹划主要围绕以下几个方面进行：增加可扣除项目，降低增值额进行纳税筹划；合并房产的不同增值率进行纳税筹划；利用房产销售中代收费用进行纳税筹划；利用相关的税收优惠政策进行纳税筹划。

（一）增加可扣除项目，降低增值额进行纳税筹划

根据税法规定，与房地产开发有关的利息支出分两种情况确定扣除：凡能按转

让房地产项目分摊并提供金融机构证明的，允许据实扣除，但最高不得超过按商业银行同期贷款利率计算的金额；其他房地产开发费用，按取得土地使用权所支付的金额和房地产开发成本金额的5%以内计算扣除，即：房地产开发费用＝允许扣除的利息＋（取得土地使用权支付的金额＋房地产开发成本）×扣除比例（5%以内）；凡不能按转让房地产项目计算分摊利息支出或不能提供金融机构证明的，利息支出要并入房地产开发费用一并计算扣除，即：房地产开发费用＝（取得土地使用权支付的金额＋房地产开发成本）×扣除比例（10%以内）。

依据税法规定计算利息支出节税点，通过实际可扣除利息与利息支出节税点的比较，选择最佳方案。如果允许扣除的利息大于利息支出节税点，则企业应正确分摊利息支出并提供金融机构证明；如果允许扣除的利息小于利息支出节税点，则企业可以不按照转让房地产开发项目计算分摊利息支出，或不提供金融机构证明以增加扣除项目金额。

【例6-14】红星房地产开发公司开发一批商业用房，支付的地价款为600万元，开发成本为1 000万元。假设按房地产开发项目分摊利息且能提供金融机构证明的应扣除利息为100万元，请问如何通过利息扣除为该公司进行土地增值税的筹划？如果应扣除的利息支出为70万元时，又如何筹划呢？假设当地政府规定的两类扣除比例分别为5%和10%。

该公司的利息扣除节税点为：

（取得土地使用权所支付的金额＋房地产开发成本）×（10%－5%）＝（600＋1 000）×5%＝80（万元）

当允许扣除的利息支出为100万元时，由于100万元＞80万元，所以该公司应严格按房地产开发项目分摊利息并提供金融机构证明，这样利息支出就可以按100万元扣除，否则就只能按80万元扣除。

当允许扣除的利息支出为70万元时，由于70万元＜80万元，所以应选择第二种计扣方式，即不按房地产开发项目分摊利息或不向税务机关提供有关金融机构的证明，这样可以多扣除10万元利息支出，减少计税依据10万元。

在利用利息支出扣除进行纳税筹划的过程中，需要注意的问题是：①税法中允许扣除的利息支出应严格按《企业会计准则——借款费用》规定的核算利息支出，不按规定核算的，一律不得扣除；②只要纳税人能合理、合法地增加可扣除项目金额，就可以降低增值额，并有可能降低所适用的税率，从税基和税率两方面减轻税负，增加企业净收益。

(二) 合并房产的不同增值率进行纳税筹划

土地增值税适用四档超率累进税率，其中最低税率为30%，最高税率为60%。纳税人需要具体测算分开核算与合并核算的相应税额，再选择低税负的核算方法，达到节税的目的。

【例6-15】某房地产开发公司同时开发A、B两幢商业用房，且处于同一片土地上，销售 A 房产取得收入 300 万元，允许扣除的金额为 200 万元；销售 B 房产取得收入 400 万元，允许扣除的项目金额为 100 万元。对这两处房产，公司是分开核算还是合并核算才能带来节税的好处呢？

方案一：分开核算时

A 房产的增值率为：

（300-200）÷200×100%＝50%，适用税率 30%

应纳的土地增值税为：（300-200）×30%＝30（万元）

B 房产的增值率为：

（400-100）÷100×100%＝300%，适用税率 60%

应纳的土地增值税为：（400-100）×60%-100×35%＝145（万元）

共缴纳土地增值税 175 万元（即 30+145）。

方案二：合并核算时

两幢房产的收入总额为：300+400＝700（万元）

允许扣除的金额：200+100＝300（万元）

增值率为：

（700-300）÷300×100%＝133.3%，适用税率 50%

应纳的土地增值税为：（700-300）×50%-300×15%＝155（万元）

结论：通过比较可以看出，合并核算对公司是有利的，合并核算比分开核算能节税 20 万元。

当两类房产增值率相差很大时，只要房地产开发公司将两处房产安排在一起开发、出售，并将两类房产的收入和扣除项目放在一起核算，一起申报纳税，就可以达到少缴税的目的。

注意：并不是所有的合并核算都可以节税，在实践中必须具体测算后才能作出选择。

（三）利用房产销售中代收费用进行纳税筹划

在房地产销售中，纳税人有两种代收费用的收取方式：一种方式是将代收费用视为房产销售收入，并入房价向购买方一并收取。该方式下，作为转让房地产所取得的收入计税，在计算扣除项目金额时，可予以扣除，但不允许作为加计 20% 扣除的基数。另一种方式是在房价之外向购买方单独收取，这种方式不作为转让房地产的收入，在计算增值额时也不允许扣除代收费用。

【例 6-16】某房地产开发公司出售一栋商品房，将获得销售收入 3 000 万元，按当地市政府的要求，在售房时需代收 200 万元的各项费用。房地产开发企业开发该商品房的支出如下：支付土地出让金 200 万元，房地产开发成本 600 万元，其他允许税前扣除的项目合计 200 万元。请问该公司是否应将代收费用并入房价？

方案一：如果公司未将代收费用并入房价，而是单独向购房者收取，则允许扣除的金额为：

第六章 其他税种的纳税筹划

200+600+200+(200+600)×20%=1 160（万元）

增值额为：3 000-1 160=1 840（万元）

增值率为：1 840÷1 160=158.62%

应缴纳的土地增值税为：1 840×50%-1 160×15%=746（万元）

方案二：如果公司将代收费用并入房价向购买者一并收取，则允许扣除的金额为：

200+600+200+(200+600)×20%+200=1 360（万元）

增值额为：3 000+200-1 360=1 840（万元）

增值率为：1 840÷1 360=135.29%

应缴纳的土地增值税为：1 840×50%-1 360×15%=716（万元）

显然，该公司无论代收费用的方式如何，其销售该商品房的增值额均为1 840万元，但是采用第二种代收方式，即将代收费用并入房价，会使得可扣除项目增加200万元，从而使纳税人的增值率降低，导致少缴纳土地增值税30万元。

在计算土地增值税时，由于土地增值税=增值额×适用税率-可扣除项目×适用的速算扣除系数，无论代收方式如何，增值额都是不变的。当单独收取代收费用时的增值率如果未超过50%，其适用的速算扣除系数为0时，无论代收方式如何，纳税人的税负都是一样的。如果房地产开发商将房屋装修后提高价格销售，也可达到同样效果。

（四）利用税收优惠政策进行纳税筹划

税法规定：如果纳税人建造、出售的是普通标准住宅，增值额未超过扣除项目金额的20%，免征土地增值税；增值额超过扣除项目金额20%，应就其全部增值额按规定计税。纳税人可以充分利用20%这一临界点的税负效应进行纳税筹划。

【例6-17】 某房地产开发公司建成并待售一幢商品房，同行业房价为1 800万元至1 900万元之间。已知为开发该商品房，支付的土地出让金为200万元，房地产开发成本为900万元，利息支出不能按房地产开发项目分摊也不能提供金融机构的证明。假设城市维护建设税税率为7%，教育费附加为3%，当地政府规定允许扣除的房地产开发费用的扣除比例为10%，请问：①如何为该公司筹划，使其房价在同行业中较低，又能获得最佳利润？②如果企业拟将房价定为1 850元/平方米，企业如何筹划才能增加利润？

（1）使房价在同行业中较低，又能获得最佳利润的筹划方法是：

计算除销售税金及附加外的可扣除的项目金额为：

200+900+(200+900)×10%+(200+900)×20%=1 430（万元）

如果公司要享受起征点优惠，

则最高售价应为：1 430×1.284 8=1 837.264（万元）

此时企业获利为：1 837.264-1 430-1 837.264×5.5%=306.20（万元）

因此，当价格定在1 800万元至1 837.264万元之间时，获利将逐渐增加，但都小于306.20万元。

如果公司要适当提高售价，则提高后的总房价至少要超过1 976.117万元（即1 430×0.097 1+1 837.264），提价才会增加总收益。

所以，当同行业的房价在1 800万元至1 900万元之间时，公司应选择1 837.264万元作为自己的销售价格；如果公司能以高于1 976.117万元的总价格出售商品房，所获利润将会进一步增加。

(2) 在既定房价的前提下，增加企业利润的筹划方法是：

如果能将企业的增值额限制在20%以内，企业可免征土地增值税。

此时企业的可扣除项目金额应为：(1 850−A)÷A×100%＝20%

A＝1 541.67（万元）

企业可增加的扣除项目金额为：1 541.67−1 430＝111.67（万元）

由于111.67÷1 850＝0.060 36<0.071 43，企业可通过增加扣除项目金额的方式增加收益。

对土地增值税的优惠政策还应掌握下列几点：

因国家建设需要而被政府征用、收回的房产，免税；对个人转让自用住房的税收优惠。个人因工作调动或改善居住条件而转让原自用住房，经向税务机关申报核准，凡居住满5年或5年以上的，免予征收土地增值税；凡居住满3年未满5年的，减半征收土地增值税；居住未满3年的，按规定计征土地增值税。

复习思考题

1. 房产税有哪些筹划方法？
2. 车船税有哪些筹划方法？
3. 资源税的纳税筹划方法有哪些？
4. 印花税的纳税筹划方法有哪些？
5. 土地增值税的纳税筹划方法有哪些？

案例分析题

1. 某房产开发公司同时开发甲、乙两幢商业房。销售甲房取得收入450万元，允许扣除项目金额为360万元；销售乙房取得收入1 000万元，允许扣除项目金额为400万元。请问：对这两处房产，公司采用分开核算还是合并核算，才能带来节税的好处呢？

2. 某公司拥有一幢库房，原值1 500万元。如何运用这幢房产进行经营，有两种选择：第一，将其出租，每年可获得租金收入200万元；第二，为客户提供仓储保管服务，每年收取服务费200万元。从流转税和房产税筹划看，哪个方案对企业

第六章 其他税种的纳税筹划

更为有利（房产税计税扣除率30%，城市维护建设税税率7%，教育附加费3%)？

3. 甲公司欲将一幢房产出售给乙公司，双方约定售价1 200万元，房屋原价1 000万元，已提折旧200万元，房地产评估机构评定的重置成本价格1 100万元，该房屋成新率6成。企业转让该房产时发生评估费用3.4万元。要求：

（1）计算出售方式下甲公司承担的税收负担；

（2）采用甲公司先以该房产对乙企业投资，然后再将其股份按比例全部转让给乙企业股东的方法，则只需缴纳企业所得税。假设乙公司是由股东A、B组建的有限责任公司，股东A、B所占股份比例为6∶4。投资前，乙公司资本总额为2 000万元，投资后，甲企业占乙企业资本总额的30%。与出售方式相比，这种方式可以节税多少？

参考文献

1. 中国注册会计师协会. 2014年度注册会计师统一考试辅导教材：税法 [M]. 北京：经济科学出版社，2014.
2. 全国注册税务师执业资格考试教材编写组. 2014年度全国注册税务师执业资格考试教材：税法（Ⅰ）[M]. 北京：中国税务出版社，2014.
3. 王虹，章成蓉. 税法与税务筹划 [M]. 北京：经济管理出版社，2012.
4. 王素荣. 税务会计与税收筹划 [M]. 修订版. 北京：机械工业出版社，2013.
5. 盖地. 税务筹划 [M]. 3版. 北京：高等教育出版社，2010.
6. 杨志清. 税收筹划案例分析 [M]. 北京：中国人民大学出版社，2010.
7. 王红云，赵永宁. 税务会计 [M]. 大连：东北财经大学出版社，2012.
8. 栾庆忠. 增值税实务与节税技巧 [M]. 2版. 北京：中国市场出版社，2013.
9. 梁俊娇. 税收筹划 [M]. 北京：中国人民大学出版社，2009.
10. 黄凤羽. 税收筹划策略、方法与案例 [M]. 大连：东北财经大学出版社，2011.
11. 庄粉荣. 纳税筹划实战精选百例 [M]. 北京：机械工业出版社，2014.
12. 陈勇华，陈明权. 税法 [M]. 天津：天津教育出版社，2013.
13. 蔡昌. 税收筹划实战 [M]. 北京：机械工业出版社，2013.
14. 李建军. 营改增政策解读与企业实操手册 [M]. 北京：人民邮电出版社，2013.
15. 翟继光，刘河英. 企业合理节税避税案例讲解 [M]. 上海：立信会计出版社，2014.

16. 安仲文，吴春璇，唐苓. 纳税筹划实务［M］. 大连：东北财经大学出版社，2010.
17. 黄桦，蔡昌. 纳税筹划［M］. 北京：北京大学出版社，2010.
18. 盖地. 税务会计与纳税筹划［M］. 7 版. 大连：东北财经大学出版社，2011.
19. 盖地. 企业税务筹划理论与实务［M］. 大连：东北财经大学出版社，2005.
20. 翟继光. 企业纳税筹划优化设计方案［M］. 北京：电子工业出版社，2009.
21. 蔡昌. 企业纳税筹划方案设计技巧［M］. 北京：中国经济出版社，2008.